华西边疆评论 第五辑

Western China Borderlands Studies Review

孙 勇 主编

民族出版社

图书在版编目（CIP）数据

华西边疆评论．第五辑／孙勇主编．—北京：民族出版社，2018.5

ISBN 978-7-105-15265-0

Ⅰ．①华… Ⅱ．①孙… Ⅲ．①边疆地区—中国—文集 Ⅳ．①K928.1-53

中国版本图书馆 CIP 数据核字（2018）第 019061 号

华西边疆评论（第五辑）

主　　编：孙　勇
策划编辑：张海燕
责任编辑：张海燕
封面设计：金　晔
出版发行：民族出版社
地　　址：北京市东城区和平里北街 14 号　邮编：100013
网　　址：http：//www.mzpub.com
电　　话：010-58130100（编辑室）
　　　　　010-64224782（发行部）
印　　刷：北京中石油彩色印刷有限责任公司
经　　销：各地新华书店
版　　次：2018 年 5 月第 1 版　2018 年 5 月北京第 1 次印刷
开　　本：787 毫米×1092 毫米　1/16
字　　数：230 千字
印　　张：10.5
定　　价：35.00 元
ISBN 978-7-105-15265-0/K·2657（汉 1511）

目　录

特　稿

本辑特稿栏目主持人：孙宏年研究员（中国社会科学院中国边疆研究所）

主持人语：进入21世纪之后，中国大陆学术界在边疆研究的理论上硕果累累，近些年各种学术见解层出不穷，从不同的角度和学科学者们提出了很多颇有见地的观点。这对于拓宽边疆研究领域，提高边疆研究的水平，为智库建设提供边疆研究的智力支撑，并不断将中国的边疆研究推向纵深不无裨益。本节特推出孙勇教授《关于建构边疆学体系的体系思考——代〈边疆学导论〉之绪论》一文，以飨读者。该文作者在近几年的研究之中，对中国西部尤其是西藏地区的发展与稳定有较深的探讨，随之进入边疆研究的更大领域，结合国内外已有的边疆研究成果，将边疆研究之中各家观点反复斟酌推敲，汲取前人丰富的研究养料，从理论到实证，从解构到建构，沿着一条逻辑主线次第展开，提出了建构边疆学要进行哲学思辨的观点，并且用科学哲学的方法来夯实自己的分析，进而在这个命题上稳步推进。在这篇论作中，作者就如何看待边疆学、怎样跨通各个相关学科等问题上做出自己成体系的回答。从体例上看，这篇论作具有建构一般边疆学导论的内涵，可以看做是作者建构一般边疆学的综合绪论，对业内研究人员进一步的研究有一定的启示作用。

关于建构边疆学体系的体系思考

——代《边疆学导论》之绪论

孙　勇*

人类为自身生存繁衍的历史，说明了对环境的认识、认知的重要性，同时，更为重要的是人类对环境主观能动地进行利用的实践，在部落到部落联盟再到国家的各个阶段，将环境尤其是地理环境的反作用经过理性的认知，上升为不同时代的疆域观包括边疆观。这一切在历史唯物主义和辩证唯物主义的理论中得到了很好的阐释，即任何理论都是那个时代的产物，是从物质到精神的一个过程。人类的边疆观念，是于自身所处的环境和对环境反映的阶段性产物，这是人类在进化的过程中依托于生物性需求所达到的一种理性，即人类的各种组织和行为体为生存而在时空中进行的竞争，亦即社会进化到国家组织阶段时关于疆域以及疆域边界的认识和认知。其底蕴在于，无论何种形态的国家，必须在资源的配置活动中求得生存乃至发展，以避免被灭国的命运，同时争取到更多的资源以求得发展。经历了很长的时期，国家疆域和边疆研究逐渐形成一种理论体系，这个理论体系的发展支撑着边疆学最终将成为一门学科。

一、边疆学的研究对象和主要问题

边疆学研究的是人类社会国家政治实体在时空统一下国家边疆的形态与活动，以及由这些形态活动演化出来的实体边疆与虚拟边疆运行的规律。边疆学研究对象范畴的规定性，决定了人类社会古往今来和可预见未来时段所有国家政治实体的疆域现象都在边疆学研究的视域之中。

---

* 孙勇（1956—），男，祖籍河北，四川大学社会发展与西部开发研究院教授，四川大学西部边疆安全与发展协同创新中心副主任，四川大学中国藏学研究所涉藏问题研究中心主任，国家社会科学基金重大招标项目首席专家，国家社科基金民族问题项目评审专家。主要从事西藏社会经济、边疆理论研究。

人类社会的发展经过部落、部落联盟、国家、国家联盟等多个阶段，必将走向地球世界的大同。而人类对疆域的边疆认识，经历了一个由初级到高级再到更高级的认识进化过程，这个进化过程包含了生物性（动物性）到逐步理性的人类理智进化的因素。人类对疆域的边疆认识进化，早期是较为模糊的。因为在人类早期，群体很小且很少，广袤的地球环境所提供的活动空间相对很大，加之人类生产力还很低下，获取生存资源的疆域是可以模糊化的；而人类进化群体数量越大且越多，生产力也随之发展，其获取生存资源的地球疆域逐渐变得狭窄甚至不够，模糊的疆域逐渐变得清晰起来，随之边疆包括边界也逐渐清晰起来，并且在人类的历史之中产生了疆域与边疆的固守与争夺的现象，由陆疆向海疆扩张，为了争夺疆域又产生空疆、外空疆，以及在科学技术飞速发展的时代将虚拟化社会领域，如互联网也视作一种疆域，产生出新的边疆理念。

边疆词汇和语境的产生以及逐步丰富起来的边疆研究，是到了出现国家实体的时段才形成的理性和由理性衍生出来的概念、理念以及学说。这些概念、理念和学说最终是为组成各个国家的族群、居民、阶级、军队和政府等基本结构因素用以占有资源的活动而服务的。无论国家形态处在低、中、高的哪一个阶段，也无论国家由什么结构和体制运行以及进行管理，为了资源配置都会产生出边疆观、边疆战略和阐释边疆观、边疆战略的理论，阐释边疆观和边疆战略的学术最高体现即边疆学。因此，边疆学是国家为了维护自身利益制定边疆战略服务的动态扩展的一种理论体系。

在人们关于边疆研究的各个阶段之中，包含了从一般的实例考察研究到理论推断研究，这些研究可称之为广义的边疆学。这些研究当时所能到达的高度，与人类社会进化的历史阶段有关，也与在不同的历史阶段中当时人们的研究水平有关，而所有这些研究的深度和广度，都与研究人员对边疆和边疆问题的认知程度有关。

面对着十分繁复的边疆现象，坚持以陆疆为主要视野的研究人员尽管也知道当今世界的飞速发展产生了多种“边疆”，但由于在以往的研究中产生的“路径依赖”,[①] 依然将陆疆研究中人文地理的主要问题作为边疆视域进行研究，也冠名为边疆学。而将视野扩大到其他疆域以及边疆的研究人员已经看到了这种边疆研究的褊狭性，提出了更加广泛的边疆研究以及界定“边疆”的概念，并且认为边疆研究应当上升到学科体系建设的高度，建构一个符合学科形态和架构的边疆学。

不可否认的是，每一个阶段的边疆问题研究，都与国家政治实体和决策者的需求有关，亦即与一国的地缘政治时态相关，成为该国理论界所关心的重要问题之一。但是，迄今为止的边疆理论研究，都不是政治家们、国家首脑需具体从事的一项事务，而是由有思

① 路径依赖（Path - Dependence），指一旦人们做了某种选择，惯性的力量会使这一选择不断自我强化。道格拉斯·诺思用“路径依赖”理论成功地阐释了经济制度的演进，1993 年获得诺贝尔经济学奖。

想的社会活动家与思想家（包括高端研究人员）提出，形成一个系统的理论，再由政治家、国家首脑等人物在实践中予以实施或在实施中予以提升的。政治家们将边疆问题归纳成寥寥数语的讲话，也只是反映了当时学术界研究的一种结论或观点，不能视为学术的推理与研判，更不能作为学科建构的内涵和学术逻辑演绎的依据。从古希腊、中国几千年的历史，到近现代英国、德国、美国和中国现实中，这一现象一直存在着，构成了古今中外边疆观与边疆学说循环往复、不断提升边疆学说内涵的历史，这是理论上的边疆研究或者是关于边疆学认知的逻辑起点之一。经过学术界多年的努力，当代边疆研究之中的边疆学也循着这一轨迹而诞生。需要指出的是，在中国大陆学界的一般边疆学研究之中，马克思主义的疆域和边疆观有着十分重要的学术指导作用。

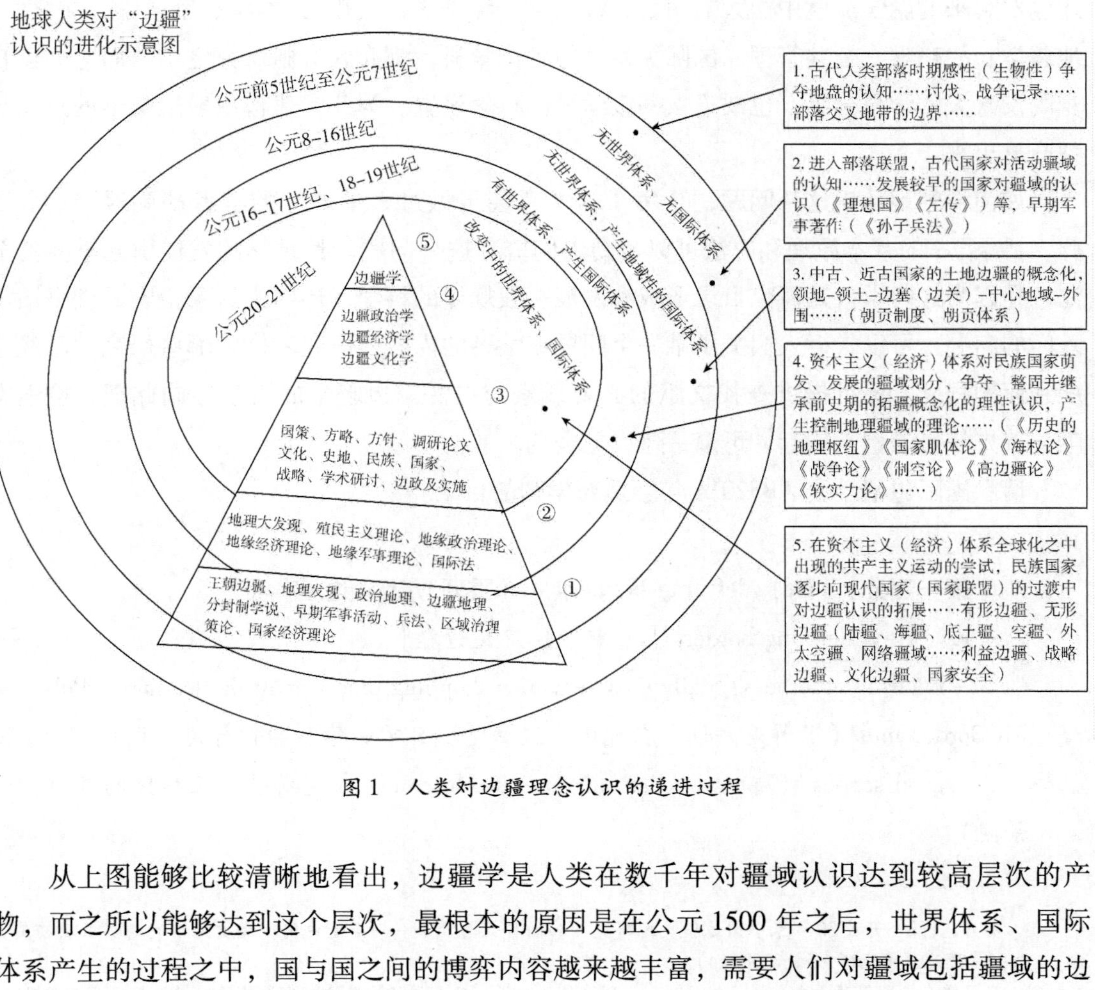

图 1　人类对边疆理念认识的递进过程

从上图能够比较清晰地看出，边疆学是人类在数千年对疆域认识达到较高层次的产物，而之所以能够达到这个层次，最根本的原因是在公元 1500 年之后，世界体系、国际体系产生的过程之中，国与国之间的博弈内容越来越丰富，需要人们对疆域包括疆域的边沿这一问题进行越来越深入的研究。

由此，边疆学研究的对象可以分为三个层次：一是人们对疆域边疆时空统一性的感知，包括从语词、概念、哲学思辨等方面的研究；二是人们对疆域边疆具体形态的认识，包括陆疆、海疆、空疆、外空疆等可见疆域，以及互联网等虚拟疆域的研究和分析；三是人们在人文地理的基础上对疆域边疆政治、经济、文化、社会、法治、军事等控制活动的考察和学理判定，包括有形的地理疆域边疆和无形的文化扩张、国际法规制，以及互联网等疆域边疆问题的研究。这三个层次在近几十年通常是隐形的和交叉的，并没有十分清晰的界限，只是由于到了一般边疆学学科建构阶段需求而做的划分。在很长的一段时间中，人们对边疆研究的状态，基本上是在三个层次的隐形和交叉中进行的，从中国近现代边疆研究的三次高潮①中，我们很容易观察到这种情形。目前，中国乃至国际上的边疆学，也基本上处于这样的状态，以至于“边疆学”成为一种将所有考察报告、史地研究、边疆学说分析、边疆社会文化调查、地理边疆治理、周边国家关系、边疆学建构探讨等论文和著述包罗起来的隐学。就中国大陆而言，政治学、经济学、民族/人类学、宗教学、文化学、地理学、战略学、公共管理、国际关系学等各个学科，都介入边疆研究之中，而边疆学自身既没有大的学科分界，也缺乏次一级学科的科学设置。为此，建构一般边疆学的意义日益凸显出来。

如何清晰地认识这一问题，是每个初学者甚至做过大量研究的学者都要遇到的。因此，目录学②的基本原理和方法可以帮助人们梳理这个问题。目录学的发展引起学界的关注，是因为这门学科是研究目录形成和发展一般规律的科学，还因为目录检索是读书治学入门的向导，可以告诉人们关于某一个问题或学科的内容，研究者做过哪些研究，已经进展到何种程度，又可提供查找文献的必要线索与方法。边疆学的治学亦同此理，检索文献，首先从目录检索做起，可窥一斑以见全豹。

请看国际边疆学会 ABS2014 年会最新学刊的目录:③

第一部分:（Re） defining borders［（重新）定义边疆］

1.（Re） defining borders［（重新）定义边疆］

– knowing otherness: daily cross – border shopping practices in the German – Polish Borderlands（了解差异性：在德国—波兰边境日常的跨界购物行为实践）

– good scapes of central Asian migrants in Moscow（在莫斯科中亚移民的美好景观）

---

① 厉声：《改革开放30年来中国边疆史地研究学科的繁荣与发展——兼述中国边疆史地研究的第三次研究高潮》，载《中国边疆史地研究》，2008（4）。

② 目录学在中国萌芽于先秦，开创于汉代，到清乾隆时代，目录学始为显学，为学界所重视，凡从此入门治学，成就卓著者屡见不鲜。

③ 国际边疆学会 ABS2014 年会最新学刊的目录由四川大学杨明洪教授提供。

– cultural Hybridity theory（文化混杂理论）

– decolonial border thinking in the borderland narratives of Cormac McCarthy（戈马克·麦卡锡边疆叙事中的边疆去殖民思想）

– conceptualizing public goods，space，and democracy in the US – Mexican Borderlands（美国—墨西哥边境中公共产品、空间和民主的概念化）

– redefining Belgium's regional borders：reinforcement of identity separation or creation of a new state border（重新定义比利时的边境地区：加强身份区隔或者创立新的边界）

2. teaching borders（教学边界）

– fault line beneath La Frontera（西班牙城市赫雷斯—德拉弗龙特拉的错误路线）

– the Padagogical permanence of Border spaces and racism（边境空间的持久性教育与种族主义）

– through the lenses of a Padagogy of place and border Pedagogy：comparative case studies of secondary social studies in four countries（基于一定程度的区域和边界教学实践：四个国家中学教育的比较案例研究）

– US – Mexican Borderlands studies programs：the level of academic resources de Ambos Lados（美国—墨西哥边境研究项目：Ambos Lados 的学术资源水平）

– FACT – Mexico Americans are less likely to graduate college：teaching Chicana/or studies through borderlands Pedagogy（事实——墨西哥籍美国人大学难以毕业：通过对边境教育的研究）

3. modeling the border（边界建构）

– the construction of an index of transborder development：theoretical and practical challenges in the context of US – Mexican border（跨境发展指数的建构：美国—墨西哥边境理论与实践所面临的挑战）

– the history of income distribution along the texas – Mexico border（墨西哥—美国边境沿线收入分配的历史）

– the border Human development index Updated（边境人类发展指数更新）

– modeling cross – border integration：the role of borders as a resource（形塑跨界一体化：作为资源的边界）

– the functioning of the San Antonia Metropolitan economy：as complexity analysis of its internal and external linkages（圣安东尼奥都市经济的运行：内外部联系复杂度分析）

– new research methodologies in violent borders：the use of social media to study the ‘forgotten’（Texas – Tamaulipas）border［暴力边界的新研究方法：利用社交媒体研究“被遗忘的边界”（Texad – Tamaulipas）］

4. producing borders（生产边界）

– the double binds of borderwork：migrant women in Southern Mexico（边境劳动的双重结合：墨西哥南部的女性移民）

– the border as productive tension（作为具有生产张力的边界）

– la turista as anti – mestiza（?）：disorientation in La perdida by Jessica Abel.（la turista as anti – mestiza：洁西卡·艾贝著作“La perdida”中的迷失）

第二部分：— + at the borders（在边境）

1. Migration at the borders（边境移民）

– the repatriation process in students raised in the US（对于在美国长大的学生遣送回国程序）

– post –911 trans – border dynamics：challenges and opportunities for daily cross – border community（后“911”时期的跨界动态：日常跨境群体的机遇与挑战）

2. Business at the borders（边境商业）

– the spillover effects of conflicts on economic growth along the US – Mexico border（美国—墨西哥边境沿线经济增长冲突的溢出效应）

– business cycle synchronization in the US – Mexico border states（美国—墨西哥边境诸州经济周期同步性）

– biotechnology cluster and borderlands：some lessons（生物技术集群与边境：一些启示）

– SME capabilities to access technological knowledge beyond national boundaries（国界之外中小企业获得技术知识的能力）

– the explanation of marine borders management pattern. case study：persian Gulf（海洋边界管理模式解析：关于波斯湾的个案研究）

3. Caring at the borders（边境关护）

– secondary trauma among caregivers who work with Mexican refugees（墨西哥难民护理人员的继发性创伤）

– mapping resources to support disconnected youth in the Paso del Norte region

Violence at the border（地图资源对在北通道地区暴力中失联青年支持的重要作用）

– community cultural health capital：cultural resources for navigating healthcare on the Margins（社区文化健康成本：边界地带文化资源对于医疗保健的作用）

4. Community at the border（边境交流）

- we are in this together：staking claims to the border as a relationship（我们同在这一区域：边界作为友谊的证明）

- taking back the community after 3. 11：town planning and restoring agriculture in Miyagi and Fukushima（“3. 11”大地震后团体回撤：日本宫城、福岛城市规划与农业恢复）

- paradigms of social mobility in residents of social housing developments funded by government programs in Ciudad Juarez，Chinh，2002 - 2010（2002—2010 年华雷斯市政府资助社会住房内居民的社会流动范式，Chinh）

5. Violence at the border（边境暴力）

- canalization of violence as a self - protection of the psych ism（暴力渠道化作为一种自我保护的心理主义）

- Mexican drug war：losing faith in US - Mexico governments（墨西哥毒品战争：对美墨政府失去信心）

- guns for hire：North America's intra - continental gun trafficking networks（出租枪支：北美大陆内部枪支走私网络）

6. History and stories at the border（边境历史故事）

- refugees migration histories in a Meatpacking town：blurring the line between primary and secondary migration（一个肉类加工城市的难民移民史：初次移民与二次移民之间的模糊界限）

- John Taylor and formation of white identity on the Ute borderlands：1970 - 1935（John Taylor 与 Ute 边境白种人身份认同的形成：1970—1935）

- ‘I may say wetback but I really mean Mojado’：migration and translation in Ramon‘Tianguis’Perez's diary of undocumented immigrants（“我可能说 wetback 但我真正的意思是 mojado”：非法移民雷蒙佩雷斯日记中的移民和翻译）

7. Networking across the border（边境网络）

- interrogating eventual links between regional integration，border and human development：a case for borderless south Asian for Betterment of south Asian（区域一体化、边境和人类发展之间联系的终极链接：南亚改良计划中的去边界案例）

- boundaries - reconciliation - asymmetry（边界—和谐—不对称）

- networking for social responsibility in US Mexico border（美国—墨西哥边境的社会责任网络）

8. Development and competition in Border regions（边境地区的发展与竞争）

– liberalizing border trade between Nepal and India（尼泊尔—印度边境的贸易自由化）

– what is missing：the role of contemporary art in generating meaning in the face of Trauma（所失何物：当代艺术在创伤意义生成中的作用）

– stories，science and power in policy change：environment health，community – based research，and community organizing in a US – Mexico border Colonia（政策转变中的事件、科技与权力：美—西边境墨西哥裔美国人社区中的环境卫生、社区研究与社区组织）

9. Development and competition in Border region（边境地区的发展与竞争）

– liberalizing border trade between Nepal and India（尼泊尔—印度边境贸易自由化）（与 8 重复）

– cooperation and competition in the borderlands（边境地区的合作与竞争）

Highlighting the people factor：analyzing how a social base impacts economic development and competitiveness strategies in a cross – border context，comparing different worlds – Aquitaine Euskadi Cross – border space and region Lardedo［人力要素的凸显：对跨国环境下不同地域社会基础如何影响经济发展和竞争战略的分析，法国西部盆地巴斯克（西班牙与法国）交界地带与美国拉雷多的比较研究］

– North American Federalism：domestic power centralization and future interstate integration（北美联邦制：权力集中与未来洲际一体化）

第三部分： Epistemology and thought **（认识论及相关思想）**

1. Epistemology of border（边疆认识论）

– towrds a new C/arto politics of borders：Honest misrepresentations of the world（面向新的 C/arto 政治边界：对歪曲世界的诚实陈述）

– Epistemological frameworks and border as resource（认识论框架与边界作为资源）

– inverting the telescope on borders that matter：conversations in Cafe Europe（边界视角的反置：在欧洲咖啡馆的对话）

– new methods in border studies research：the computional turn in border studies（边界研究新方法：边界研究的结构转向）

– borderlands：existing theoretical approaches and future directions（边疆：现有理论方法和未来的发展方向）

– theorizing border flow（边界流动的理论化）

2. remembering, border activism, collective memory, Justice reconciliation and reconstruction（回忆、边境活动、集体记忆、正义、和解和重建）

– stories, science, and power in policy change: environmental health, community – based research, and community organizing in a US – Mexico border Colonia（政策转变中的事件、科技与权力：美—西边境墨西哥裔美国人社区中的环境卫生、社区研究与社区组织）

sites of memory: the contested case of Campo Algodoero（遗址记忆：Campo Algodoero 的竞争案例）

3. geopolitical identities and imaginaries of European neighborhood（地缘政治身份和欧洲的想象）

– Finnish – Russian neighborhood as a spatial imaginary（作为一个空间想象的芬兰—俄罗斯）

– End of wider Europe? Geopolitical identities and spatial imaginaries of EU and NATO policy documents（更大欧洲的终结：地缘政治身份和欧盟和北约的政策文件中的空间想象）

– Hungarian Framings of cross – border cooperation and neighborhood（匈牙利与其周边的跨境合作构架）

4. geopolitics and the reconfiguration of the border（地缘政治和边界的重新配置）

– the Eurasian Union and the reconfiguration of borders in post – Soviet space（欧亚联盟与苏联边界的重新配置）

– superpowers intervention at German – German border during the Cold war（冷战期间超级大国在东西德边界的干预）

– the airship's role in the formation of a modern border consciousness（飞艇在现代边界意识的形成中的作用）

– post – 911 trans – border Dynamics: challenges and opportunities for daily cross – border commuters（后“911”时期的跨国动力学：日常跨境通勤者的机遇和挑战）

第四部分：border in globalization（全球化时代的边界）

1. border in globalization（全球化时代的边界）

– border in globalization1（全球化时代的边界）

– culture, border, and imagining across boundaries in globalization（全球化时代的文化、边界和跨界想象）

– borders in globalization: security template（全球化时代的边界：安全样板）

– market flows，migration and borders framing the issues for borders in globalization study（全球化研究中的市场流动、迁移和边界框架问题）

2. borders in motion（移动中的边界）

– Ukraine border crisis（乌克兰边境危机）

3. cross – border governance（跨境管理）

– Canada – US cross border governance：Cascadia and Quebec – US borderlands in Comparative perspective（美加跨境治理：卡斯卡迪大陆和魁北克—US 边境地区的比较研究）

– Cross – border governance：different issues and multiple speeds（跨境治理：多问题与多时空）

– cultural repertories as a fundamental cause of economic development：the case of the US – Mexico border（文化交流成为经济发展的基础要素：美西边境的案例）

– "getting it" Business people and their NGO advocates talk about the US – Mexico Border region（"得到它"：商业人士及其非政府组织对美墨边境的倡议）

4. energy，environment and the border（能源、环境和边界）

– regional environmental cooperation and border issues in northeast Asian and Russian Far East：the case of Amur – Okhotsk Ecosystem（东北亚与俄罗斯远东地区的环境合作与边境问题：Amur – Okhotsk 生态系统的案例）

– Best practices for water resource management in the Arid southwestern borderlands（西南边境干旱地区水资源管理的最佳实践）

– renewable borders：renewable energy is a new chapter in native American sovereignty（可再生的边界：可再生能源作为印第安人主权的新篇章）

– Best practices for water resource management in the Arid southwestern borderlands（西南边境干旱地区水资源管理的最佳实践）

– renewable borders：renewable energy is a new chapter in native American sovereignty（可再生的边界：可再生能源作为印第安人主权的新篇章）

5. budget，public delt and fiscal reform in Mexiao's northern border（墨西哥北部边境的预算、公共财政改革）

– a model of structural reform and economic growth in Mexico（墨西哥一个结构改革和经济增长的标本）

– retail trade in the US – Mexico border and tax reform（美西边境的零售贸易和税收改革）

– Economic growth and public safety spending on the northern border of Mexico

（墨西哥北部边境的经济增长和公共安全支出）

– the role of state delt as a factor of economic growth stimulus in the north border of Mexico（国家财政在刺激墨西哥北部边境经济增长的作用）

– consumer spending and differentiation in the value added tax in Mexico（墨西哥的消费者支出与增值税的分化）

第五部分：else（其他）

1. new social media uses on the US – Mexico Border：perspective and prospective（美西边境新社交媒体的使用：视角和前景）

– new research methodologies on violent borders：the use of social media to study the "forgotten border"（Texad – Tamaulipas）［暴力边界的新研究方法：利用社交媒体研究"被遗忘的边界"（Texad – Tamaulipas）］

– the agenda – setting effects of Electoral campaigns in social media：a case study of 2014 democratic candidates for web county Judge in the US – Mexio border（社交媒体对选举活动带来的影响：2014 年美西边境县法官候选人的案例研究）。

– changes and uses of social media by the press in Nuevo Lardo，Mexico（Nuevo Lardo，Mexico 新闻机构使用社交媒体及其转变）

– resistance and community empowerment through social media，how border towns protect themselves against violence（通过社交媒体抵抗与维权：边境城镇如何保护自己免受暴力）

2. on the road to a world – wide border studies community（形成中的世界性边疆研究共同体）

再请看国内著名研究机构中国社会科学院边疆研究所的《中国边疆学》近期目录：

《中国边疆学（第 1 辑）》目录

从最近国内外边疆研究权威机构的期刊目录中可以看出，边疆学在广义上还是一个关于边疆现象研究的总称。尽管这个总称已经远离了学科的本意，但毕竟是学者们面对丰富繁杂的边疆研究现象，不得已而采用的便利方式。

中国大陆学术界在进入21世纪前后，有学者提出了“建立中国边疆学”的建议。马大正、邢玉林、方铁、周伟洲等学者纷纷撰写文章，对中国边疆学的研究对象、内容体系、研究方法、学科特点等展开论述。马大正指出：“中国边疆学的定位与功能，即是中国边疆学是一门研究中国边疆形成和发展规律的多学科交叉的边缘学科”，其研究领域包含基础研究与应用研究；[①] 邢玉林认为“中国边疆学是运用马克思主义的世界观和方法论揭示中国边疆及其硬系统和软系统及其形成、演变和发展规律以及中国边疆及其各系统相互关系的科学……中国边疆学是一门综合的、交叉的、边缘的学科”。[②] 方铁指出：“中国边疆学以中国边疆地区的历史与现状为研究对象”，具有“基础研究与应用研究并重、边疆理论与治边实践并重、边疆历史与边疆现实并重、人文社会科学与自然科学结合、研究成果既有学术意义也有应用价值等特点”，并指出学科相互交叉、相互渗透、相互交融是边疆研究的突出特点。[③] 此外，周伟洲、李国强等也对中国边疆学学科建构提出了自己的意见。在这些学者们看来，建构中国边疆学，不仅仅是学科发展的需要，而且更是中国边疆现实研究的需要。这些观点的出发点是正确的，引起了学术界对边疆问题和学科建构问题的进一步研究。

总体来看，进入21世纪学者们关于中国边疆学建构的讨论有三个突出特点：其一，认识到传统的边疆史地研究的内容与方法难以适应近代以来中国边疆发生的现实巨变，特别是难以适应当代边疆现实问题研究的需要，建构中国边疆学是理论发展与现实需求的必要之举；其二，认为中国边疆学是一个交叉学科，多学科与跨学科的研究视角与研究方法是中国边疆学学科建构不可或缺的部分；其三，强调中国边疆学建构既要进行理论研究，同时也要面向现实问题，而且现实问题更具有紧迫性。上述三个特点表明了相关学者对于建构中国边疆学的基本认识，也是当前倡导建构中国边疆学的学者所形成的基本共识，可以说是从一个侧面表明了近些年在边疆研究以及学科建构上认识上的总体进展。

但是，国内学术界虽然对建构边疆学形成了较高程度的认识，近年来学科建设的进展却不大，很难说“中国边疆学的这一学科已经构建完成，学科体系已经基本成型”[④]。从当前中国边疆研究现状来看，并没有一本真正意义上的能够展现边疆学学科体系的著作或者教材出版，也没有一个来自中国学者的边疆理论能够与欧美边疆研究大师比肩。郑汕编著的《中国边疆学概论》[⑤]，虽然是国内第一本以概论形式出版的中国边疆学著述，但实际上依然是在传统边政学的研究框架下对中国边疆诸多方面的梳理，其中着重论述的是底定边疆与经略边疆，具有传统边疆研究的实用倾向。在中国边疆学学科建构上，该书可以看做是一个有益的尝试，但是在作为核心概念的“边疆”的界定与属性、理论演绎、体系

---

① 马大正：《关于中国边疆学构筑的几个问题》，载《东北史地》，2011（6）。

② 邢玉林：《中国边疆学及其研究的若干问题》，载《中国边疆史地研究》，1992（1）。

③ 方铁：《试论中国边疆学的研究方法》，载《云南师范大学学报（哲学社会科学版）》，2008（5）。

④ 虽然周伟洲将中国边疆学的发展历程划分为三个时期，并将今后的中国边疆学建设称为“重新构建的现代中国边疆学”，但是事实上，作为一个基本成熟的中国边疆学的学科体系依然没有完成。参见其《关于建构中国边疆学的几点思考》。

⑤ 郑汕：《中国边疆学概论》，昆明，云南人民出版社，2012。

建构与方法论等方面还有待深入讨论。① 进入21世纪之后，中国大陆出版了两本《中国边疆政治学》，一是吴楚克在2005年出的，二是周平在2015年出的。从两本书的逻辑主线和框架上看，与郑汕的《中国边疆学概论》相当接近。罗崇敏在2006年出版了《中国边政学新论》，但与边政学学说创始人吴文藻的《边政学发凡》的框架大相径庭，主要是针对新时期中国的中心任务转向经济建设之后，边疆地区如何发展而做的研究。云南大学的梁双陆教授出版了国内第一部边疆经济学专著《边疆经济学：国际区域经济一体化与中国边疆经济发展》，有可能是中国大陆学术界第一次将边疆经济学作为一门学科著书立说。不过，从这本书的主线和框架来看，一是将边疆经济学作为一般区域经济学的近亲分支；二是注重对西部大开发和振兴东北老工业基地的实证研究；三是特别强调边境地区与境外的经济一体化即国际经济一体化；四是将中国边疆地区经济社会的内部运行排斥在边疆经济学的视野外；五是不对边疆经济的一般形态和机理进行研究。公允地说，这部专著仅仅是为中央当时决策提供的一部诠释性或建议性的资料汇编。

中国边疆研究百十年来确实取得了长足的发展，从当前中国边疆的现实发展以及边疆研究的进展来看，迫切需要在理论范式以及在学科建构上有所突破；而在国内，边疆学这一学科难以建立的原因是诸多问题交织在一起，或如人们经常归纳的中国当代问题的要素："一是体制机制问题，二是人才使用问题，三是业务资金问题"等，毋庸讳言，这些因素都是存在的。但从建立一个学科的视角看，最关键的问题首先是研究人员对边疆学的学科建构的把握问题，其次是学习和研究边疆问题的人们对众说纷纭的"边疆学"如何梳理和深入认识的问题。

众所周知，构成一门独立学科的基本要素主要有三：一是研究的对象或研究的领域，即独特的、不可替代的研究对象；二是理论体系，即特有的概念、原理、命题、规律等所构成的严密的逻辑化的知识系统；三是方法论，即学科知识的生产方式。以此为标尺，边疆学似不应成为以一个国度命名的"学科"即"中国边疆学"。如果将边疆学限定于"中国"，所产生的问题首先是范畴框定的问题，如果"中国边疆学"能够成立，那么有没有美国边疆学、俄罗斯边疆学、印度边疆学抑或是澳大利亚边疆学？一个真正的理论并不只专属于一个特定的国度，而是可以为多个研究与被研究的对象所用。"中国边疆学"的范畴是只针对"中国边疆问题"，还是包括除了中国之外的非中国的国家边疆？亦即中国边疆学的内涵仅仅是个特例？如果不是特例，那么与其他国家具有共性的边疆问题研究又为何要叫做"中国边疆学"？其次是边疆理论本质上具有"普遍性的猜想"和"确定性的寻求"，其学科的底蕴上应当是"唯理论的知识见解"。学科是科学知识体系的分类，不同的学科就是不同的科学知识体系，边疆学能成为一门学科，必然要有这个学科的体系，如

① 参见郑汕：《中国边疆学概论》，昆明，云南人民出版社，2012。

何建构“中国边疆学”的体系，是一个十分繁复的架构。按照有的学者的建议，边疆学学科架构下应该有“边疆政治学”“边疆经济学”“边疆社会学”“边疆文化学”等下一级学科，这个建议是可以成立的。但依此类推，“中国边疆学”学科架构下应该有“中国边疆政治学”“中国边疆经济学”“中国边疆社会学”……如果真的这样设置，必然会出现一系列问题，就是此架构的这些下一级学科难以成立，若人为地强求成立，就会遇到严重的跨学科悖论。① 跨学科悖论主要包括以下两种情况：一是指在某一背景知识条件下同一学科的不同研究领域或不同学科之间出现的悖论；二是指跨学科理论或跨学科方法本身所提出的悖论。近几年，业内学者提出的构筑“中国边疆学”已经面临这样的困境，需要学术界对此进行解悖。

一个学科体系的被承认，对于该学科研究的发展是极为关键的，因为这不仅仅是在学科体系上搭建了框架并且确定了该学科的主要内容与研究方法，而且在人才的培养、获得国家资助与社会支持上都具有十分重要的意义。但是学者们的认识与呼吁并不能直接建构形成一个“中国边疆学”学科，而且，“中国边疆学”的学科建构之所以进展缓慢，应该是有着更深层次的原因。其中除了中国边疆研究的传统路径的影响，诸如传统的中国边疆研究以史地研究为主，偏重历史而忽视现实，侧重事实呈现而忽视理论建构等，对于学科发展与建构规律的认识不足应该是一个重要原因。② 从学科发展史可以得知，学科的发展其实是一个不断分化然后又相互交叉的过程，社会科学的所有领域一开始都是在哲学的笼罩之下，然后出现分化，文学、理学、政治学、历史学等渐次出现，直到资本主义在欧美兴起之后，经济学、社会学、民族学/人类学、管理学等社会科学学科才出现。但是，后来就逐渐出现了学科交叉的情形，研究中不同学科理论与方法的迁移与应用非常普遍，多学科、跨学科对某一对象进行研究已经成为一种必要的趋势，这些交叉性学科与原来从哲学分化出来的学科有较大差异，学科之间的界限变得十分模糊。这种状况，一方面为交叉学科的创建提供了非常便利的条件，另一方面也带来了新的困难，其中最重要的就是如何建构出与其他学科的边界，如何与其他学科的研究对象与研究方法区别开来并凸显该学科的独特性。否则就可能出现学科的名称不同但是对象、研究方法却相同的状况，往往会形成学科悖论现象。

正如诸多学者指出的那样，边疆研究的一个重要特点就是多学科、跨学科的理论与方法被应用到这一领域，这有助于深化对“边疆”的多元认识，但是也有可能形成其他学科在边疆研究这一领域的延伸，这是建构“中国边疆学”形成自身独特的研究方法所面临的一个难题。事实上，跨学科研究是建立在学科界限划分清晰的基础上，交叉学科的建构的

---

① 沈跃春：《跨学科悖论与悖论的跨学科研究》，载《江淮论坛》，2003（1）。

② 朱金春：《学科“殖民”与建构中国边疆学的困境》，见《华西边疆评论》（第3辑），北京，民族出版社，2016。

前提也是学科边界清晰。目前可以说所要建构的中国边疆学的研究对象是十分确定的，但是其学科边界并未划清。

中国的边疆学学科建构在起步阶段就应该设定，把该学科建构提炼成概念集的开发，这是学科建构之中跨学科研究的需要。跨学科研究是一种研究方式，也是一种运用多学科的理论、方法和成果从整体上对某一课题进行综合研究的方法，也称“交叉研究法”。人类科学发展运动的规律表明，科学在高度分化中又高度综合，形成一个统一的整体。有关统计资料表明，现在世界上有2000多种学科，而学科分化的趋势还在加剧，但同时各学科间的联系越来越紧密，在语言、方法和某些概念方面，有日益统一化的趋势。一个学科体系的建构没有或缺乏跨学科的集成研究是不可能有高度、广度和深度的。① 所谓概念集开发，就是研究工作采用前馈方式，把边疆研究的诸多问题，看做是一个个复杂的反求系统工程，在每个反求系统中的每一个子概念都要汇集到总体层面上，形成边疆学的概念集。概念集允许超脱思考，对各个要素做出多种筛选，把大系统的目标返还与子系统现状，再选择从现状达于目标的途径和战略措施。超脱思考绝不是凭空乱想，一定要对客观事物的前提有扎实的、充分的认识。在这个基础上，边疆概念集的开发，需要符合学科建设穷追的思维方式，即对涉及边疆学科相关问题的思考趋于最深，把思考的关联性问题考量趋于极致。这样的推演，极有可能导致“中国边疆学”不能成为一个架构完整的体系，但经过集成研究，边疆学理论体系则有比较完整的架构，亦即在一般的边疆学建立之后，“边疆政治学”“边疆经济学”“边疆社会学”“边疆文化学”等都可以成立。

在进一步的研究之中，边疆学是一个概念集，在此概念集之中，自然包含了国家安全、边疆安全所涉及的政治、历史、经济、地理、文化、军事、民族、宗教、社会心理等方面的概念，而最主要的是，即使是对同一概念，所进行的诠释是围绕边疆研究展开的，亦即对边疆学的概念集进行开发，而后达于集成研究。从系统的观点看，集成研究可以理解为对多个要素（子系统）集合成为一个有机系统的研究，这种集合不是各要素（子系统）之间的简单相加，而是各要素（子系统）之间的有机结合，即按照某种集成规则进行的组合和构造，其目的在于提高对研究领域系统的整体的认知功能。以上建立一般边疆学的过程，符合建构主义“认知结构发生重组与改造即个体的认知结构因外部刺激的影响而发生改变”的基本原理，可以作为建构一般边疆学范式的方法之一。

综上所述，边疆学在中国乃至在国际学界都还处在继续发展但因种种原因难以快速发展的态势，尤其是在中国尚未在学科分类上成为一个独立的学科体系。换言之，中国的边疆学尚处在学科分类有其实而无其正名的阶段，需要中国学人的艰苦努力，以推动树立边

① 集成研究从管理学的角度看，是一种创造性的融合过程，即对各要素的组合过程中注入创造性思维，主动对各要素选择、优化和搭配，以最合理的结构形式结合在一起，形成一个由适宜要素组成的耦合、互补、匹配的有机体，这样一种过程及成果称之为集成研究。

疆学的学科正名。

二、边疆学有关概念的阐释

基于一般边疆学导论的取向，对边疆学有关概念的阐释沿着图1宽视野的路径，对研究者予以提示。

（一）马克思主义疆域和边疆观

在马克思、恩格斯的著作中，有不少关于国家领土和边界的精辟论述。马克思主义经典作家对国家领土的形成和边界的产生、对形形色色疆界理论的批判，特别是对国家、民族发展内在原因导致疆域变化的政治、经济、文化、哲学的思考，对我们具有深刻的启发和重要的指导意义。吕一燃曾经编辑过一本《马克思恩格斯论国家领土与边界》，收录了马克思、恩格斯36篇有关论著的章节，是一本很有参考价值的读本。要真正领会马克思主义的国家疆域观，必须透过马克思“世界历史”理论的丰富内容和原理，找到贯穿在这个理论中的基本方法论，这些基本方法论构成了马克思主义对世界国家疆域变化理解的关键，有助于我们对边疆基础理论的深入研究。

马克思、恩格斯在深刻研究整个人类社会历史的基础上，精辟地揭示了人类社会历史和民族国家发展的客观规律。基于“每一历史时代的经济生产以及必然由此产生的社会结构，是该时代政治的和精神的历史的基础”这个结论，可以推论一切社会形态和民族类型以及国家形态无不具有历史的必然性和暂时性。随着生产力的发展，生产方式的演变，社会形态和民族类型以及国家形态也在不断变化。生产力、生产方式在社会和民族以及国家的发展过程中，起着决定性的作用，它既可以促进各个民族的产生和发展，又可以使一些民族通过交往、交流、交融达到融合，形成更高形式和阶段的产生和发展。社会历史和民族就是随着社会生产力的发展和生产方式的变革由原始社会、奴隶社会、资本主义社会、社会主义社会和共产主义社会这样发展起来的，民族也就随着社会形态的变革由原始民族、奴隶制民族、资产阶级民族、社会主义民族这样发展下来，马克思这些以历史阶段来命名的“民族”所形成的国家，在其疆域活动中必然具有历史阶段的特点，这是社会历史和民族以及国家发展的客观发展规律，而所有的国家形态都不可能抗拒这个客观规律，国家的地理疆域包括疆域之外的活动界限，都会在人类历史的阶段性中体现出来。跨民族的国家地理疆域在现代国家战略博弈之中，往往会成为敌对双方争夺的焦点，文化的渗透与入侵也往往以此导致文化边疆的博弈。列宁也指出：“资本家同盟在经济上瓜分世界的基础上形成了一定的关系，而与此同时，与此相联系，各个政治同盟、各个国家之间在从领土上瓜分世界、争夺殖民地、‘争夺经济领土’的基础上也形成了一定的关系。”①

（二）世界体系理论

伊曼努尔·沃勒斯坦（Immanuel Wallerstein）的世界体系分析是20世纪最重要的社会科学理论之一，对边疆问题的研究包括建构边疆学都绝不能忽视这个在世界体系（国际体系）之中具有大历史观的理论指导意义。对照中国国际政治学领域较少运用马克思理论进行分析的现状，美国学者沃勒斯坦的世界体系理论却以马克思的理论作为分析工具，具有比较鲜明的马克思主义的历史观。在2000年，美国社会学会决定，全体会员投票选举一名20世纪美国最伟大的社会学家，去世的和在世的都可以入选。由于沃勒斯坦在社会学中取得的学术成果突出而巨大，结果沃勒斯坦以高票胜出，当选为美国20世纪最伟大的社会学家。

作为西方现代“世界体系理论”的奠基人，沃勒斯坦倡导一体化学科即跨通学科的研究方法，运用马克思主义对经典的现代化理论和社会科学的传统范式进行了深入的批判，从而清晰地在整体上揭示现代世界体系的历史演变进程。20世纪70年代，“沃勒斯坦在依附论以‘中心—外围’为视野的整体主义框架上，对马克思主义的资本积累理论、康德拉捷夫（Nikolai Kondratiev）的经济长波理论、布罗代尔（Femand Braudel）的长时段大范围历史研究方法进行了综合性吸收，提出了世界体系的整体主义分析方法”。沃勒斯坦的“世界体系理论”，以内外因结合的方法探讨当代社会发展问题，突破传统“现代化理论”和“依附论”的局限性，进一步推动了现代化理论的深入发展和自身的完善。沃勒斯坦首次把世界体系分析与马克思主义理论有机结合起来，奠定了世界体系理论学派在国际学界的地位和影响力。“世界体系理论”把当代社会发展问题的根源追溯到资本主义世界体系本身，从经济、政治、文明三个维度全面地批判了资本主义制度的不平等性，为深入理解各国现代化问题提供了一种新的理论范式。沃勒斯坦指出，世界体系是一个“中心—外围—边缘”的等级体系，国家体系是资本主义现代世界体系进行资本积累的有效载体，核心国家通过强大的国家机器蚕食边缘国家和半边缘国家为其自身谋取利益，国家体系处于一个不平等的等级系统之中。国家之间与民族之间的压迫是普遍现象，压迫与反抗是一对并存的共同体，这种不平等性与反体系运动是同时并存的。因此，在500年的时间之中，社会主义的思想也如星火燎原，由空想发展为科学，由学说发展为实践，巴黎公社、俄国革命、中国革命以及多个社会主义国家的诞生，就是社会主义对资本主义的挑战。波浪式的前进和螺旋式的上升，是这种挑战的趋势。世界体系中心的转移就是在这种趋势下的一个必然。这个必然，不过是沿着地缘政治（疆域和边疆扩张与坍缩）的形式反

① 列宁：《列宁选集》（第2卷），639页，北京，人民出版社，1995。

复体现，而世界体系中心由西往东转移的态势则越来越明显。“世界体系是指相互作用和相互依存的诸多结构单位的最大聚合体，它作为人类的社会组织，随着人的繁衍和社会的组织化，一直在不断变化着。国际关系学作为一门范围极广又颇为复杂的学科，需要从世界体系的视角进行研究，从构成国际关系的无数事件中抽取出揭示体系存在的结构模式和变迁机制。”①

（三）国际体系

国际体系是边疆研究中出现频率较高的词汇，很多研究人员都对“国际体系”做过诠释和不同角度的研究。有学者指出：“不同的理论流派形成不同的国际体系观。对已形成鼎足之势的现实主义、自由制度主义与建构主义三个学派来说，国际体系存在不同的结构和属性。现实主义理论家们把国际体系说成是‘在无政府状态下以国家为主角的权力政治’，自由制度主义者把国际体系看做是物质力量加国际制度，建构主义者则把国际体系看做是观念分配。根据以上界定，国际体系可以归纳为三种假定，即‘权力政治’、‘制度合作’与‘观念互动’”②。这是国内一种比较全面阐释国际体系的观点。国外思想库有的研究人员对国际体系的认识是：“总体意义上的国际政治体系（全球体系）一般被划分为若干个层次，包括国际层次、国家层次直至决策者个人的层次，其中的国际层次被视为一个独立的体系，即国际体系。”③ 从主体性的角度看，无论众多学者如何界定“国际体系”的概念与内涵，在现实中，现行国际体系体现为世界大国关系下的国际组织与机制、国际秩序以及各国与非政府行为体，介入国际间形成政治、军事、经济、意识形态、环境保护、基本人权领域互动格局等三大层面系统的综合体。

现有的国际体系十分复杂，经历 300 多年的发展，从《威斯特伐利亚和约》（the Peace Treaty of Westphaliu）奠定的“民族国家主权体系”，到凡尔赛体系的列强划分势力范围，尤其是到二战结束前后由雅尔塔一系列协议而产生的确立废除奴役制、保障各国主权、联合国协商政治、大国决策原则等组织起来的“现代国际政治体系”，是中国国家战略包括边疆战略被制约的一大因素，也是其他国家战略包括其边疆战略被制约的一大因素。现行的国际体系对于欧亚各个国家尤其是核心、中心、近边缘国家都是“双刃剑”，如何在国际体系中趋利避害，是各国决策层和战略思想库的一个不能回避的重大问题。从 15 世纪到 21 世纪初，国际体系产生及转变的主要因素一直是国与国之间的力量对比变化。

---

① ［英］巴里·布赞等：《世界历史中的国际体系》，刘德斌译，29 页，北京，高等教育出版社，2004。

② 仇华飞：《国际体系转型与当代美国对外战略》，载《社会科学》，2008（12）。

③ David Singer. The Level of Analysis Problem in International Relation, in Klaus Knorr and Sidney Verb, eds., *The International System: Theoretical Essays.* Princeton: Princeton University Press, 1961, pp. 77 ~ 92。转引杨永斌、王俊生：《现代国际体系的基本内涵及其演进机理分析》，载《外交评论》，2010（1）。

1648年确立的“威斯特伐利亚”体系，是以主权国家为核心的现代国际体系的起点，由此奠定了现代国际关系基本准则和民族国家体制的框架基础。在其后300多年的时间里，构成国际体系的主要行为体（actor）是主权国家，至今未有大的变化。但雅尔塔体系确立之后，更多的国际行为体，如国际组织（联合国、世界贸易组织、世界粮食计划署等），非国家行为体（跨国公司、非政府组织、分离主义、恐怖主义活动组织等），跨国界社会运动（绿色环保、保护妇女儿童组织、非物质文化遗产保护等）等参与和影响着国际体系。现行国际体系的变数在增多，大致处于转型或变革的时期，但大国主导国际秩序的规则却没有由此发生根本性的改变，至少在未来几十年间不会出现很大的变化。世界只要还处于资本主义体系的阶段，大国决策影响国际体系的现象就会一直存在，在现有国际体系之中的各国边疆问题就会一直被国际政治问题所扰动。

（四）中国边疆研究的三次高潮

马大正认为：中国边疆研究涵盖了19—20世纪，两个世纪以来，出现了三次中国边疆研究的高潮。19世纪中叶至19世纪末，西北边疆史地学的兴起，是中国边疆研究第一次高潮的标志。20世纪20年代至40年代边政学的提出与展开，是第二次中国边疆研究高潮的标志，取得了突出成就。[①] 20世纪80年代以来，是中国边疆研究的第三次研究高潮，实现了两个突破：一是突破了以往仅仅研究近代边界问题，开始形成了中国古代疆域史、中国近代边界沿革史和中国边疆研究史三大研究系列为重点的研究格局；二是突破了史地研究的范围，将中国边疆历史与现状相结合，形成了贴近现实、选题深化、成果众多的特色。

下面重点谈谈中国边疆研究第二次高潮。从鸦片战争以降至中华民国时期，边患问题引发了中国学人有组织的边疆研究。筹边协会在1924年于北京创立，是国内较早专门以研究边疆而成立的学会，季刊《边事》，研究内容主要涉及蒙藏地区。[②] 其后边疆研究机构不断涌现。新亚细亚学会于1930年成立，创办《新亚细亚》月刊。边疆政教制度研究会1934年成立，为蒙藏委员会下属机构，创设《边疆通讯》。同年10月，边事研究会成立，创设《边事研究》。[③] 中国殖边学会1935年在上海成立；燕京大学历史学系在1936年发起成立了边疆问题研究会；清华大学历史系和地学系在1937年联合创立了边疆史地学会；中国边疆文化促进会1940年成立，创设《边疆研究》季刊；1941年，齐鲁、华西、金陵、金陵女子四大学共同发起成立了中国边疆研究学会，后于1942年在重庆创立了

① 有关中国边疆研究第一次、第二次研究高潮的论述，可参见马大正、刘逖：《二十世纪的中国边疆研究——一门发展中的边缘学科的演进历程》，83～89页，哈尔滨，黑龙江教育出版社，1997。

② 房建昌：《简述民国年间有关边疆的机构与刊物》，载《中国边疆史地研究》，1997（2）。

③ 边事研究会：《边事研究会总章》，载《边事研究》（创刊号），1934。

《中国边疆》月刊；蒙藏委员会组织相关学者 1941 年成立了中国边政学会，创设《边政公论》月刊。此外，还有众多相关大学或机构成立了边疆研究团体。[①] 在 20 世纪三四十年代众多的边疆研究团体或刊物中，《边疆研究》《边事研究》《边政公论》等刊物在这一时期边疆研究各类杂志中较具代表性。由禹贡学会 1934 年创办的《禹贡》半月刊，在这一时期对边疆研究具有重要推动作用。《新亚细亚》因其“具有明显的战略研究特色，因而受到了学界和政界的普遍重视”。[②] 该刊物内容及取向一定程度上是 20 世纪 30 年代边疆研究视角的体现。《边事研究》自 1934 年 12 月创刊后，直至 1942 年 3 月停刊，内容主要涉及边疆自然环境、地理沿革、社会政治、经济、文化、军事、边疆国际关系等方面。

成立于 1922 年的华西边疆研究学会，是中国近代第一个以华西边疆研究为宗旨的国际学术机构，在中国边疆研究史上占有不可或缺的地位，称华西学派。会刊《华西边疆研究学会杂志》，其综合性、学术性的深度与广度均处时代之先锋。在中国自身可划归现代学术范畴的边疆研究还处于萌芽之时，华西边疆学会起到了先驱及传承作用。[③]

民国时期，中国学术界对“边疆”的含义加深了领会和理解。学人从维护国家统一出发，阐释了“边疆”概念。学人一般认为中国的边疆有两方面的意义：国界的边疆和文化的边疆。20 世纪三四十年代兴起了边政学研究热潮，因边政学的内容多为国人的见地，有的学者直接将边政学理解为“中国边疆学”“边疆政治学”。吴文藻对边政学的阐释具有代表性：“边政学就是研究边疆政治的专门学问。通俗地说，边疆政治就是管理边民的公共事务。用学术语，边政学就是研究关于边疆，民族政治思想、事实、制度及行政的科学。”[④]《边政学发凡》被看做是边政学和边疆政治学的奠基之作。杨成志也几乎同时提出了边政学的研究内容。边政学研究的兴起打破了自清末以来边疆研究的“传统学术”格局，即从边疆史地（舆地）考察转向边疆现实实际的研究，涉猎包括政治、经济、文化、民族、宗教、历史、社会、军事等很多方面。在研究范式方面，边政学综合了人类学和政治学为主体的多学科理论和方法。研究主体和载体也越发宽泛，包括职业化的学者群体、大学的学科和专业、专门研究机构、新式学会、图书馆、学术期刊、报纸等。其研究边疆的范围也超出了西北边疆史地学派，涉及全国的边疆政治、经济、文化、宗教、民族等诸多问题，出现与传统学派地偏一隅的均衡之势，遍及中国的所有地区。进一步的认识由胡耐安提出，他认为“今日所谈的边疆问题，是‘地域’的‘政治’的‘文化’的三种的混合，当然还有另外的‘国际关系’问题，即边疆问题就是人文影响下的边疆问题、地文

---

① 房建昌：《简述民国年间有关边疆的机构与刊物》，载《中国边疆史地研究》，1997（2）。

② 叶罗娜：《新亚细亚学会与〈新亚细亚〉月刊》，载《赤峰学院学报》，2007（1）。

③ 周蜀蓉：《华西边疆研究学会之再诠释》，载《中华文化论》，2010（3）。

④ 吴文藻：《边政学发凡》，载《边政公论》，1942（1）。转引自汪洪亮：《中国边疆研究的近代转型：20 世纪 30—40 年代边政学的兴起》，载《四川师范大学学报》（社会科学版），2010（5）。

影响下的边疆问题、国际关系下的边疆问题，所以边疆的社会问题包括生计、人口、封建、迷信、政治、文化问题等，在开发边疆中注意边疆人才的培育问题”①。胡先生对边疆问题的性质做了一定的研判，并涉及了国际关系。可以说，民国时期的边疆研究已经具有了一定的广度和深度，对今人的影响犹存。作为学术意义上的“边疆学”一词，近代最早见于1933年6月出版的中国殖边社社刊《殖边月刊》第一卷第十二期。这一期的“边疆学图书一览”，列出玉勤堉著《蒙古问题》②、张明炜译《国际竞争中之满洲》③、大岛与吉著《满蒙铁路网》④、詹念祖著《云南省一瞥》⑤ 等24本专著，几乎全与中国边疆有关。同年7月出版的该刊第二卷第一期，也有“边疆学图书一览”，所列图书同样多与我国边疆有关。⑥ 中国在20世纪末和进入21世纪后迄今的“边疆学”视域，绝大多数还在20世纪三四十年代前辈们已经关注过的“问题域”的“靶域”之中，有所突破的并不多。

（五）边政学

有学者指出：“边政”一词，产生时间较早。明代嘉靖年间张雨曾撰写过《边政考》，全书共12卷，其内容主要包括当时的驻军防备地形及地形图，各边关兵力与守备、“兵食”（驻军人数与粮草）、历朝与周边少数民族间的战事等。该书内容主要以西北地区为主，张雨并未对“边政”一词做出明确解释，但观其全书，其边政概念大体表现为中央王朝对边疆少数民族或政权的相关军事事务。而纵观历史上的各个时期，关于边疆地区的文献著作，大体限于民族间政治、经济、文化关系，以及少数民族的民俗、社会生活、宗教诸层面的内容，较少有明确以边政为题进行研究的。时至近代，尤其是20世纪三四十年代，关于边政之探讨增多，甚至有学者将这一时期称为“边政学时代”，可谓是中国边政学发展的黄金时期。民国以前，中国有筹边政的策论文章，而无研究边政的专门学问。“九一八”后，国内大学有不少设立边政学系，而却无边政学的科目。抗战以来，“中央政治学校”边疆学校特设边政专修科，蒙藏委员会亦专开蒙藏政治训练班，于是“边政史”“边政研究”“边疆政治”“边疆政策”这一类科目名称，始出现于课程类。……凡此均足以表示国人逐渐重视边政学的趋势，此言指出了边政学的兴起历程及背景。吴文藻的《边政学发凡》一文，学术界多视其为边政学成为一门专门学科的标志。吴文藻认为边政具有广义与狭义之分：边疆政治，系边政之广义；边疆行政，系边政之狭义。边疆政治可

① 胡耐安：《边疆问题与边疆社会问题》，载《边政公论》第三卷第1期，1944年。转引自段金生：《20世纪40年代中国边疆研究的方法与理论——以〈边政公论〉为中心》，载《北方民族大学学报》（哲学社会科学版），2010（6）。

② 玉勤堉：《蒙古问题》，上海，上海商务书局，1931。

③ 克莱德：《国际竞争中之满洲》，张明炜译，上海，上海华通书局，1930。

④ 大岛与吉：《满蒙铁路网》，太平洋国际学会，1931。

⑤ 詹念祖：《云南省一瞥》，上海，上海商务书局，1931。

⑥ 娄贵品：《近代中国“边疆学”概念提出与传播的历史考察》，载《学术探索》，2012（8）。

以包括边疆行政，但边疆行政不能包括边疆政治；边疆行政可以视为边疆政治之一部门，以研究边疆政治为主要对象。至于边疆政策，是根据边疆政治原理推演出来的，必须凭借边疆行政机构始能见诸实施，地位介于边疆政治与边疆行政之间。广义上的边疆政策可视为边疆政治之一部门，狭义上它可包括在边疆行政范围之内。吴文藻以上关于边政概念的认识，是基于其认为研究边政学的观点有二："一是政治学的观点，一是人类学的观点"，"以人类学观点为主，以政治学观点为辅"，认为人类学上所谓的边政系指狭义的边疆行政，政治学上所说的边政通常指广义的边疆政治。吴文藻继续指出："边政学就是研究边疆政治的专门术语，边政学就是研究关于边疆民族政治思想，事实，制度，及行政和科学。"以上吴文藻所论，对于梳理国人关于边政的认识起到了积极作用。以后学人关于边政学研究的理论探讨，实基于吴文藻始。然而正如吴文藻所言："目前对于边政学的认识尚浅，因之其范围若何，一时难以确定。"边政学究竟研究什么，并未达成一个统一的认识，并且随着观念的深化，边政所含之内容呈逐步扩大之势。楚明善在《边政回忆与展望》一文中，并未对边政做出明确定义，但所论内容反映其边政概念，偏重于边疆政策。凌纯声言："边疆建设，方面甚多，而以政治建设尤为首要。盖边疆政治建设，不仅为其他经济的文化的建设之根本，且为实行我三民主义边疆政策之唯一手段也"，而"建设边疆，改革边政，应先确定边疆政策，作为最高指导原则"。他认为国内现存主要边政制度，包括盟旗制度、土司制度、政教制度（政教合一）、部落制度等四种；边政机构改革之原则为三：力求边区政权之统一；保存边疆土地之公有制度；培植边民自治能力。指出"中国有边政问题及民族问题，为世人所共知"，"应速根据宪法所载有关边疆之政纲……以谋问题之合理解决"。从中反映出，凌纯声之边政认识仍偏重于边疆政治或制度，认为边疆政治或边疆政策，是改革边政之急务，为边疆经济、文化建设之根本。上述两者关于边政之概念虽大体仍可将其归属为吴文藻观点之延伸，但与吴文藻之观点有相异之处，尤其凌纯声之观点虽仍以边疆政治为重心，但已将边政内容扩展到边疆经济、文化、民族等层面。其时，已有学者认为"边政之中，包括政治、经济、宗教、教育等问题"。随着学者对边政认识的不断深化，边政之概念向着更广的层面发展。陈碧笙所著《边政论丛》一书，所论之内容偏重于云南边地事务，涉及"滇缅暹越边境之国防交通军事政治经济民族史地诸基本问题"，表明其边政认识至少包括上述层面。而黄慕松①更明确地说：何谓边政？"边疆之特质，既因其地域气候民族语文政俗诸端，与内地小有不同，则国家对于边疆所行之政令，无论其为保卫，为治理，为开发，亦当因地制宜，而有特别注意规划之必要。例如主管边事之机关，治理边疆之法则，开辟边地，启发边民之急务，以及其他一切

---

① 黄慕松，广东梅州市梅县区人，日本陆军大学31期毕业，中国军事测量之父，参谋次长，陆大校长，广东省政府主席。一生致力于保卫边疆，曾宣抚新疆和出使西藏，但终因实力不足而无法施展，后被民国中央追赠上将。——引者注

有关边疆之设施，皆属讨论边政问题之范围”。此处所言之边政，涵盖了边疆政治、经济、教育诸层面。边政概念已大大超越了边疆政治所涵盖的内容。已有学者做了如下评论：“‘边政’并不等同于‘边疆政治’”，“从20世纪30年代以后‘边政’理论的发展脉络看，它反而越来越偏离边疆政治，朝边疆民族、边疆历史、边疆地理、民族语言、边疆文化‘分头’发展。”中国大陆在全国解放后，专门的边政理论研究趋于停顿。台湾地区的边政研究大致可分为两个阶段：1949—1990年期间，基本继续沿着20世纪三四十年代中国传统边政研究的路子进行研究；1990年后发生了分化，一部分以“原住民”为主要研究对象的民族学研究支系，一部分继续传统台湾“边政”研究的内容体系进行中国民族学和历史地理学的研究。“出现这种‘学科离散’的情况，就‘边政’学科本身来说，在边政学科发端初始就没有把建立统一的边疆政治理论作为学科建设的基础”。段金生认为，该学者所言，道明了边政学研究存在的软肋，迄今尚无一个明确的学科理论体系。①

（六）中国古代疆域观

中国古代就有关于地理疆域以及疆域边沿的认识，最早体现在汉字造字时对事物的认识之中。从以下资料可以看出：

> 疆，甲骨文为，两块“田”上下错开排列，表示田界。该款甲骨文发展到金文后，在两块田地之间添加三道横线指事符号，突出“界线”。有的甲骨文，如加“弓”（武器，表示以武力护卫的领土），表示以武力护卫领土。造字本义：以武力护卫的广大领地。金文基本承续甲骨文字形。有的篆文加“土”，强调“领地”主题。②

从中国古代文献之中可以检索出的“疆”的词义：

> 畺，界也。从田，三其界画也。指事。——《说文》
> 固封疆。——《礼记·月令》
> 出疆必请。——《礼记·曲礼》
> 疆场有瓜。——《诗·小雅·信南山》
> 有掌疆。——《周礼·夏官》
> 制其畿疆而沟封之。——《周礼·大司徒》

① 段金生：《试论中国边政学的研究内容及其学科建设》，载《楚雄师范学院学报》，2009（5）。
② 象形字典，http：//www. vividict. com/WordInfo. aspx？id

以逞无疆之欲。——《左传·成公二年》

先王疆理天下。——《左传·成公二年》

在中国古代“疆”字与“强”通。

也引申为指极限：万寿无疆（《诗经·豳风·七月》）。

作动词用，划分界限：“楚子疆之”——《左传·宣公·宣公八年》。

在中国古代（公元前1600—公元200年期间，商周时期至秦汉）文献中，关于“疆”的含义与近代基本上没有很大差异，都有疆域与边疆的含义——地域、领域、边界、疆土、疆宇（国土）、疆界、疆场（战场）、疆陲（边境）、边疆、陆疆、海疆。

（七）英文“边疆”的词义

（1）border area

border

英［ˈbɔːdə］美［ˈbɔrdɚ］

n. 边境；边界；国界

vt. 接近；与……接壤；在……上镶边

vi. 接界；近似

area 意思……developed area［机］展开面积；border area 边境区域；water area 水域，水的面积……

《21世纪大英汉词典·柯林斯英汉双解大词典》释义：

border［ˈbɔːdə］

n.

边，缘；边缘，边沿，界线

（国、州、省等的）界线，边界线，边界，国界，边境，边疆

边境地区，边界地区

（衣服、布料、地毯、家具等的）饰边，滚边，（女服等的）绲边，窄边；饰边花纹

【园艺学】（沿花园边或沿人行道边缘的）狭长（或边际）花坛（或灌木坛），狭长（或边际）绿化带

【印刷】封面边饰；书脊边饰；图画边饰；（版栏用的）花边；（书、页、画的）边框，边

（舞台上方的）彩条幕布

［亦作 borderlight］（悬挂于舞台顶部的）长条排灯

[the Border]

英格兰和苏格兰交界地区

爱尔兰共和国和北爱尔兰交界地区

[the border]

美国和墨西哥交界处的边境

美国和加拿大交界处的边境

[the Border]（南非开普省）东伦敦四周地区

vt.

在（衣服等）上镶边，在……上加边，给……镶边；围：

She bordered a skirt with lace.

她给裙子镶上花边。

邻接，毗连，与……接壤：

California borders the Pacific Ocean.

加利福尼亚州与太平洋毗连。

Sweden borders Norway and Finland.

瑞典与挪威、芬兰接壤。

成为……的界线；形成……的边界：

Tall trees bordered the road.

成排的高大树木成为道路的界线。

The colleges that border the river all have their own boats for the students.

以河为界的大学都有为他们自己的学生们用的船。

vi.

接界，接壤，毗连，邻接（on，upon）：

China borders on the Pacific Ocean.

中国与太平洋毗连。

接近，近似于，几乎是（on，upon）：

to border on absurd

近乎荒唐

adj.

边界的；形成边界的；靠近边界的

近义词：

margin edge. rim. brim. brink

短语：

on the border of

在……的边界上；将要，濒于

（2）border land

《21 世纪大英汉词典·柯林斯英汉双解大词典》释义：

borderland［ˈbɔːdəlænd］

n.

边疆，边境，边陲；边缘，边沿地区，边界地区，交界地区

英格兰和苏格兰的交界地区

内地，穷乡僻壤，远离城镇的地方

两可间的境界（或状态、情况），模糊含混的情况

（3）frontier region

n. 前沿；边界；国境

adj. 边界的；开拓的

《21 世纪大英汉词典·柯林斯英汉双解大词典》

frontier［ˈfrʌntjə］

n.

国境，国界，边界

［美国英语］（靠近未开发地带的）边远地区，边境，边疆

［常用复数］（科学技术）新领域，尖端（领域），未知领域

［废语］（边界）要塞，堡垒；边陲城镇

adj.

国境的，边界的，边疆的

开拓的，探索的

有学者专门指出：中国学术界通常将特纳及其学派笔下的 frontier 译为“边疆”。以词源学意义而言，frontier 的形式与所指几经演变。在该词被特纳赋予新意并逐步为 20 世纪欧美思想界所认同之前，北美一直沿用该词的欧洲用法，尤其是传统英语用法。而后者又脱胎于古法语 frontiere，其词根可追溯于拉丁名词 frons。早期罗马作家惯以 frons 专指“人的前额”，转义后泛指“任何事物的前端”。《牛津英语词典》素以收录经典英语词汇并疏证其源流而著称，其中 frontier 词条所列最具传统英语意味的含义是，“以特定方向为基准，某事物朝向前方的一面或部分”，如人的前额、军队的先锋、知识的前沿，等等。由此引申出来的另一层最重要的具体含义即为，“一国领地之最边远的外沿地带，那里直接面向另一国的领地”。由于两相对峙，其所在常设有军事堡垒或村镇卫所（fortress），以备

防御或攻击外敌。为佐证上述含义，该词典示引了出现于15世纪初到20世纪中后叶的例句，其中包括莎士比亚《哈姆雷特》中的对白。另据学者考证，出版于英国17世纪初期到18世纪末期的最早的一批英语词典，基本都录有frontier词条。其代表作如1755年由约翰逊（Samuel Johnson）负责编印的《英语词典》（*A Dictionary of the English Language*），曾援引弥尔顿《失乐园》（Lost Paradise）中的语句来阐释frontier所具之“国界”的含义。早期英语词典中的经典释义皆可见于相对晚近的《牛津英语词典》。可见，后者对于frontier的解释确体现了其传统英语的本义。值得注意的是，在上述各版词典中，border（通常中译为“边界”）常被认定为frontier的重要近义词而被纳入解释项里。另外，与border同源的boundary（通常中译为“边界线”），也曾被认定为frontier的近义词。20世纪中叶，英国地理学界流行一种看法：作为地理学术语，boundary所含的一层意思可用frontier替换，即“明确划分出来的国家间的分界线”。总之，综合各类解释意向，欧洲传统英语中frontier与border及boundary基本同义，一般指两国交界地带，只不过，frontier在具体意义上更强调交界之一侧地带的归属权。也就是说，对于某一个独立国家来讲，其frontier尽管地处边陲交界，但仍属本国领地，由此，才构成与相毗邻之他国前沿领地的对立之势。17世纪以来，传统英语随欧洲人在北美大陆的殖民而广泛传播。如同其他英语词汇一样，在盎格鲁—美利坚社会文化圈中，frontier一词于相当长的时期内沿用着传统英语的含义。至少到18世纪中后期，美国开国元勋们仍在“国家边界”的层面上来理解和使用frontier。[①]

（八）朝贡体系

朝贡体系，是自公元前3世纪开始，直到19世纪末期，存在于东亚、东南亚和中亚地区的，以中国中原帝国为主要核心的等级制网状政治秩序体系。常与条约体系、殖民体系并称，是世界主要国际关系模式之一。中国的朝贡体系存在的时间很长，从商代即成体系，《诗·商颂·殷武》道：“昔有成汤，自彼氐羌，莫敢不来享，莫敢不来王，曰商是常。”享，即贡献；王，指朝见商朝天子，承认其“王”的地位。实际上不仅是氐羌，当时周边各族，莫不向强大的商王朝朝贡，以示臣服，奠定了中国统一多民族国家的基本框架。之后的周王朝，又把统一多民族国家的发展向前大大地推进了一步。周初以周公旦为首的政治家们所创立的建立在宗法制基础之上的分封制，不仅在中国政治制度发展史上是一场具有划时代意义的重大革命，而且在中国统一多民族国家的发展史上也产生了极为深远的作用与影响。《国语·周语上》记载：“夫先王之制，邦内甸服，邦外侯服，侯卫宾服，蛮夷要服，戎狄荒服。甸服者祭，侯服者祀，宾服者享，要服者贡，荒服者王。日祭、月祀、时享、岁贡、终王，先王之训也。”这个“五服”的划分，以中心—外围的血

---

① 王邵励：《美利坚式的“边疆”：词义源流及历史学家特纳的再阐释》，载《社会科学战线》，2012（8）。

缘、文化、行政的范围为基础，约以五百里地行程朝边缘延伸，有着比较明确的地理和里程的意识，一直支配着中国历代王朝对政治地理的认识，是中国封建王朝疆域管理包括边疆管理的理论依据。

（九）畿服制度

朝贡体系的雏形，是古代中国（大陆地区）的畿服制度，即中原王朝的君主（或君王）是内服和外服的共主（“天子”），君主在王国的“内服”（中心地区）进行直接的行政管理，对直属地区之外“外服”（边缘地区）则由中原王朝册封这些地方的地方统治者进行统治，内服和外服相互保卫。由此形成“普天之下，莫非王土”的世界共主的“天下”概念。《禹贡》一书已经有五服之说；《周礼·夏官·职方氏》明确说明“方千里曰王畿”，其余以“外方五百里”由近及远为“侯服”“甸服”“男服”“采服”“卫服”“蛮服”“夷服”“镇服”“藩服”。五服之说，见之于《尚书·益稷》：“弼成五服，至于五千。”孔颖达注曰：“五服，侯、甸、绥、要、荒服也。服，五百里。四方相距为方五千里。”又《国语·周语》记载，周称侯、甸、男、采、卫为五服。中国古代的书籍中，虽“服”的名称略有出入，其意思大致相同，即以王畿为中心，将其四周按一定的空间距离，由近到远，依次划分，形成的若干区域，已经有了中心与边疆的概念。在历史发展和文化传播过程中，中心“内服”统治区域不断扩展，许多“外服”地区在接受“内服”地区的社会组织和思想文化观念后，慢慢变成“内服”的一部分，而不断形成新的“外服”地区。这种内外服之间的不断转化就变成所谓的“华夷之辨”。商朝的畿服制度带有强烈的原始部落军事联盟色彩，而周朝由于确立了“普天之下，莫非王土”的世界共主思想，将这一制度系统化和理想化，试图作为对已知世界管理的准则。

（十）册封制度

公元前221年秦朝统一中原地区之后，建立起了严格意义上的中央集权制帝国。当时，在整个东亚和南亚地区，除了匈奴之外，不存在可以与秦以及其后继的汉朝政权全面抗衡的政权。因此，除了以“敌国”身份对待匈奴之外，中原帝国便开始将先秦时期的畿服体系推广至已知的世界中去。汉武帝击败匈奴，开通西域之后，由于在已知世界中不存在可以抗衡的对手，以中国中原王朝为中心的朝贡体系正式得以确立。在这时期的朝贡体系中，中原政权和其他诸国以“册封”关系为主，即各“册封”国需要主动承认中原政权的共主地位，并凭借中央政权的册封取得统治的合法性。中央政权对各地方政权往往直接封为“某某国王”，如“汉委奴国王”“南越武王”“疏勒国王”等。在较长的历史时期里，各受封国对中原政权，按照不同的要求负有进贡和提供军队等义务。

（十一）汉字文化圈（Sinosphere）

指汉字的诞生地中国以及周边的越南、朝鲜、琉球、日本等国家和地区。为文化圈的概念之一。汉字文化圈从地理角度可以称为东亚文化圈，以器物戏称为稻米文化圈、筷子文化圈，亦曾被称为“汉文化圈”。在朝贡体系影响下，东亚地区逐渐形成一个以汉字、儒家、佛教为核心的东亚文化圈。文化圈内，强调文化上的华夷之辨。日本江户时代即有所谓华夷变态之论，李氏朝鲜则甚以“中华”自居，视清朝为蛮夷。越南阮朝也自视为“中国”，别人为“夷”，自称“中国之于外夷，治以不”，“先王经理天下，夏不杂夷，此诚杜渐防微之意也。红毛人狡而诈，非我族类，其心必异，不可听其居留”。这里“中国”和“夏”就是越南，不是清朝。越南并在印度支那半岛全力“改土归流”“以夏变夷”，强迫柬埔寨国王接受汉姓，将夷名“柴棍”改名“嘉定”（今胡志明市）等。

（十二）条约体系与殖民体系

西方文明的条约（协约）体系大致形成于17世纪。罗马帝国崩溃后，西方进入了漫长的中世纪，欧洲长期不断地处于战乱之中。17世纪在《威斯特伐利亚和约》签订后，欧洲确立了“民族国家”的基本概念，并且开创了以“国际条约”形式约定国家之间关系的先河。此即“协约体系”（条约体系）的由来。从此，随着西方文明的全球扩张，这种依靠条约来约束国家之间关系的模式被推广到全世界，并且成为当今世界国际关系的一个基本原则。有学者评论道：19世纪的一个全球性现象就是西方殖民列强与殖民地或半殖民地的政治实体签订一系列不平等条约，并通过这些不平等条约将后者的领土、主权和权益以“合法的”形式转移到殖民列强手中。这些不平等条约把殖民扩张过程中形成的实质不平等关系转化为形式平等的“条约关系”，并通过单边或双边的不平等条约而得到落实。同时，为了实现不平等条约的签署，西方殖民列强必须将正在被剥夺的对象构建为形式平等的“主权实体”，构建的唯一目的是赋予这些政治主体转让权益的合法前提。现代“主权”概念是和殖民暴力息息相关的，事实上在晚清中国并不是没有“主权”“条约”这些现在经常被认为是源自西方的观念，但是近代西方殖民列强强加给中国的“主权”和“条约”与传统的“主权”和“条约”观念存在本质差别。传统的“主权”概念是指帝国统辖的文化边界——即管辖权；而新的“主权”概念则是“授予”晚清朝廷能够与殖民列强签署不平等条约的“自主权”，也就是晚清朝廷“合法地”向殖民列强转让权益的“自主权”。同样，“条约”显然也不是两个平等主体之间签署的，“条约关系”建立的前提在于签约双方之间虚假的“主权平等”。总之，“主权”与“条约”之间关系的本质成为晚清朝廷有“自主权”将自己的权益转让给殖民者，从而殖民列强与晚清朝廷签署的不平等条约是“合法地”。可以说，晚清中国融入“世界秩序”的前提是必须接受这些不平等条约，因为这些不平等条约赋予晚清帝国“主权国家”的地位。①

（十三）地缘政治学（政治地理学）

地缘政治（geopolitics）在西方是一种相当成熟、应用十分广泛的一种地缘关系理论。约翰·鲁道夫·契伦（Johan Rudolf Kjellen，1864—1922），是瑞典学者、政治学家、地政学家。生于1864年6月13日，卒于1922年11月14日。1901年任哥德堡大学政治学、统计学教授。1905—1908年为下院议员，1911—1917年为上院议员。1916年任乌普萨拉大学教授，首创了“geopolitics地缘政治”一词。他对地缘政治的定义是：“地缘政治是把国家作为地理的有机体或一个空间现象加以认识的科学。”② 地缘政治学（政治地理学）作为一门科学被系统化、理论化始于19世纪下半叶。拉采尔（Friedrich Ratzel，1844—1904）是德国地理学家、人类学家，近代人文地理学奠基人之一。生于1844年8月30日巴登－符腾堡州的卡尔斯鲁厄（Karlsruhe），卒于1904年8月9日下萨克森州的阿默尔兰县（Ammerland）。历任《科隆日报》记者、慕尼黑技术专科学校和莱比锡大学教授。致力于研究人类迁移、文化借鉴和人地关系，对人文地理学有系统论述。提出国家有机体说，创用“生存空间”一词，首次说明了文化景观概念。著有《人类地理学》《人类史》《政治地理学》《地球与生命：比较地理学》等。麦金德（Mackinder，Sir Halford，1861—1947）是英国的地理学家与地缘政治家，政治理论与经济学学者。生于盖恩斯伯勒，卒于帕克斯顿。历任牛津大学高级讲师和第一任地理系主任、伦敦经济和政治学院院长、英国下院议员。认为地理学是探讨人类与自然环境相互作用的科学。提出陆心说，首次以全球战略观念分析世界政治力量，对英国大学地理教育的发展起了重要作用。著有《历史的地理枢纽》《不列颠与不列颠的海洋》《民主的理想和现实》等。美国的马汉（M. T. Mahan，1840—1914）美国军事理论家。马汉在1890—1905年间相继完成了被后人称为马汉“海权论”三部曲的《海权对历史的影响（1660—1783）》《海权对法国革命和法帝国的影响（1793—1812）》《海权与1812年战争的联系》，其有关“争夺海上主导权对于主宰国家乃至世界命运都会起到决定性作用”的观点，更是盛行世界百余年而长久不衰，葡萄牙、西班牙、荷兰、英国乃至当今的美国在世界上的优势力量都是以海权为基础的。学术界一般认为这几个人对政治地理学（地缘政治学）的贡献最大。

（十四）美国边疆学派

在边疆理论做系统研究并有很大影响的学者之中，值得十分重视的是弗雷德里克·杰

① 王培培：《“朝贡体系”与“条约体系”》，载《社科纵横》，2011（8）。

② ［英］杰弗里·帕克：《二十世纪的西方地理政治思想》，李亦鸣、王贵珍译，57页，北京，中国人民解放军出版社，1992。

克逊·特纳（Frederic Jackson Turner），弗雷德里克·杰克逊·特纳（1861—1932），19世纪末20世纪初美国历史学家。1893年在芝加哥美国历史协会年会上他宣读的《边疆在美国历史上的重要性》一文，奠定其在美国史学界的地位，该理论被称为“边疆理论”。该学说对美国的史学研究产生重大影响，并由此形成一个颇具影响，并在美国史学界占据统治地位达40年之久的“边疆学派”。特纳的边疆理论，力图从经济和社会生活的角度找出美国历史发展的真正动力。他突破了传统的史学囹圄，阐释了美国19世纪西进运动的核心作用：美国立国的价值观形成的制度，使得自有土地和移民的浪潮高涨，由此美国人拓展了大片疆土。特纳的边疆学说提出后很快得到承认和拥护，它从一个新的角度来建构新说，较为科学地解释了美国历史的理论框架。特纳边疆学说在发表后的30多年里得到了史学界的普遍认同和广泛传播，这种边疆说满足了美国人希望用一种新理论来解释美利坚民族价值体系的普遍心理需求。特纳提出的“边疆”概念不是通常地理概念上的边陲或边界，而是指不断向太平洋沿岸移动的“活动边疆”，即美国不断扩展的边疆。特纳在其论文中指出，“美国思想的显著特征是依靠边疆形成的”，“美国人势必继续要求一个更加广阔的领域，以便发泄他们旺盛的精力”。特纳赋予“边疆”很多的内涵，把经济、政治和社会思想的变革都同边疆的“流动”联系起来，形成以不断扩张为核心的新边疆学说。特纳边疆学说第一次用一种学术理论论证了美国的价值体系而大受欢迎，政治家们开始用“边疆思维”即开拓领地的眼光来审视美国过去一百年的历史。随之而来的美国边疆研究将视野越来越拓展到对现实与未来的问题，其核心仍然是“美国精神”的体现。特纳在大学执教期间一直讲授有关“西部历史”的专题课，由此培养出一代又一代弟子和再传弟子散布于美国各地，在许多大学和机构从事教学或研究，热心传播特纳关于“边疆假说”的观点，形成“美国边疆学派”。①

（十五）拉铁摩尔的边疆观

欧文·拉铁摩尔（Owen Lattimore，1900—1989）是美国著名汉学家、蒙古学家，曾任美国约翰·霍普金斯大学教授、英国利兹大学教授。其幼年、青年时居中国，曾到中国北方和蒙古、中亚地区考察，对这些地区的历史、社会有独到研究。曾任蒋介石的政治顾问。1922年获美国社会科学研究会奖金，后周游中国新疆、内蒙古和东北各地，著有《中国的亚洲内陆边疆》《亚洲问题的解决》《美国与亚洲》等诸多著作。拉铁摩尔指出，从太平洋到帕米尔高原，又从帕米尔高原南下，到达分隔中国与印度的高寒地带，在这个范围内所包括的是东北、蒙古、新疆和西藏，这是亚洲中部的隔绝地带，是世界上最神秘

① 周卫平：《特纳的“边疆假说”理论与当代中国边疆研究》，载《甘肃社会科学》，2011（4）。

的边疆之一。[1] 将观察中国的视角放在历史的内部，将“落后的游牧社会”放置到中国历史关键因素予以考察，赋予“边疆”以农业社会与牧业社会交织的双重历史维度，使中国史的叙述改变了“华夏中心观”为主的单一结构。拉铁摩尔关于中国边疆问题探讨的重大理论贡献之一，是认为中国的统一性来自农业社会与游牧社会的互补共生关系，边疆是中国社会发展的强大动力之一。有学者认为，这是对“华夏中心观”为中心的中国史研究的一大突破。[2] 拉铁摩尔提出民族交往的“锋面”即“内亚贮存地”（Inner Asia Reservoir）的重要性，认为成吉思汗、努尔哈赤都出现在那里，即他们是农业文化和牧业（半牧业）文化互动的“产物”，亦即“中国”是一个大疆域中区域互动的过程。拉铁摩尔的中国边疆观，从一个前人没有注意的角度为后来的边疆研究学者提供了新的思路，即区域互动的经济、政治根源并非来自传统理念中的中心区域，而是边疆—中心的互动，正是由于这种互动，中国的边疆也具有成为中心的潜力。

（十六）高边疆理论和战略

这个理论和战略出自《高边疆：新的国家战略》（*High Frontier*：*A New National Strategy*）一书，提出者 D. O. 格雷厄姆，美国陆军中将，曾任美国国家安全委员会特种计划主任，R. 里根总统的国家安全顾问。1976 年从国防情报局局长任上退休后，历任迈阿密大学国防研究所教授、研究员等职。20 世纪 70 年代末，美苏军备竞赛呈现美守苏攻态势。1981 年里根政府提出“重整军备、重振国威”的口号，得到美国高边疆学会等研究机构响应。《高边疆：新的国家战略》是作者同高边疆学会 30 多位知名学者共同研究的成果，以支持里根政府利用美国的先进技术，抢占太空制高点，发展经济和加强军事实力，恢复对苏联战略优势的倡议。于 1982 年 3 月在美国出版。中译本由军事科学出版社 1988 年出版。全书共 8 章和附录、附件等，中译本约 22 万字。主要内容：一是提出了实施“高边疆”战略的基本理由。认为以前恪守的“相互确保摧毁”理论给美国造成了极为不利的形势，而实施“高边疆”战略，用“确保生存”战略取代“相互确保摧毁”理论，才是消除苏联军事力量对美国及其盟国威胁的正确选择。二是阐述了实施“高边疆”战略的目的。即通过开辟和利用空间领域发展经济和加强军事实力，以便在美苏的全面竞争中继续占有战略优势。认为美国具有开拓边疆的传统：在人类历史上，一个国家若能从人类活动的一个领域最有效地迈向一个新的领域，就能取得巨大的战略优势；在太空领域，美国绝不能让别人掌握主动权。三是论述了实施“高边疆”战略，开拓和利用太空的重要性。认为对付苏联军事优势的对策应该是开拓和利用太空，美国在这方面的优势具有决定性意

---

① ［美］拉铁摩尔：《中国的亚洲内陆边疆》，唐晓峰译，2 页，南京，江苏人民出版社，2005。

② 黄达远：《边疆、民族与国家：对拉铁摩尔“中国边疆观”的思考》，载《中国边疆史地研究》，2011（4）。

义。要使美国及其盟国的战略思想从“相互确保摧毁”有效地转向“确保生存”，唯一的出路是部署全球导弹防御系统（GBMD），而只有在太空才能有效地做到这一点。四是论述了实施“高边疆”战略的两种方案及其比较。为了对付苏联的军事挑战，实施“高边疆”战略可以有两种基本选择方案，即“渐进法”和“勇进法”。从战略、经济和政治等方面进行分析，“渐进法”几乎可以肯定是要失败的，而“勇进法”则是大胆的创新。五是提出了部署弹道导弹防御系统的计划设想。在 2－3 年内建成洲际弹道导弹地下井的点防御系统；5－6 年后部署第一代天基弹道导弹防御系统；10－12 年内部署第二代天基弹道导弹防御系统；在下一个 6－8 年内部署实用的载人军用空间控制飞行器。此理论一出，立即被美国决策层重视并付诸实施。高边疆理论的根源来自于美国边疆学派的“边疆假说”，即美国的国家精神需要不断地开拓边疆。

（十七）人文地理（学）

探讨各种人文现象的地理分布、扩散和变化，以及人类社会活动的地域结构的形成和发展规律的一门学科，是地理学的两个主要分支学科之一。“人文”二字与自然地理学的“自然”二字相对应，泛指各种社会、政治、经济和文化现象。人文地理学一般有广义与狭义之分，广义的人文地理学包括社会文化地理学、政治地理学、经济地理学等，狭义的人文地理学则指社会文化地理学。其中，政治地理学是通过研究国民与领土的关系来分析政治现象的地域体系，并分析以政治、军事、经济和宗教为背景的各种国家集团对世界和地区所起的作用。1897 年出版的拉采尔的《政治地理学》，将国家当做附着于地球上的有机物，并提出“生存空间”的概念。以后，麦金德于 1904 年提出陆心说（世界岛心脏地带说）。由于他们及其他学者的努力，政治地理学成为人文地理学的重要分支。

（十八）边疆战略

边疆战略即关于在边疆博弈之中的总体谋划。战略是人类社会的某个集团围绕着政治、军事、经济的目的，在五个要素、三个维度中展开博弈的一种实践现象。[①] 实际上是把战略由“战略指导思想、战略目标、战略重点、战略途径和战略措施”五大基本要素组成来理解展开的。不包含这五大基本要素的口号似的短句或讲话，在纯粹研究的意义上，均不能称之为“战略”。战略不仅必须在目标与手段的行为维度展开，而且必须在决定总

① 孙勇：《简论西藏经济社会发展战略总体研究》，载《西藏日报》，1988－04－04。何新在 2011 年的一篇文章中说：“有战略，才有指导战争的总方略。一个完整、系统的战略模型至少应包括四部分：（1）总体目标，即战略目标（所谓目标，就是到底想要什么）。（2）总体思路，即战略的总指导方针。（3）实施方法，所谓方法就是谋略。（4）应变之略，应当估计到种种阻力、挫折，评估失败的后果，并且准备出应对的预案。”参见何新：《论国家复兴的战略与谋略》，2011。

目标全局与局部有机的整体性结构的空间维度展开，是一种具有整体性结构的现象；在这两个维度的基本要求上，战略还必须是一个集团（群体），即战略制定及实施主体本身组合为现在与未来的预见性和发展性结构，即这个集团（群体）的战略行动必须在现在与未来的时间维度上展开——战略总是立足于现在而面向未来的。边疆战略是各个统治集团为了维护自身利益而针对该国边疆问题进行的全局性谋划，并在谋划之后制订和实施实现战略的一系列措施及其行动的总称。

（十九）国际法（国际公法）

国际法（international law）指适用主权国家之间以及其他具有国际人格的实体之间的法律规则的总体。国际法又称国际公法，以区别于国际私法或法律冲突，后者处理的是不同国家的国内法之间的差异。国际法是西方世界的三重发展过程的产物：即中世纪的欧洲社会瓦解，进入近代欧洲社会的过程；近代欧洲社会向外扩张的过程；处在发展中的世界社会里，权力逐渐集中到数量迅速减少的主要世界强国手中的过程。《国际法院规约》第38条将国际法的主要造法方式，即国际法规则形成的方式归结为三：条约、国际习惯法和为各国承认的一般法律原则。这已得到几乎是普遍一致的赞同。国际法的基本原则是：各国主权平等，互相尊重主权和领土完整，互不侵犯，互不干涉内政，平等互利，和平共处，和平解决国际争端，禁止以武力相威胁和使用武力，以及民族自决原则等。具有独立体系的国际法是19世纪40年代以后传入中国的。1949年中华人民共和国的成立使中国对外关系进入了一个新的阶段，也标志着中国与国际法的关系发生了根本性的变化。

（二十）边疆运动

11—13世纪，欧洲各国产生了“边疆运动”。当时的欧洲社会环境比较安定，封建制度在西欧相继确立，人口的持续增长对当时落后的生产力造成持久压力，由一些公国庄园主的兼并活动推动了拓边殖民的边疆运动。通过这场运动，欧洲的整体性得以形成，由此发展了农业生产，为经济的全面振兴奠定了基础，并促进了农奴的解放，随后开始萌发资本主义，导致世界经济中心向欧洲转移。世界现存的各国在历史中都存在一个在地理疆域疆界的“边疆运动”① 过程，本文所讲的“边疆运动”，即一国的地理疆域疆界在拓展后逐渐固化的态势与过程。其标志是，一国的政治、经济、文化生活基本上达到一体化，没有“内地”社会与“边疆”社会之间明显的差异性，经济、文化的共性远大于相互间的差别，尤其是一国公民的认同性不会基于族群、阶级、性别、年龄、宗教的不同而消减，

① 这里借用了美国1992年诺贝尔经济学奖得主道格拉斯·C. 诺斯（Douglass C. North）和罗伯特·托马斯（Robert Paul Thomas）在《西方世界的兴起》一书中第五章“边疆运动”的概念，但远远超过其“殖民拓疆”含义的范畴。

各地人群的政治意向和文化价值取向中蕴含了对国家的忠诚伦理、对本国地理疆域内的历史作为一个整体予以认同、对国家核心价值观予以认同。简言之，凡是完成了边疆运动的国家基本上实现了经济、文化，尤其是国家价值体系认同的均质化，以此阐释为语境。纵观世界历史，大致有五种形态：有的国家还未完成“边疆运动”就消亡了，有的国家在完成“边疆运动”之后也消亡了，有的国家在进行“边疆运动”的过程中时起时伏不断遭遇大国或同等国家的打压，还有的国家一直未完成“边疆运动”却长期存在但面临群起而攻之的境遇，也有的国家在不太长的时间里完成了“边疆运动”较快地成为相对稳固的大国强国。相对于已经完成或大体上完成地理疆域疆界“边疆运动”的美国、俄罗斯等世界大国，中国在现实与未来也面临的许多问题与困难。

三、边疆学的基本研究方法

抽象看，“边疆”概念即与所有时空统一的场运动具有相同的本质，是与客观事物在历时性与共时性的范畴变化着的多个交互影响的三维空间一同存在的体现，从古至今，凡是可以被自身和他人视为资源争夺的交叉空间都被视作“边疆”，但边疆不仅仅是个空间概念，同时也是附着于空间的时间概念，因而边疆是时空统一的，但具体的边疆可以通过整体性的分层进行解构。在边疆学的建构中，对于做深度分析的研究人员而言，必须懂得整体的分层，而只有在整体的平台上，分层研究才有可能实现，每一个分层意味着解构，每一个解构却不能将整体剥离出去；有差别的同一和统一，是保证整体同一和统一的基础。按照本文的“边疆”观察方法，在分层研究之中，尺度是一个非常重要的参照。例如，即使是对国家地理疆域的边疆做研究，地理尺度的变量也是不可忽视的因素，即大小国家都有疆域和边疆，无非是尺度的比量不同而已。大国或中等国家自不待言，小国或微型国家也有边疆，只不过是边界线被小尺度压缩到了中心区域而已。再如，曾经存在或后起国家的陆疆海疆历史，无论长短，都会在史地上留下成长与衰亡的痕迹，无非是以何种时间尺度做衡量。

能不能认识以往构成学科体系的局限性，是能否建立边疆学的第一步。国人所谓的“边疆”已经先验地嵌入在头脑之中——百十年中的几辈人的“边疆”概念，就是“国家陆地边界与他国接壤的地方”，“是相对于中心的边远地区”这样或类似这样的概念，这一类概念在以往的边疆研究之中，有其很大的合理性。但是，仅仅以此来做边疆的理论研究尤其是进入 21 世纪来构筑边疆学，这肯定要面对除了陆疆之外还有其他疆域（海疆、空疆、天疆等）也存在着边缘的问题，遑论更多的虚拟边疆（互联网、国际金融）随着人类的活动正在陆续出现。缺乏高端的视野和思辨，很多边疆理论将陷入难以自圆其说的困境。有人认定边疆学须建立在史地研究上进而以史学为平台，还有人认为要以人类学、民族学等为平台建构边疆学等，并且判定边疆问题的实质是民族问题。这些认识与哥德尔（Kurt Gödel）[①] 定理“系统内总会存在一个不可判定的真命题、一个系统的正确性不能由这个系统的公理得到证明”的判析，是完全相似的。在史学（史地研究）或民族学的框架内，很难将边疆的政治、经济、社会、文化、法治、军事等现实问题以及未来的指向性问题说清楚，更为关键的是，史学和民族学本身的框架是难以推导当今文化强国（如美国）的边疆视域中关于所有边疆形态研究“靶域”的。中国的边疆研究，不打破“史学的囹圄”,[②] 仅以为史地研究、民族研究就可以建构边疆学，也是不可能取得实质性进展的。

科学哲学（philosophy of science）是从哲学角度考察科学的一门学科。它以科学活动和科学理论为研究对象，主要探讨科学的本质、科学知识的获得和检验、科学的逻辑结构等有关科学认识论和科学方法论方面的基本问题。一般说来，科学哲学研究的是科学的本质、科学的合理性、科学的研究活动、科学方法论、科学认识论、科学的逻辑结构、科学发展的规律，等等，因而它与哲学的许多学科如形而上学、认识论和逻辑学有着密切的关系。

建构边疆学是一项很严肃的学术工作，应当符合科学哲学所指出的方向。由此，本文遴选出20世纪影响很大的几位科学哲学大师的方法论主要观点，开启建构一般边疆学的思路，也是边疆学的基本研究方法。

卡尔·波普尔（Karl R. Popper，1902—1994）是当代西方最著名的科学哲学家和社会哲学家之一。他继承德国爱因斯坦的批判精神和康德的唯理主义思想，形成“批判理性主义哲学”，建立同逻辑实证主义相对的科学知识观，提出反归纳主义和证伪主义的知识理论。认为归纳对提出假说或理论并无直接关系，观察也无助于提出假说，但在检验时假说才起作用。“观察的功能并不能产生理论。观察在拒斥、排除和批判理论之中发挥作用。”[③] 观察的结果与预测之间，存在两种可能，一是相合，二是相悖。相合时，这一社会理论就可以继续指导着社会行为；相悖时，就应该抛弃旧有理论提出新的理论，进入下一轮的假说检验。那么，旧理论的价值在于“人们往往把反驳看成是对一位科学家的失败或至少他的理论失败的证实。应当强调指出，这是一种归纳主义的错误。应当把每一个反驳都看成巨大的成功。……因为它遗留下了新的、也许至今依然解释不了的实验事实和新的问题；因为在它成功而又短暂的生命中为科学进步所作的贡献”[④]。由此，可以认为中

---

① 库尔特·哥德尔（Kurt Gödel，1906—1973），20世纪著名的数学家、逻辑学家和哲学家。其最杰出的贡献是哥德尔不完备定理（也称哥德尔不完全定理）。

② 乐嘉辉：《特纳边疆学说中的扩张理论对美国外交政策的影响》，载《中央社会主义学院学报》，2004（10）。

③ ［英］波普尔：《猜想与反驳》，131页，傅季重等译，上海，上海译文出版社，1986。

④ ［英］波普尔：《猜想与反驳》，347页，傅季重等译，上海，上海译文出版社，1986。

国以往对边疆理论研究（包括所谓的边疆学）的成果，在波普尔的哲思中属于“猜想”范围，尽管可以被反驳，但其价值在于为建构新的边疆理论做出了奠基的贡献，而我们的边疆学研究同样可以看做是“猜想”范围中的成果，也可以被反驳。这是本文承认以前单一角度的边疆观也有合理之处的出发点。例如，以地理边疆研究来囊括所有的边疆研究，以史地研究来树立边疆研究，将边疆问题归结为实质就是民族问题……很快就会被边疆理论的发展证明是有着极大的局限性的，但这些原先理论的价值就在于它们为新的边疆理论提供了“假说检验”。

库恩（Thomas Samuel Kuhn）[①] 和波普尔都反对逻辑经验主义对科学知识只做静态的逻辑分析，但是库恩不同意波普尔为科学知识增长划定的千篇一律的方法论以及“猜想与反驳”的图式。“按照波普尔的证伪主义思想，反常就是证伪，反常一经出现，原有理论内容即被证伪。”[②] 但是波普尔的这种观点并不被库恩所认同。库恩把这种反常看成一种现象，而非对目前范式的根本否定。郑杭生指出，库恩认为：第一，根本没有超越历史的适合于一切时代的方法论准则；第二，以往科学史上的每一次重大发现都碰到许多反例，但并没有因被“证伪”而夭折；第三，科学发展模式是“阶段革命”论，即科学的增长总是通过常规科学时期的量的积累而进入科学革命时期非连续性的质的飞跃。此外，库恩还认为科学发展不是始于问题（problem）而是始于难题（puzzle）。[③] 这与我们所要研究的边疆学的建构何其相似。进入新世纪的中国边疆研究，已经不是一般性的问题研究，而是大量难题的研究。这也许会激励一批思想库研究人员对这方面的研究出现质的飞跃。

在库恩那里，科学共同体是科学社会学研究的范畴之一，对于范式转换和形成新的范式至关紧要。库恩在前人有关研究的基础上对科学共同体的认识进行了完善，做出了新的贡献。[④] 科学共同体即遵守同一科学规范的科学家所组成的群体，有着共同理想和信念，在同一科学规范的约束和自我认同下，科学共同体的成员掌握大体相同的文献和接受大体相同的理论，有着共同的探索目标。

边疆学尚不能归于中国现有某类学科的情况，必然使得新的边疆学认知有可能不具有

---

① 托马斯·库恩（Thomas Samuel Kuhn，1922—1996），美国科学史家、科学哲学家，代表作为《哥白尼革命》和《科学革命的结构》。

② 张铁山：《波普尔证伪主义思想的评析》，载《漯河职业技术学院学报》，2002（1）。

③ 郑杭生、李霞：《关于库恩的“范式”——一种科学哲学与社会学交叉的视角》，载《广东社会科学》，2004（2）。

④ 20世纪40年代，英国科学家、哲学家和社会学家M. 波拉尼就探讨过科学共同体的某些问题。美国社会学家R. K. 默顿十分强调科学共同体的作用，认为科学的目的是获取可靠的知识，科学共同体的任务则是建立和发展科学家之间那种为获得可靠知识而必需的最佳关系。他提出科学共同体的准则即规范是：普遍性、公有性、大公无私和有根据的怀疑态度。1962年，美国科学史家和科学哲学家库恩的《科学革命的结构》出版后，科学共同体更加引起科学社会学术界的广泛重视。库恩对这个命题的贡献是，提供了科学共同体形成、发展和转变的认识论基础。中国大陆学术界对一般边疆学的研究过程中，近期产生科学共同体的概率不大，这是一种缺憾。

现有教科书的标准观点，我们所做的是对“实际过程”的研究，不可能是“最终的研究成果”。本文研究横跨的范围较大，但不属于传统的“边疆史地研究”即历史学的范畴，也不属于地理学（政治地理学）的范畴。从对国家政治决策行为分析的角度看，“边疆学导论”这个课题，如果溯源而上，最终有可能属于政治学的范畴。因此，在科学哲学领域的收敛与在社会科学领域中的发散，对于一般边疆学来说都很重要。通过“科学共同体”的努力，在库恩理论的视域中具有地缘政治包括边疆学范式转换的意义，在此之中，一般边疆学即使出现了与其他边疆学范式“不可通约性”的情况也是极有可能的，但建立在前人研究基础上的一般边疆学，从知识积累的角度看，“可通约”的部分是会存在的。

拉卡托斯（Lakatos）① 对科学哲学的贡献十分巨大，他的主要学术著作在去世后由他人整理成《哲学论文集》出版，第 1 卷名为《科学研究纲领方法论》，第 2 卷名为《数学、科学和认识论》。他认识学科建构的方式有三个基本点：一是进步的新研究纲领（理论）能够预见新的经验事实的出现，对旧研究纲领的理论体系来说具有超越性的意义，新研究纲领（理论）更具有成长性；二是进步的新研究纲领（理论）能够从某个侧面证明新理论体系在旧的范围内也是科学的，即使是在旧的研究纲领中所指称的命题上，新的理论体系也是无可反驳的；三是进步的新研究纲领的理论体系超越旧研究纲领的部分，首先应该被科学共同体的成员所认可，其次对旧纲领理论体系的科学共同体要产生一定的说服力，然后进入整体的研究领域之中，成为一种自成体系的观点和理论。符合这三点，新的理论体系才得以产生和立足，才有可能推进理论的创新。建构一般边疆学要做的就是努力符合这三点，争取成为边疆研究理论之中的“新的科学研究纲领”。拉卡托斯提出，受检验的理论是一个整体结构，它是由一系列理论组成的科学研究纲领。这一整体结构是由硬核、辅助保护带以及方法论机制等组成，因此就具有相当的韧性，有能力抵御经验事实的挑战。拉卡托斯的科学研究纲领是一组具有严密的内在结构的科学理论系统，一个有机联系的整体，它构成一个连续性的纲领。其科学研究纲领由两部分组成：中心是“硬核”，周围是“保护带”，支撑它的是方法论机制。所谓硬核，就是这个科学研究纲领的核心部分或本质特征，它决定着研究纲领发展的方向。科学研究纲领之间的不同，就在于硬核的不同。硬核是坚韧的、不容反驳的和不许改变的。拉卡托斯强调，当硬核不能对经验事实做出新的预测，面对出现的反常只能做事后的说明或解释，也无法促进进步问题的转换时，就必须无条件地破坏硬核。拉卡托斯认为，硬核破碎的标准在于它不再能带来进步问题的

---

① 拉卡托斯·伊姆雷（匈牙利语：Lakatos Imre，1922—1974），数学家、哲学家、科学哲学家。出生于匈牙利的一个犹太商人家庭，原姓利普施茨。1944 年在德布勒森大学毕业。纳粹德国占领匈牙利期间，他加入了地下抵抗运动，后又改姓为拉卡托斯。战后，他曾是西方马克思主义哲学家 G. 卢卡奇的研究生，并加入匈牙利共产党。1947 年任教育部高级官员，1948 年获博士学位。1949 年留学莫斯科大学。从 1969 年起在伦敦经济学院任教，并成为卡尔·波普尔的学生和同事，1972 年任该学院科学方法、逻辑和哲学系主任，并兼任《不列颠科学哲学杂志》主编。1974 年病逝。

转换，硬核不再能预测新颖的事实。拉卡托斯认为，面对众多的反常，只要硬核还能继续预测新颖的经验事实，并能促进进步问题的转换，科学家就可以对反常置之不理，而后积极地通过调整或增加辅助性假设，同化或消灭反常，使其变成对理论假说的证实。鉴于此，我们的研究已经发现过去的边疆观与边疆理论"硬核不再能预测新颖的事实"，进行边疆理论体系的解构和重构，提出自成体系的"假说"，从科学研究纲领的角度看，是完全可以成立的。

由上，一般边疆学的建构，首先要依托于科学哲学的基本原理展开，从证伪和假说视域梳理过去边疆研究的所有成果，打开思维窠臼，探索建立新的研究范式；其次要根据科学哲学指明的学科研究的一般方法进行，将一个理论的核心与边缘部分组合为有机的框架，成为"科学研究纲领"即理论体系；再次要在交叉研究即跨学科研究之中通过学术共同体的努力，打通所有与边疆研究有关学科的连接，使一般边疆学的建构确立起来。

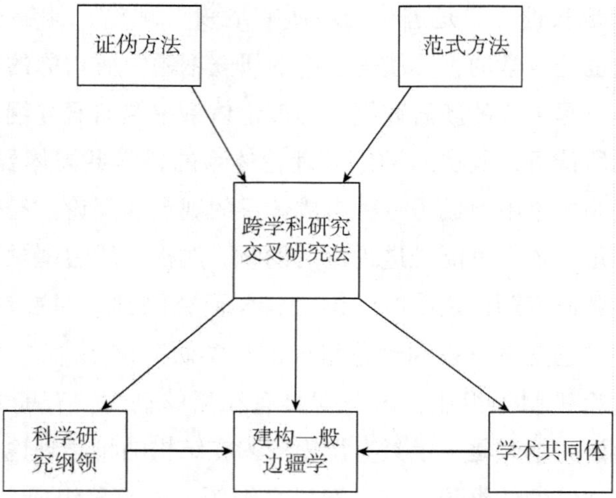

图 2　边疆学建构和基本研究方法

以上所叙述的基本研究方法相当于一般边疆学的方法论，是一个新学科建构最基础的方法。

在边疆学或边疆具体课题的研究之中，还有很多与研究本身对应的具体方法。常用的大约有十种：

第一，文献法。文献法也称历史文献法，就是搜集和分析研究各种现存的有关文献资料，从中选取信息，以达到某种调查研究目的的方法。用这个方法所要解决的问题是，如何在浩如烟海的文献群中选取适用于课题的资料，并对这些资料做出恰当分析和使用。

第二，田野调查法。田野调查又叫实地调查或现场研究，主要用于自然科学和社会科学的研究，如人类学、民俗学、考古学、生物学、生态学、环境科学、民族音乐学、地理学、地质学、地球物理学、语言学、古生物学、社会学等。田野调查法首先要选择调查点，其基本要求：一是要选择有特色的地区；二是要选择有代表性的地区；三是要选择特殊关系的地区；四是选择前人调查研究过的著名社区。其次是熟悉调查点当地的情况，熟悉民族成分、人口、历史、地理、特产、部落或民族支系等各方面的情况，收集有关的文献资料和地方志资料。撰写详细的调查提纲和设计调查表格。有些人主张不用撰写调查提纲，不用表格。这是不科学的方法，有调查提纲和调查表格，收集的资料较为系统、全面。否则收集的资料将是残缺不全，许多问题将会漏掉，较为详细的调查提纲和调查表格有助于形成高质量的成果。

第三，观察法。观察法是指研究者根据一定的研究目的、研究提纲或观察表，用自己的感官和辅助工具去直接观察被研究对象，从而获得资料的一种方法。科学的观察具有目的性和计划性、系统性和可重复性。在科学实验和调查研究中，观察法具有如下几个方面的作用：一是扩大人们的感性认识；二是启发人们的思维；三是导致新的发现。

第四，定性分析法。定性分析法就是对研究对象进行“质”的方面分析。具体地说，是运用归纳和演绎、分析与综合以及抽象与概括等方法，对获得的各种材料进行思维加工，从而能去粗取精、去伪存真、由此及彼、由表及里，达到认识事物本质、揭示内在规律之目的。定性分析用于判定思想性质，即质的规定性。定性定量分析是思想信息分析中必用的方法。

第五，定量分析法。定量分析是依据统计数据，建立数学模型，并用数学模型计算出分析对象的各项指标及其数值的一种方法。通过定量分析，可以使人们对研究对象的认识进一步精确化，以便更加科学地揭示规律，把握本质，理清关系，预测事物的发展趋势。定量分析法对于确定认识对象的规模、速度、范围、程度等数量关系，解决认识对象“是多大”“有多少”问题。定量分析可用以判定思想发展的深度、广度、作用范围的大小，作用时间的长短等量的规定性。

第六，描述性研究法。描述性研究法是一种简单的研究方法，将已有的现象、规律和理论通过自己的理解和验证，给予叙述并解释出来。是对各种理论的一般叙述，更多的是解释别人的论证，但在科学研究中是必不可少的。能定向地提出问题，揭示弊端，描述现象，介绍经验，有利于普及工作。例如，带揭示性的多种情况的调查；对实际问题的说明；对某些现状的看法等。

第七，个案研究法。个案研究法是认定研究对象中的某一特定对象，加以调查分析，弄清其特点及其形成过程的一种研究方法。个案研究有三种基本类型：一是个人调查，即对组织中的某一个人进行调查研究；二是团体调查，即对某个组织或团体进行调查研究；三是问题调查，即对某个现象或问题进行调查研究。

第八，实证研究法。是认识客观现象，向人们提供实在、有用、确定、精确的知识研究方法，其重点是研究现象本身“是什么”的问题。实证研究法试图超越或排斥价值判断，指揭示客观现象的内在构成因素及因素的普遍联系，归纳概括现象的本质及其运行规律。实证研究法的特点：一是认识客观事实，研究现象自身的运动规律及内在逻辑；二是对研究的现象所得出的结论具有客观性，并根据经验和事实进行检验。实证研究往往提出理论假说。假说是对于现象进行客观研究所得出的暂时性结论，也就是未经过证明的结论。假说是对研究对象现象的经验性概括和总结，但还不能说明它是否能成为具有普遍意义的理论。为此，实证研究法要求验证，在不同条件和不同时间对假说进行检验，用事实检验其正确与否，检验包括应用假说对现象的运动发展进行预测。

第九，信息研究法。信息研究法是利用信息来研究系统功能的一种科学研究方法。美国数学、通信工程师、生理学家维纳认为，客观世界有一种普遍的联系，即信息联系。在“信息革命”的新时代，有大量的信息资源可以开发利用。信息方法就是根据信息论、系统论、控制论的原理，通过对信息的收集、传递、加工和整理获得知识，并应用于实践，以实现新的目标。信息方法是一种新的科研方法，以信息研究系统功能，揭示事物的更深一层次的规律，帮助研究者提高和掌握运用规律的能力。

第十，文本分析法。从文本的表层深入到文本的深层，从而发现那些不能为普通阅读所把握的深层意义。该方法流派有：最常用的符号学分析方法，也就是格雷马斯的方法，主要包括矩阵分析和施动者分析等，所谓“结构主义”的分析方法就是这个方法。还有解构主义的方法，解构主义的一个基本原则就是从文本的边缘进入，从而颠覆掉整个文本的通常意义。

四、边疆研究的共性与个性

在现有“中国边疆学”与“一般边疆学”的研究中有着共性与个性问题。这些问题形成了两种“边疆学”可以“通约”和不可以“通约”的不同之处。我们将两者分别称为“传统边疆研究理论和旧的边疆观”，“新的边疆研究理论和新的边疆观”。

“传统边疆研究理论和旧的边疆观”即传统的边疆研究体系，与“新的边疆研究理论和新的边疆观”即新的边疆研究体系的共性，都是对人类获取生存资源体现在地理因素上的现象予以关注，同时对如何划分地理疆域与边疆的历史因素做出分析，而且都试图回答边疆形成的规律性问题，两者都有意无意地形成“科学共同体”。而两者的个性在于：“传统边疆研究理论和旧的边疆观”即传统的边疆研究体系排斥或缺乏哲学的思辨，不能自觉地将科学哲学的基本原理用于研究，没有真正形成跨学科研究，恪守着单个学科自身的逻辑演绎，基于长期以来以人文地理内含的历史、政治、经济、文化、边政等视域，将众多分散的单项研究依照原样归置起来，反反复复在原地深掘，尽管在中国大陆学术界有人也提出了交叉研究（跨学科研究）的提议，但由于缺乏相应的方法论，一直未能解决如何交叉研究（跨学科研究）的问题，很难推动也难以形成学科体系，但却形成了“学术共同体”，就一段时间的情况来看，中国已经形成了“史地研究边疆学学术共同体”“边疆民族研究范式学术共同体”等。“新的边疆研究理论和新的边疆观”即新的边疆研究体系主动追求哲学的思辨，自觉地将科学哲学的基本原理用于研究，推动形成真正的跨学科研究，不再恪守某几个单科研究的逻辑和框架，以人文地理内含的历史、政治、经济、文化、边政等为出发点，推动新的综合，提高边疆研究的理论层次，努力在相应的层面上建构学科体系，但需要加强交流，形成“学术共同体”。

传统的边疆理论亦即旧的边疆观有其时代的合理性，持有传统理念的研究者在边疆研究之中，通过对眼前各种现象与问题的探讨，认为地理边疆的发展、稳定和安全就是一国在边地所需的发展、稳定和安全。如果深究传统边疆理论其自身逻辑背后的视野，基本上是以农耕时代和前工业时代各个国家分割林立，信息的有限性使各强国扩张边缘会在一个地理边界上被终止，同时资源开发引起争夺也是以冷兵器时代或火器时代初级阶段的最远威力范围为依据的；也包括各国最早的贸易多数是要通过陆疆边界交货甚至穿越国界运输为依据的。这是国家战略能力在农耕时代和火器初级阶段的一种反映，与各个国家的生产科技水平以及军事技术的水平有关。在受制于科技不发达因素的国家疆域时代，地缘政治学（政治地理学）最核心的问题是地理相交或者有衍射现象的国度关系，[①]认识并阐释这种关系的传统边疆理论，必然要将地理边疆的整固、发展、稳定和安全作为边疆观的着眼点，并着重在地理边疆（政治地理学）的视野之内提出理论阐释对策。但是，随着资本（主义）在世界的大开拓造成了国家与民族藩篱的破碎化，各国的博弈更加依赖科技进步，而科技大发展带来了火器时代朝着中、高级阶段演进，先进国家的战略能力不断提高，传统的边疆观在国家博弈的实践中被西方先后崛起的列强自己所突破，最明显的事例即西方殖民主义者通过远距离征战，建立了很多带有自己文化色彩的海外殖民地，这些殖民地实际上是这些国家疆域边界的延伸，同时，各西方殖民国家之间在地缘政治的破题之中，也还保留着传统边疆理论的某些基本观点，但随着时代的进步越来越趋于淡化。

随着科学技术的急速发展，把握了趋势潮流的各个大国在20世纪中后期尤其是在21世纪初促进了政治、经济、文化全球一体化时代的到来。近年来，信息大数据［大数据是信息技术高度发展到一定程度的阶段性状态，一般指其大小超出了典型数据库软件的采集、存储、管理和分析等能力的数据集。大数据公认的4V特征包括：容量（volume）、类型（variety）、速度（velocity）以及价值（value）。著名调研机构IDC对于大数据技术定

① 衍射（Diffraction）本是物理光学概念，又称为绕射，指的是波遇到障碍物或小孔后通过散射继续传播的现象。衍射现象是波的特有现象，一切波都会发生衍射现象。在对地缘政治进行研究时，可以看到在一个或几个政治板块交互的地带，强势国家也有扩展势头遇到障碍后通过散射继续传播的现象。

位为：通过高速捕捉、发现和/或分析，从大容量数据中获取价值的一种新的技术架构。中国思想库和决策层尚未对大数据时代到来对国家战略以及边疆战略会产生何种深刻影响有前瞻性的认识。①］更是支撑各强国对扩张边缘的延伸，在陆疆、海疆直至空疆、天疆还有互联网、国际金融的无形疆域都被各大国纳入争夺的范围之后，国与国之间单纯的陆地地理疆界要素被不断分拆，针对他国的经济、文化、宗教等因素都被用于战略利益的博弈，即使是最基本的地理疆域保全问题，也不能完全靠军事手段来解决了。地球人类社会已经进入到一个非恒称（was not always balanced）［古汉语的“非恒称”含义为“不是经常讲说的”，此处非恒称（was not always balanced）取“能量非守恒”之意，译为“并不总是平衡的”］的多重世界，越来越多的变化，改变着国际政治格局。由此，传统的边疆理论亦即旧的边疆观所赖以支撑的客观基础逐渐在发生变化。抽象地理解边疆，其中所包含的意义在于人类对各自划分疆域的认定与保有以及同时可以交互作用的边缘空间；换言之，“边疆”来自于人类群体活动疆域的（无论是陆疆海疆的还是天空太空的，无论是实在的还是虚拟的）分割和再分割，即“疆域边缘”的划分与划定，在划分之中产生了“边疆”博弈的介入与反介入、认定与反认定等活动，在划定之后又产生了扩张与收缩、整固与分离等活动。这些活动即为政治、经济、外交、军事、法治、社会治理等国家主体（乃至国际体系组织）的一系列行为。所谓边疆、边疆战略、边疆理论包括边疆学等概念，都来自于人类的这种实践活动。

如果仅仅从边疆的形态变化上看，任何边疆都是镜像存在的。即凡是能够被人们纳入“边疆”范畴之中的，绝大多数是对应存在的，有此有彼，此模糊彼模糊，而此清晰则彼也清晰，此变化导致彼变化。例如，陆疆国家的边疆为两侧对应出现，相邻国家对边界的控制在正常情况下力度也大致相等，至于岛国或半岛国家，也有边疆的镜像，只不过尺度更大，要延伸到他国为参照才能看得清楚。再如，互联网作为虚拟疆域就会有边疆的出现，而构筑虚拟边疆的活动也由参与博弈的双方或多方对应于镜像。还如，当空疆、外空疆产生之后，对应的镜像活动很快就会出现。在边疆研究之中，这些镜像现象，如果没有哲思，是不容易被提炼出来的。袁剑在课件稿中指出：作为操作性定位的“边疆”、历史性话语的“边疆”，还有结构性关系的“边疆”，都在起着变化，例如，结构性关系的边疆正是一种基于权力配置的中心与边陲间的结构性关系，在这种结构当中，中心具有支配性地位，边疆则服从于中心；一旦两者间的结构性位置发生转变，边疆就转变为中心，中心则退化为边疆。两者始终处在一种竞争性的关系当中，并在当代的世界体系、大国结构和民族国家内部鲜明地体现出来。当代世界格局中的南北发展问题、陆权、海权争夺问题

① 参考维克托·迈尔－舍恩伯格、肯尼迪·库克耶：《大数据时代——生活、工作与思维的大变革》，盛杨燕、周涛译，杭州，浙江人民出版社，2013。

以及大国内部的权力与资源分配等都鲜明体现着边疆的结构性关系。

随着国际形势的发展和各大国边疆理论的推进，21 世纪中国的边疆观应当得到更新，一个新边疆理论即新边疆观形成的时候已经到来，这是包括中国在内的各个大国博弈的客观需要。新的边疆理论亦即新的边疆观认为，国家整体的发展、稳定和安全，不再仅仅局限于地理边疆的边界线或区域不受外来攻击和侵犯，它还包括在特定区域里经济安全、文化安全、社会安全和心理安全等都能得到保障；新的边疆观还认为，更大更多可供人类进行资源开发的区域，也会产生疆域，也有疆域边界的划分问题，亦即产生边疆问题。在这个新边疆观的语境中，需要拓展人们的国家边疆概念，推动形成“大边疆”理论体系，推动“大边疆战略”的认识和实践，以充实发展、稳定和安全的基础理论——面对错综复杂的世界情势，这不仅仅是学术发展的需要，更是国家安全实践与未来发展的需要。

新的边疆研究（范式）		旧的边疆研究（范式）
个性	共性（可以通约）	个性
不再恪守某几个单科研究的框架和逻辑，主动追求哲学思辨，自觉将哲学用于建构学科体系，以人地关系内含的历史、政治、经济、文化、边政为出发点，推动新的综合，提高边疆理论层次，推动解决交叉（跨学科）研究，努力在相应层面上构建学科体系	都对人类获取生存资源体现在地理因素的现象予以关注，同时对如何划分地理疆域与边疆的历史因素做出分析，都关注地理边疆的政治、经济、文化、军事等具体学科的研究，都有意无意地形成“科学共同体”，为国家政治决策和边疆战略服务，能够提出策论	恪守单个学科自身逻辑演绎，基于长期以来人文地理内含的历史、政治、经济、文化、边政等视域，将众多分散的单项研究依照原样归置起来，反复在原地深掘，缺乏哲学思辨，不能自觉地将科学哲学原理用于研究，缺乏相应的方法论，一直未能解决交叉（跨学科）研究问题，很难形成学科体系

经过学术整合，有进一步形成关联的可能性

图 3　科学哲学视域下的新旧边疆观共性个性及关联

在不同的边疆理论或边疆观之中，研究视域和思考的维度是个分水岭。旧的边疆理论或边疆观，沿着人类早期对地理疆域与边疆的“路径”进行观察，而旧的边疆观就是走在这个“路径”上所能看到的“风景”；在看到这些“风景”之后，旧的边疆观被思维定式引领，形成“路径依赖”，继续观看的还是这些“风景”，研究的视域被局限在地理边疆的宽度上，对所见问题域之中的靶域拉网似的探微，即不断探讨“边疆”本身的含义、边疆史地资料的解读、地理边疆问题的由来、边疆区位经济社会的具体建设、国家地理边疆的保全等。这些探微研究是有必要的，而且所产生的学术成果、对策方案、决策解释等对于学科建设具有夯基的意义。但是，正因为“路径依赖”的便利性，造成了朝着更高层次观察的惰性，对世界所发生巨大变化的现实情况缺乏敏锐性，看不到边疆的内涵随着人类活动的扩展在扩展，原有的问题域正在迅速扩大，旧的边疆观的张力已经难以适应更多的靶域问题研究。新的边疆观既能够将原有问题域及其靶域囊括进来，更能够与时俱进地脱离“路径依赖”，站在更高的层面上，进行哲学思辨，以科学哲学为指导，建构边疆学体系，既能看到原来的问题域，找到过去边疆研究的靶域继续深度研究，又能扩大边疆研究的问题域，对原有靶域问题研究进行创新，形成新边疆理论的张力。

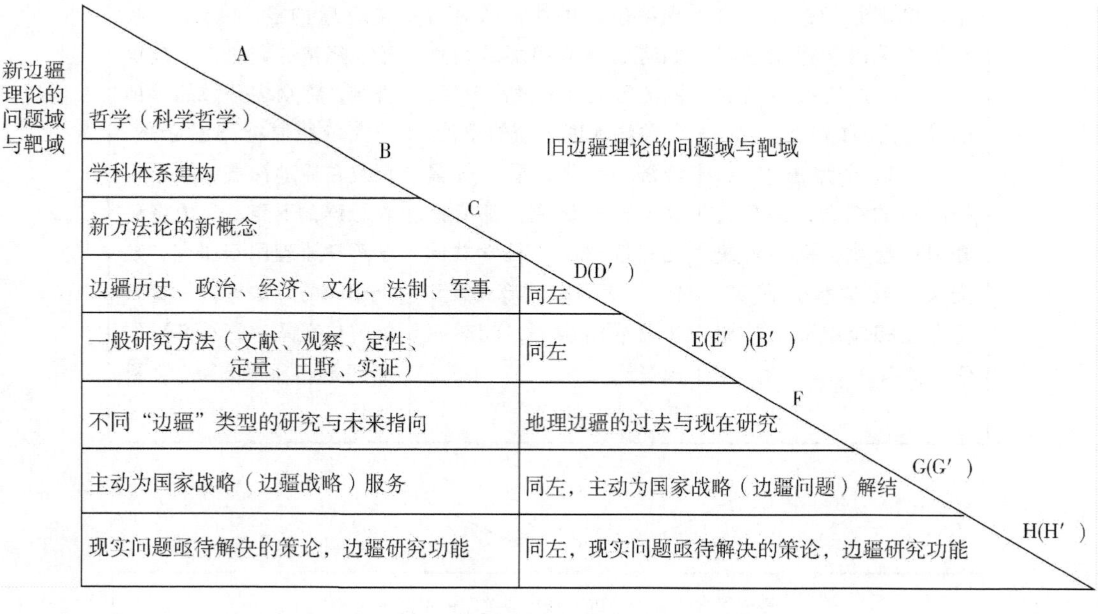

图4　新旧边疆理论的问题域和靶域

注：图中所示的新边疆理论问题域与靶域覆盖了大小两个三角形，而旧边疆理论的问题域与靶域覆盖是右边的小三角形。即使是能够与新边疆理论在同一层次上构成问题域与靶域，也是因为其先行研究的缘故，但其高度和深度是不够的。这符合库恩的观点，即科学发展模式是“阶段革命”论的，科学的增长总是通过常规科学时期的量的积累而进入科学革命时期非连续性的质的飞跃。

由上图，引出的哲学思辨层面的阐释是：

第一，万物都有自身存在的边界，大到天体小到可视的物体（包括有机与无机体），微到原子、量子，人类的国家疆域与边疆也是一样。

第二，每一个物体都在自身形体中有引力与张力，引力与张力衍生的交界处为边界，边界首先是线形的并由线形扩展为面，以保持引力与张力。

第三，线为界而面为疆，其机理在于凡是能独自存在的自在之物，均要以界线的扩展维护其核心的存在和运行，无机界和有机界都按照这一规律形成物体，没有界（线）就没有疆（场），人类的国家疆域与边疆也是一样。

第四，小到原子、量子，大到可视的物体，再大到天体，都需要在能量交换中维系自身的存在，对于人类的国家来说必须获得足以支撑自身生存和发展的能量即资源，以点、线、面等形态构成的国家疆域和边疆，都是为了保存资源、攫取资源、交换资源而通过政治载体建构出来的，并在时空统一的规律下运行着。

第五，以一个内核（中心）带动边缘运动并以边缘护卫内核（中心），是任何自在之物最基本的形态，这是所有具有“场”效应的国家都会产生的基本形态，无“场”效应则无所谓的“疆”“界”“线”，“场”效应缺失意味着自在之物消失，国家的“场”效应消失意味着国家的灭亡。

人来自于自然界本身，就决定了人的任何行为都与自然界运动的方式有着某种相一致的规定性；人类社会的诸多现象包括国家其实都与自然界的运动方式有着某种相一致的规定性。在近现代，科学家们对客观世界的科学研究之中，对自然界运动的方式大到多重宇宙，小到原子、量子等现象的发现和阐释，都可以对应到物质世界的运动方式。这种运动方式或者说这种运动的本性，无疑地会对来自于自然界的人类具有天然的影响，人类社会的运动与自己的本源世界的运动，一定具有某种相一致的规定性，至少被这种运动方式所制约。基于本文视域的哲学思辨简洁的结论是：在最抽象的思维之中，人类国家实体均要按照物质世界的基本存在方式运行，无论是发展还是消亡，古今中外的大国、小国和微型国家都是如此。

在人类国家的边疆现象之中，无论实态与时态都会有耗散结构（dissipative structure）的运行。即一个远离平衡态的非线性的开放系统（不管是物理的、化学的、生物的乃至社会的、经济的系统）通过不断地与外界交换物质和能量，在系统内部某个参量的变化达到一定的阈值时，通过涨落，系统可能发生突变即非平衡相变，由原来的混沌无序状态转变为一种在时间上、空间上或功能上的有序状态。

这种在远离平衡的非线性区形成的新的稳定的宏观有序结构，由于需要不断与外界交换物质或能量才能维持。耗散结构论把宏观系统区分为三种：一是与外界既无能量交换又无物质交换的孤立系；二是与外界有能量交换但无物质交换的封闭系；三是与外界既有能量交换又有物质交换的开放系。孤立系统永远不可能自发地形成有序状态，其发展的趋势是“平衡无序态”；封闭系统在能量释放充分低时，可以形成“稳定有序的平衡结构”；开放系统在远离平衡态并存在负熵流时，可能形成“稳定有序的耗散结构”。耗散结构是在远离平衡区的、非线性的、开放系统中所产生的一种稳定的自组织结构，由于存在非线性的正反馈相互作用，能够使系统的各要素之间产生协调动作和相干效应，使系统从杂乱无章变为井然有序。①

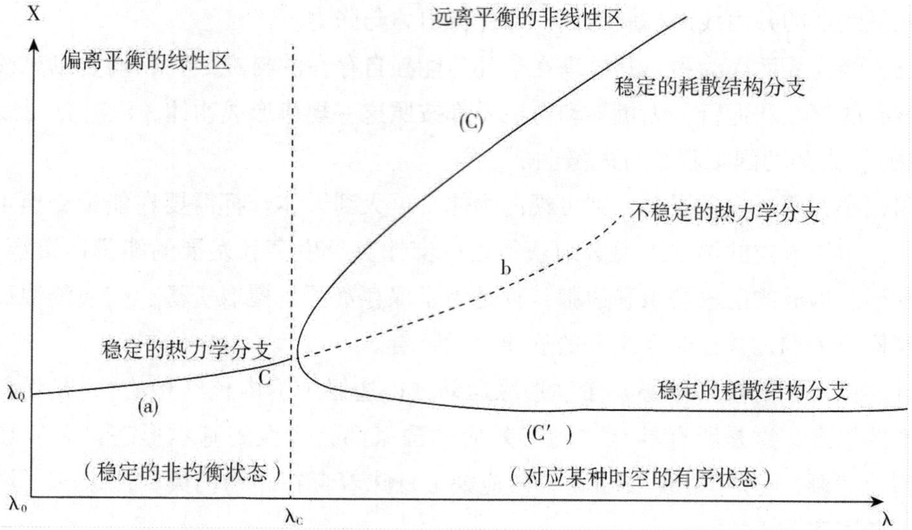

图5 用以直观的耗散结构公式图

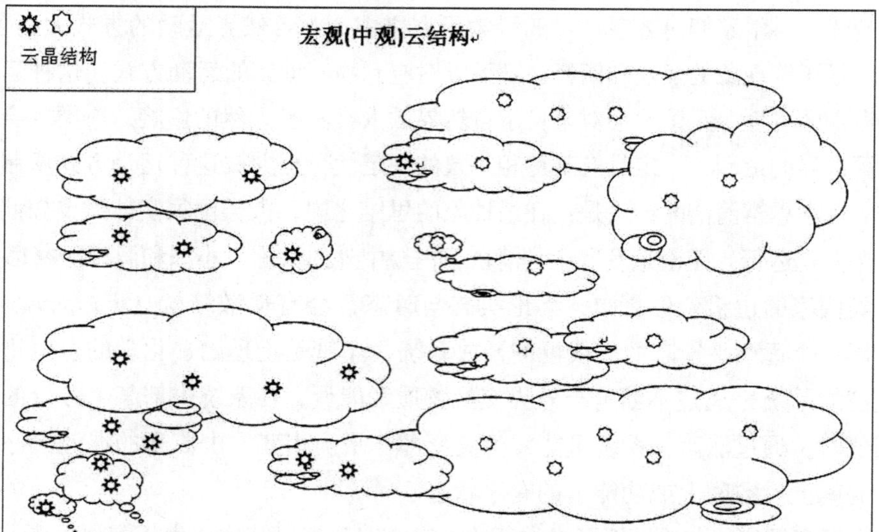

图6 在耗散结构理论下对云流（天街）的观察和解释

① ［比］普里戈金、［法］斯唐热：《从混沌到有序》，曾庆宏、沈小峰译，上海，上海译文出版社，2005。

由上图我们比较容易理解如何将耗散结构理论用于边疆学的视域和研究。对于文科知识背景的人来说，云流（天街）图所展示的就是一种相当具象的联想，云流与所在的空间存在着熵现象，云流的形态是通过能量交换形成的，也有着与国家形态十分相似的地方。如果将云流静态地观察，与国家所具有的疆域、边疆、边界等是一样的，因为两者在耗散结构理论的阐释框架内，是可以抽象为同一对象的。

人类社会是一种高度发达的耗散结构，具有最为复杂而精密的有序化结构和严谨协调的有序化功能。国家机体（肌体）是一种远离平衡态的有序结构，只有不断地进行新陈代谢才能生存和发展下去，因而也是一种典型的耗散结构。边疆包括边界无论是实体的还是虚拟的，不管是陆疆、海疆、空疆、外空疆以及互联网等疆域边疆，作为“国家肌体”的一部分，都可以直接体现出耗散结构的所有特征。

人类社会的边疆与边界的类型相当复杂，诸如硬接触的互相嵌入（多国陆疆接壤，交叉的海疆在此类型，底土和某些地理飞地等在此类型）、自然介稳（从历史脉络按照分水岭自然形成的类型）、法规划定（根据契约、条约规定，突发事件后的势力范围，殖民地遗产）、高科技成长（空疆的出现）等；还有软接触的地缘对望（岛国疆域类型和半岛国家类型）、战略前出（构建在他国的基地）、高科技浸润（外空疆划分、互联网的域名与门户）、通用工具衍生（国际金融体系中的国家掌控范围和安全线）等，都具有耗散结构的运行方式。

人类社会的疆域与边界的状态也比较复杂，大致有和平共处、不战不和、战争博弈三种，或由这三种状态派生出来的亚状态，诸如和谐互助、平顺治理、共同繁荣、破裂不斗、斗而不破、边斗边和、斗和交替、蚕食推进、瓜分鲸吞、谈判交换、态势威逼、名义据有、实际占有，等等，也都具有耗散结构的运行方式。

人类社会的疆域与边疆的形态，一般由以上类型和状态构成几种形态：一是不规则形态；二是规则形态；三是变化的形态。这些形态对内对外产生诸多效应：一是遮蔽体效应，即通过一定物理载体进行间隔，阻断不利于国家行政管理的因素，例如边界线、边关哨卡、边防要塞以及跨国信息网络、跨国金融结算规则等就是这个效应的体现；二是渗透膜效应，即通过一定的物理载体，进行互换互助，最大限度地趋利避害，例如海关、自由贸易区、互联网域名、跨国金融衍生物的互通，等等。对应这些效应的破解，对应国的方式通常有虹吸、撕裂、毁灭等。虹吸，即利用某种高势能手段越过边界的物理间隔获取资源，例如互联网的黑客窃取资料、有意制造的偏向性大数据、跨国金融的漏洞攻击等。撕裂，即对物理间隔寻找其所有硬接触和软接触的缝隙，撬开物理间隔的多种形式，造成对手有边无防的状况，例如对地理边界的蚕食、强行制造他国境内的飞地、互联网的域名分配和管道设置、利用国际法体系的偏向性等。毁灭，即发动大规模的博弈行动将敌国的疆域边界毁掉，例如陆疆的军事入侵、空疆和外空疆压制、海疆侵占和侵吞、制造他国互联网崩溃、跨国金融手段造成他国（联盟）经济发展大倒退等。

总之，在经过了哲学思辨之后，通过可以用于边疆研究的高端思维成果的“知识迁移”，打通跨学科研究的“管道”，一般边疆学的问题域和靶域将是很丰富的，能够对地球国家古往今来和未来的边疆现象以及趋势予以阐释。在中国建立边疆学学科体系，是为了更为理性地认识边疆现象，丰富学科的要素，扩展学科的框架，达到对边疆研究的学科化。

五、建构边疆学体系的学科跨通解悖问题

随着中国国内边疆研究的进展与积累，一段时间以来，许多学者不断呼吁构建中国边疆学的学科体系，纷纷撰写文章对中国边疆学的研究对象、内容体系、研究方法、学科特点等展开论述。国内学术界虽然对要构建边疆学形成了较高程度的认识，但近年来学科建设的进展却不大，从当前中国边疆研究现状来看，还没有一部真正意义上的能够展现边疆学学科体系的著作或者教材出版，也没有一个来自中国学者能够与欧美边疆研究大师比肩的边疆理论。造成这一现状的原因可能主要有两个方面：一是学者们过于强调中国边疆的特殊性，忽视边疆存在的普遍性与一般性；二是因强调中国边疆的特殊性而在学科建构上采取了归纳逻辑，而没有看到从边疆基本属性出发可能的逻辑演绎。由此，边疆学学科体系建设难以有实质性的突破。

（一）理论与实践都亟待解决建构边疆学的命题

在理论上，有必要在前人研究的基础上尽快地再上一个层次，完成边疆学学科体系的基础构架。如要构建起中国边疆学，首先需要构建起一般边疆学，一般边疆学与中国边疆学是从属关系，亦即一般边疆学是中国边疆研究的基础理论。从这样一个基本认识出发，立足于人类社会的边疆现象，从中抽象出边疆的一般属性，并以此为基础，进行一系列的逻辑演绎与命题论证，尽力构建出一个对边疆现象有一般解释力的理论体系，而这也正是一般学科体系的构建过程。对边疆学基础理论进行研究具有重要的理论价值与现实意义。在边疆学的概念集之中，包含了对象国家的安全与发展、边疆安全与发展所涉及的政治、历史、经济、地理、文化、军事、民族、宗教、社会心理等方面的概念，对边疆学的概念集进行开发，而后达于集成研究。这个研究返还到本研究，就是要形成一般边疆学的基础理论。

当前，因面临中国国家外向发展和内部治理的形势需要，国内边疆研究蓬勃兴起，涉及边疆政治、经济、社会、文化、环境、安全、发展等各个方面，其中边疆学学科体系建设也提上了议事日程。

如前所述，现在中国大陆学术界在边疆研究中，已有的倡议或呼吁文章甚至著述，主张以民族学、边疆史地、边政学为载体，其研究结果就很难涵盖国际上包括中国与其他国家之间的涉边领域，对超越民族学、边疆史地、边政学范围的涉边问题就不具有一般解释力；从边疆的基本属性出发，经过哲学的思辨进行逻辑演绎推理，以政治学以及国际政治学并扩展到相关学科为载体，通过对国家政治主体行为的分析，可以形成对国际上包括中国与其他国家涉边领域具有一般解释力的边疆理论。

在实践上，近些年中国边疆理论的贫乏以及学科建设的滞后，使得国家边疆战略与边疆治理的实践处于一种被动适应与逐步摸索的过程之中，较之西方国家有前瞻性的边疆战略以及深厚的理论积累，可以说是比较落后的，难以适应作为一个复兴中大国相关战略和发展实践的要求。因此，从国家的需要来看，不仅要针对边疆地区出现的重大问题进行深入研究，而且还需要从基础理论做起，从最基本的现象与概念出发，形成学科体系，深掘慧泉和广开视域，帮助各级各类人才理性认识边疆问题，这样才能使得中国边疆战略与边疆治理有一个坚实的基础。

（二）发生学对建构边疆学研究的意义

人文科学的范畴决定了研究对象的确定性，即必须将人的研究作为对象，既要研究人类社会的历史发展，也要研究人的思维认识发展。因此，从哲学方法论的角度看，人文科学的各个具体领域最终都会有交集，产生相互的印证与旁侧效应①的阐释。由此，发生学在人文学科的一些具体研究之中，具有跨学科研究的导向作用。如果我们对发生学的发展过程本身进行考察，百十年来这门学科从自然科学延伸到人文科学的事实，完全可以看到其所具有的内在逻辑产生了要跨学科的必然，而这个逻辑之中的方法本身就有着跨学科的内涵。跨学科的实践在发生学的方法论中，意味着在学术研究中一个单纯小系统向着复杂大系统演化的形式，这符合人们所能观察到的绝大多数客观事物发展的规律性。

发生学对于边疆学的建构也有着方法论的作用，因为从发生学的角度看边疆现象的研究，需要在对人类社会历史的过程中探查其产生与发展的整体情况，以及其中的动因、主要条件和本质原因，从而得出其历史发展的规律认识，形成我们对边疆现象的前瞻性和全局性的观察；更重要的是，当代研究者要对边疆现象的研究予以现实的学术关怀，从中发现研究对象的发展前景和趋势，与此同时对研究对象的发展前景和趋势予以科学的阐释。发生学从自然科学“介入”（嫁接）到人文科学中的现象，被哲学家、科学哲学家所关注，乃至其方法被心理学、语言学、经济学、社会学、法学、史学、信息学、逻辑学等学

---

① “旁侧效应”原本是经济学用语，指的是主导产业的兴起会影响当地经济、社会的发展，如制度建设、国民经济结构、基础设施、人口素质等。在这里的含义指的是人文科学的某一学科与其他学科在交集时，出现的带动效应，如用社会学的方式阐释经济现象，旁侧的效应是社会经济学，反之又旁侧出用经济学阐释社会学即经济社会学。

科的研究者所运用，[①] 证明了发生学的方法在被“介入”的研究领域中具有跨通的功能，而不仅仅是该学科给予了研究者一种新的视角或者新的方法。我认为：跨通功能产生在发生学的学术历程中，也不断丰富着发生学的学术历程。人文科学的跨学科应当蕴含历史总体性的观点，[②] 对诸多研究的对象须贯穿事物主客体共同作用的认知，这不仅是哲学的命题，也是实践活动的命题。无论在自然科学还是人文科学的研究中，一旦运用发生认识论的原理，很多片段式或截面式的看法和结论就会被打破，单一学科的窠臼就会“破茧”，跨学科的跨通才有可能出现。因此，跨学科应当是在一个有着有机联系的研究大系统中发生的，而很难在一个堆砌起来的研究小系统中产生，这犹如现代国家经济社会的生产方式、产业结构、社会制度、政策研究诸元的联通，是国家大系统有机形成的，而在原始部落中既不会产生，即使是外界强行植入也没有要联通的需求。这对于边疆学如何跨通交叉学科具有一定启示性，诸多学科在边疆研究“跨”的过程中总是不好跨通，其根本原因就是学术视野狭小，阻塞了系统发生学的进路。有学者指出：系统发生学的方法论意蕴在于达成对“辩证法主义”“科学主义”的内在抵制，从根本上拒绝一切非历史的现象主义和解释学的分析进路。[③]

发生学将人们平时所说的某一事物的发生存在，以及这一事物相关的起源概念是要分开来的，由于事物本身的动态变化与对事物存在的观念上有着不同的本体论，发生学才具有了认识论与方法论的意义。在经验主义的本体论上，发生学强调的是认识结果；而在实证主义的本体论上，发生学则强调的是追溯起因。两者合二为一，就形成了一个具有“熵”性质的系统。[④] 进一步地看，发生学符合系统论（亦即这个学的本身就是耗散结构的，具有熵的形式）的基本原理。发生学的方法在系统论的视野中，既是对系统发生前的逻辑探索，也是对系统存在后的逻辑论证。换言之，系统发生学的认知逻辑是，事物的发生蕴含着发展的系统，而事物发展的系统具有系统化的过程。从发生到系统化，对于一个事物来说，首先要有存在的形式，其次要有内在的质变过程，最终要有成熟的本质规定。这一点，无论对于生物的细胞发育、胚胎发展的生物发生学，还是对于人类社会的部落形成、国家发展的历史发生学都是如此，对于人们的思想由初级到高级的思维发生学还是如此。因此，发生学原理认为，事物的系统化是一个逐步成长的过程，每种事物的发生过程

---

① 汪晓云：《人文科学发生学：意义、方法与问题》，载《光明日报》，2005－01－11。

② 周娟：《卢卡奇与列宁的辩证法思想比较》，载《哈尔滨学院学报》，2001（1）。格奥尔格·卢卡奇（Szegedi Lukács György Bernát）认为，要透过事物的表面现象和直接存在方式深入揭示它们的内在联系和隐蔽内容，了解其本来的历史制约性，把客体当做统一的整体来把握，这就需要运用辩证的总体性方法。

③ 许光伟：《〈资本论〉第二卷的逻辑：系统发生学》，载《当代经济研究》，2012（1）。

④ ［美］杰里米·里夫金、特德·霍华德：《熵：一种新的世界观》，吕明、袁舟译，上海，上海译文出版社，1987。简言之“熵”有三个重要结论：一是如果没有外部能量输入，封闭系统趋向越来越混乱；二是如果要让一个系统变得更有序，必须有外部能量的输入；三是当一个系统（或部分）变得更加有序，必然有另一个系统（或部分）变得更加无序，而且“无序”的增加程度将超过“有序”的增加程度。

不一定具有该系统质的规定，但发生过程确切的与必定的趋势方向，就是该系统质的内涵。再换言之，系统化过程意味着质的飞跃，成为系统质变引发产生新事物的内在依据。由此，边疆学建构在发生学的方法中，不能仅仅恪守某一个学科平台的单一小体系阐释，需要对边疆的形式范畴、整体和层次、结构与形式、性质的特征、动力机制、表象及规律、不同的模式等做出系统的分析和阐释，这样才能使边疆学的建构不再模糊，最终形成一个集历史与现实、事实与逻辑于一体的学科体系。

（三）通过情景语义的隐喻方法对建构边疆学困境解悖

如前所述，“边疆学”这一概念，在中国大陆学术界的实际隐喻（metaphor）有四种情况：一是将所有研究边疆的文史资料予以解读，侧重在地理边疆的史料挖掘、整理、阐释进而由此抒发对现实问题的关怀；二是将对边疆所有现象的论文进行集辑，包罗万象地将学术论文、调研资料、对策研究等整理成册，以供边疆研究的机构和个人阅读学习；三是将地理边疆的各个学科研究的单项成果汇集起来形成某学科，类似于分头对问题域所涉及的政治、经济、文化、社会、民族、宗教等研究对象提出单个学科的建构，并且付诸于写作成专著的行动；四是试图对边疆学学科体系的建构从原理上予以阐释，突破史地研究、边政学、民族学/人类学、社会文化学的囹圄，在问题域和靶域的集合上找到所有边疆现象的交集，并对这些交集做具体分析和提出新的概念，以形成新的理论。①

隐喻理论的原理提示我们，任何一种学科的自命题和真命题都应该注意情景语义（situation semantic）的辨析。在边疆学的建构中，诸多学者会提出自命题，并认为自命题就是真命题。但是，这些命题以及命题之间往往是悖论的。例如“边疆问题的实质是民族问题”这一命题，一旦放到中国南海边疆问题的解题之中，显然就不是一个真命题，但是回到中国西部省区的边疆研究之中则是一个真命题。这种边疆研究悖论比比皆是，例如类似“边疆问题没有民族问题只有狭隘的民族主义问题”的说法更是明显的悖论。研究者如何对边疆学对象的悖论进行解悖？从情境语义学（situation semantics）中可以找到解悖方案，情境语义学提供了学术悖论问题研究中的新方法，可以看做是悖论研究的重要典范。②王建芳等学者认为，情境语义学学术贡献的一个重要方面，就是既坚持了世界的一致性，又保留了世界的完整性。这与发生学所隐喻的方法是完全吻合的。那么，怎样对边疆学建构的悖论做解悖呢？有学者指出：近代逻辑学中的“罗素、策墨罗、哈克”（以三人的名字字母简称“RZH”）解悖标准内含两个条件：严格的“形式刻画”和不严格的“哲学说

① 孙勇：《建构边疆学中跨学科研究的有关问题探讨——如何跨通边疆研究学术逻辑与事实逻辑的一致性》，载《中央民族大学学报》（哲学社会科学版），2016（3）。

② 王建芳、赵卯生：《语义悖论研究的新思路——情境语义学解悖方案探析》，载《哲学研究》，2005（9）。

明”。[①] 然而，这一阐释并未就此止步，有学者认为“RZH”解悖标准的内容主要包括三个方面：逻辑矛盾必须消失、解悖范围的要求和非特设性（原文如此——引者注）。[②] 由此，建构边疆学对于悖论也有三个解悖步骤：按第一解悖要求，就是边疆学的学科体系在学术逻辑与事实逻辑上要达于一致性，即只要学术的命题与历史经验不相符合，就需要重新设置命题或改变概念的内涵；按第二解悖要求，就是边疆学研究的范围应当置于人类社会历史与现实所有的边疆现象上，凡是小于这个范围的研究就不能称之为边疆学，更不能称之为边疆学学科体系；按第三解悖要求，就是凡是不符合第一、第二解悖要求的，只要能够对边疆现象做出一定的阐释就要采用包容式的方式，可以将其纳入边疆学的系统层级之中。这个层级，亦即“准确地刻画了与一个语句相关的情境的变化所带来的语义变化，而使得同一语句普型在不同的情境中可以表达不同的命题，并获得不同的真值”[③]。从第三解悖要求上看，中国大陆学术界现有的边疆政治学、边疆经济学、边疆安全学等是可以成立的，并能够为边疆学学科体系的建构做出贡献。逆向反推，第三解悖要求回溯到第二解悖要求直至第一解悖要求，隐喻了发生学的内省性，即在建构某学科的过程中，跨学科研究的机理往往在悖论中产生，边疆学的建构也是如此。

在找到解悖的方法之后，有理由认为现有的“中国边疆学”形式，以资料汇集和史料阐释的方式作为认知的基础是远远不够的，多学科的排列展示也不等于跨学科研究，这样也许是一种避免悖论的做法，其结果却是学科建设缺乏主线与脉络，也缺乏严格意义的学科框架，更不能形成体系。研究者以材料的解读来叙述边疆的问题、以单一学科为平台来阐释边疆的现象，只能是不同论文的串连和偏科知识的延展，对建构边疆学的学科体系几乎是无能为力的。以发生学原理作隐喻的边疆学，一方面要对事物的起源进行科学的梳理，陈述事物的源流以及源流的必然性；另一方面要有哲学意义的“反思”，即对事物存在的前提重新（有时候是反复的重新）提出质询，回到事物最初状态以及对事物发展的轨迹，深挖其表象背后的因素，才有可能从研究对象的起点与脉络出发，揭示其复杂的发展过程，形成对研究对象有比较完整的追溯以及对研究对象的趋势性勾勒出比较完整的框架，达于学科建构的体系性。对于这些问题的交叉，我们需要理清诸多学科和方法与建构边疆学之间的关系，找到在方法论上跨通的路径。通过对一般边疆学有着旁侧关联的学科或方式方法的初步探查和思考，可以引发出系统的闭环设计（the closed - loop design of the system），即可以构成一个具有跨通功能的反馈系统。如以下图示：

---

① 黄展骥：《形式派的“解悖偏见”——略评“RZH”标准》，载《河池师专学报》，2003（1）。

② 王建芳、赵卯生：《语义悖论研究的新思路——情境语义学解悖方案探析》，载《哲学研究》，2005（9）。

③ 王建芳、赵成生：《非特设性——情境语义学解悖方案的重要特征》，载《西安电子科技大学学报》（社会科学版），2004（1）。

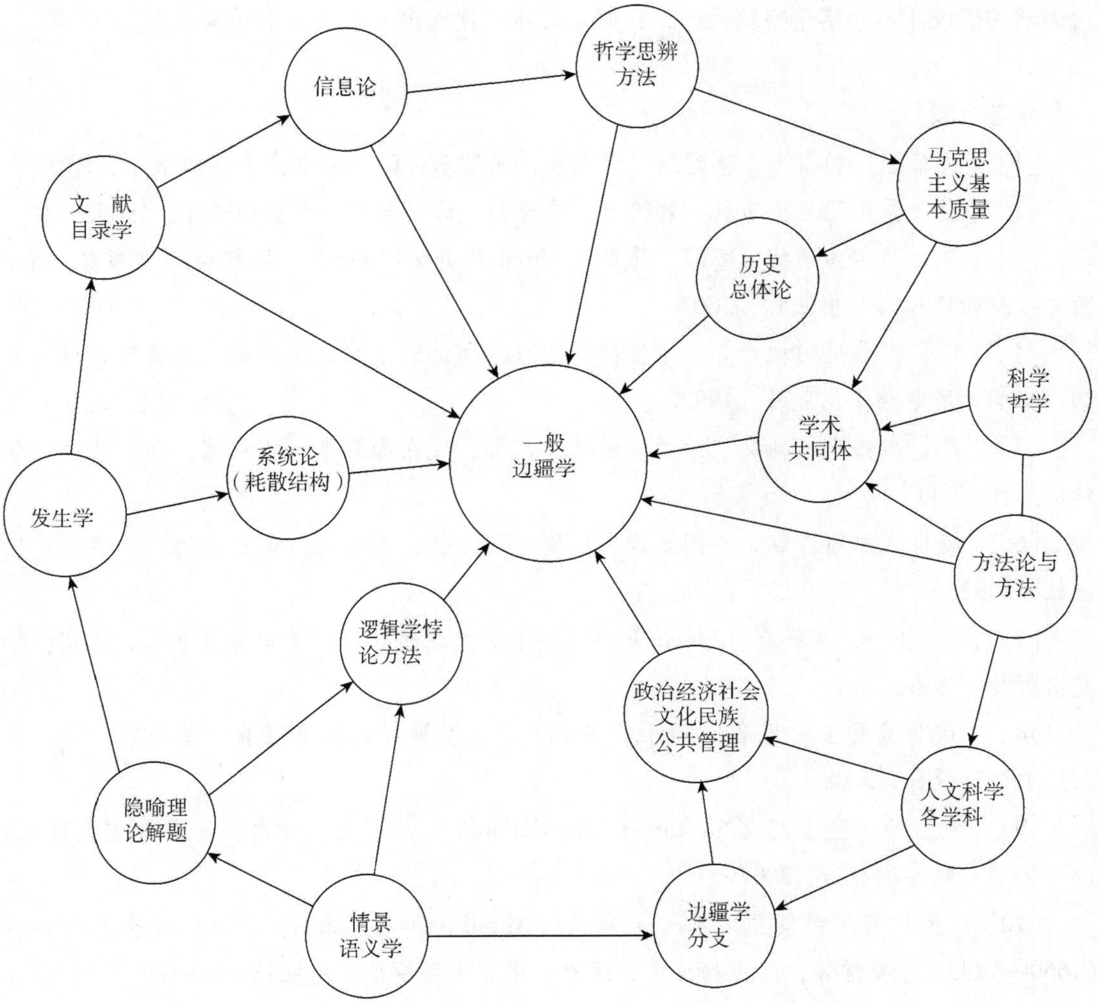

图 7　符合控制论原理的建构边疆学流程

对图中的解释简言之：一定要对研究对象有哲学的思辨，这是一个类似北斗指针的重要前提，马克思主义哲学提供了我们建构边疆学的重要指导思想，在科学哲学的引导下需要有恰当的方法与方法论，边疆学的理论（包括假说）核心与外壳的构造有明确的分层结构，做好这些研究确实需要由科学共同体来进行，而已有的边疆学研究成果成为下一步建构边疆学的基础，但是必须对那些在以往研究中存在的悖论进行解悖，而发生学的原理与方法结合隐喻理论通过情景语义学的方式可以实现这个意图……这张图示所蕴含的思路是一个双闭环结构的，符合控制论的基本原理，即在一个系统构成之中为求得反馈需要形成闭环形态。所谓反馈，指的是行为动作有着一定功效并能够引发出效能和效果。建构边疆学的学术呼唤需要付诸学术实践，而两者的统一，反映到思路上应该是一种传递有序、相互联系、彼此可嵌的映射，最终这样的思路还要体现到学术的活动之中。只有这样，建构边疆学的倡议才不会落于空箱操作，我们才有希望建构出一个“一般边疆学”。

参考文献：

[1]［古希腊］柏拉图．理想国．郭斌和，张竹明，译．北京：商务印书馆，1986.

[2]［古希腊］亚里士多德．政治学．吴寿彭，译．北京：商务印书馆，1965.

[3]［美］阿尔弗雷德·塞耶·马汉（Alfred Thayer Mahan）．海权论．范利鸿，译．西安：陕西师范大学出版社，2007.

[4]［英］杰弗里·帕克．二十世纪的西方地理政治思想．李亦鸣，王贵珍，译．北京：中国人民解放军出版社，1992.

[5]［英］杰弗里·帕克．地缘政治学：过去、现在和未来．刘从德，译．北京：新华出版社，2003.

[6]［美］米尔斯海默．大国政治的悲剧．王义桅，唐小松，译．上海：上海人民出版社，2003.

[7]［美］E. R. 塞维斯（Elman R. Service）．文化进化论．黄宝玮，等译．北京：华夏出版社，1991.

[8]［印］桑贾亚·巴鲁（Sanjaya Baru）．印度崛起的战略影响．黄少卿，译．北京：中信出版社，2008.

[9]［英］哈·麦金德（Mackinder，Sir Halford）．历史的地理枢纽．林尔蔚，陈江，译．北京：商务印书馆，2007.

[10]［美］阿尔弗雷德·塞耶·马汉（Alfred Thayer Mahan）．海权对历史的影响（1660—1783）．安常容，成忠勤，译．北京：中国人民解放军出版社，1998.

[11]［美］约翰·加迪斯（John Lewis Caddis）．遏制战略——战后美国国家安全政策评析．时殷弘，李庆四，樊吉社，译．北京：世界知识出版社，2005.

[12]［美］保罗·肯尼迪（Paul Kennedy）．大国的兴衰——1500—2000年的经济变迁与军事冲突．陈景彪，等译．北京：国际文化出版社，2006.

[13]［美］理查德·尼克松（Richard Nixon）．美国总统理查德·尼克松．杨鲁军，等译．北京：中国人民公安大学出版社，1988.

[14]［英国］安东尼·吉登斯．民族—国家与暴力．胡宗泽，赵力涛，译．王铭铭，校．北京：生活·读书·新知三联书店，1998.

[15]［爱尔兰］J. M. 凯利．西方法律思想简史．王笑红，译．北京：法律出版社，2002.

[16]［德］马克思，恩格斯．马克思恩格斯选集（1～4卷）．北京：中央编译出版社．

[17]［美］古德诺．政治与行政．王元，译．北京：华夏出版社，1987.

[18]［美］罗伯特·基欧汉，约瑟夫·奈．权力与相互依赖．北京：北京大学出版社，2004.

[19]［美］约瑟夫·奈．硬权力与软权力．门洪华，译．北京：北京大学出版社，2005.

[20]［美］约瑟夫·奈．美国霸权的困惑：为什么美国不能独断专行．郑志国，何向东，杨德，唐建文，译．北京：世界知识出版社，2002.

[21] 王恩涌．政治地理学：时空中的政治格局．北京：高等教育出版社，1998.

[22] 于沛等．全球化境遇中的西方边疆理论研究．北京：中国社会科学出版社，2008.

[23] 吕一燃．马克思恩格斯论国家领土与边界．哈尔滨：黑龙江教育出版社，1992.

[24] 葛剑雄．历史上的中国——中国疆域的变迁．上海：上海锦绣文章出版社，2007.

[25] 肖星．政治地理学概念．北京：测绘出版社，1995.

[26] 黄仁宇．资本主义与二十一世纪．北京：生活·读书·新知三联书店，1997.

[27]［英］波普尔．猜想与反驳．傅季重，等译．上海：上海译文出版社，2005.

[28]［美］T. S. 库恩．科学革命的结构（中文版）．李宝恒，纪树立，译．上海：上海科学技术出版社，1980.

[29]［英］拉卡托斯．科学研究纲领．兰征，译．上海：上海译文出版社，2005.

边疆学学科建设

栏目主持人：李锦教授（四川大学社会发展与西部开发研究院）

主持人语：“边疆”概念是界定和推进边疆及相关问题研究的重要基石之一，同时也是边疆学学科建构的基础。中国学者们孜孜以求所要建构的边疆学学科，其要旨不在于构建出各种各样的学科框架，而是应从边疆的基础概念出发，既要从时间的维度梳理勾勒出特定边疆概念的历史演变，也要从空间的维度比较不同边疆概念的共通与差异，只有这样才能形成既有普遍可沟通性又有中国特殊主体性的边疆认知。本节收录了袁剑、刘玺鸿译介的约翰·T. 朱里塞克的《美国对“边疆”一词的使用：从殖民时代到弗雷德里克·杰克逊·特纳时代》，该文对从殖民时代到特纳时代在美国使用的“边疆”概念进行了细致的考察和梳理，认为美国历史学家特纳对于美国“边疆”概念的分析与归纳实际上有着建构美国历史的意涵，由此为我们认识美国的“边疆”概念以及特纳为代表的美国边疆学派提供了新的视角。而译者择文也颇具理论自觉，实际上隐含着对中国边疆概念进行事实与话语意义上探索的方法论指引。

美国对“边疆”一词的使用：从殖民时代到弗雷德里克·杰克逊·特纳时代

约翰·T. 朱里塞克（John T. Juricek）著　袁剑、刘玺鸿译*

译者按语：

本文对从殖民时代到特纳时代在美国使用的“边疆”概念进行了细致的考察和梳理，认为美国历史学家特纳对于美国“边疆”概念的分析与归纳存在时限上的错置和意义上的夸大，是为了服从于构建一个不同于欧洲的整体“美国史”的需要，因此，我们有必要更为完整和全面地认识美国“边疆”概念形成和发展的历史过程及其语境。本文对于我们更好地了解和认识以特纳为代表的美国边疆学派的历史背景及其背后的话语逻辑具有重要的参考意义，有助于中国自身边疆话语与边疆理论构建的探索与尝试。

一、导言：特纳的定义

“边疆”（frontier）一词在20世纪的美国历史书写中频繁出现，而在这一现象的背后隐藏着一个有趣的故事。美国使用这一词汇的历史既令人着迷又相当复杂，却又不为人所知。事实上，现代历史学家长期曲解了在更早时期“边疆”一词在美国的含义以及其使用的语境。本文尝试对本世纪（即20世纪——译者注）之前“边疆”一词在美国的使用情

---

* 约翰·T. 朱里塞克（John T. Juricek），现任美国埃默里大学文理学院（Emory College of Arts and Sciences）教授，发表该论文时为芝加哥大学博士候选人，本文最早版本在丹尼尔·J. 布尔斯廷（Daniel J. Boorstin）教授1964年组织的美国思想史席明纳上宣读。本文原名“American Usage of the Word ‘Frontier’ from Colonial Times to Frederick Jackson Turner”，刊载于《美国哲学学会会刊》（*Proceedings of the American Philosophical Society*），Vol. 110，No. 1（Feb. 18，1966），pp. 10 – 34。袁剑，历史学博士，中央民族大学世界民族学人类学研究中心副教授，硕士生导师；刘玺鸿，中央民族大学世界民族学人类学研究中心硕士研究生。

况提供一份精确的历史梗概。为了弄清这一词汇出现时的语境，我们也需要关注一些相关词汇。我会通过那些与“边疆”相关的引文来尽可能清楚地阐明我的观点。这一过程会重塑这个词汇的历史轮廓，但会加以必要的简化。此外，通过考察美国西进运动的情况和卷入到其中的“世界观”，我会尝试对“边疆”这一词汇使用中的重要变化进行历史解释。最后，我会对上述所有关于“边疆”的历史编纂学的含义加以分析。

任何一个对美国历史文献稍有了解的人都会将“边疆”一词与弗雷德里克·杰克逊·特纳（Frederick Jackson Turner）和他著名的“边疆假说”（frontier hypothesis）联系起来。特纳是在1893年美国历史学会（American Historical Association）年会前，在其所宣读的《边疆在美国历史上的重要性》（*The Significance of the Frontier in American History*）一文中首次提出这一激动人心的假说的。特纳的原创性及其对后学的悉心教导，使他在好几代人心中产生了非凡的影响。他在历史学领域的“边疆”学派一直把控着美国历史的书写，直到最近几年才受到严厉批评。

大多数与特纳的诠释有所分歧的人都指出，特纳对“边疆”一词采用了许多互不相同的解释。但是他们也多多少少消极地接受了特纳本人对这一词汇所做的主流定义。确实，这一术语的主流定义几乎是唯一一个在对美国西进运动加以现代书写的过程中出现的。下面是特纳著名文章中的相似章节：

> 在（美国人口向西）的拓展中，边疆就是这一浪潮的外缘（outer edge）……
>
> 美国的边疆与欧洲的边疆——一条穿过人口稠密地区的稳固边界线——形成鲜明的区别。美国的边疆最引人注目的地方在于，它位于无主之地（free land）的边缘。在人口统计报告中，边疆被视为每平方英里人口密度在两人以上的定居地区的边缘。这一概念相当具有弹性，并且我们的目标并不是给出一个清晰的定义。我们应该考虑到整个边疆地带（belt），其中包括印第安人的国家（Indian country）和人口调查报告中所给出的“定居地区”的外部边缘。①

在另外一个地方，特纳说道：“在美国人的思考和表达中，‘边疆’已经逐步意味着定居区边缘，而不是像欧洲那样，意味着政治边界（political boundary）。”② 在此，我们必须注意两点：一是特纳指出，这一词汇“已经逐步指称”白人定居区的外部边缘，因此表明他意识到这一词汇之前具有不同的意思；二是他相当含蓄地表明，他打算更为随意地使

① Frederick Jackson Turner, *The Frontier History*, New York, 1920, p. 3.

② Frederick Jackson Turner, *The Frontier History*, New York, 1920, p. 41.

用这一“弹性”词汇。已经清楚的是，特纳与后来的许多学者不同，他自己已经认识到“边疆”这一词汇在美国已经历过一次重要的变革。我现在就试图来说明特纳所采用的、出现于变革的最后阶段的定义，实际上是在19世纪晚期才被创造出来的。而在此之前，“边疆”这一概念在美国具有其他的含义，几乎所有这些含义都传承自欧洲。

二、处在欧洲语境下的早期美国用法

英文中的“边疆”，如同其在罗曼语族中的姐妹词汇一样，都来源于古典拉丁语的词根“frons”（“前头”或者“最前部”）和随后的中古拉丁语“fronteria”（“前沿”或者“前线”）。这一词汇经过古法语的中介而进入英语，时间可能是在诺曼征服后不久，确切说要到1400年。因为“边疆”与西欧其他语言的相似词汇之间的联系是如此紧密，以至于我们就不会对美国早期对这一词汇的用法与西欧的用法十分相似这一认识感到意外。此外，因为随后成为美国人的就是那些最初迁居于此的英格兰人，就更不会对早期美国人对“边疆”一词的使用几乎与英格兰毫无区别大惊小怪。正如我们在接下来的材料中将提到的，这些都是事实。

任何一个像“边疆”一样古老的词汇，自然都会在许多含义下使用，而这些含义现在都被弃用了。美国所使用的“边疆”一词至少有三个这种类型的义项。其中两个来源于英格兰；另外一个则发源于美洲。《牛津英语词典》（*Oxford English Dictionary*）对第一个、也是在早期最为常见的义项做了如下解释：“边境上的堡垒（fortress）；边境城镇。”体现这一词汇所具有的“前哨”含义的例子在早期美国的史料中并不少见。特纳自己也至少引用过两次。1700年，马萨诸塞州普通法院枚举了其14个“边境城镇”，以及另外7个“虽然并不是前面提到的边疆城镇，但比许多其他城镇更容易遭受到敌人攻击的城镇”①。杰迪代亚·莫尔斯（Jedidiah Moese）在其《美国地理》（*American Geography*，1796）一书中指出，路易斯安那的纳契托什“过去是西班牙定居者的边境城镇”。② 相似的是，我们也会听到“坎伯兰郡堡垒”（the frontier of Cumberland）（1792）或者“瓦沃辛堡垒”（the frontier of Warwasing）（1838）这样的提法。③ 我们应该注意到，这样的定义并不总是指堡垒和城镇，有时候也指规模更大或更小的“前哨”。因此，一方面，在1754年，本杰明·

① Frederick Jackson Turner，*The Frontier History*，New York，1920，p. 42，p. 52.

② 引自 *Oxford English Dictionary*，q. v. “frontier”。

③ *American State Papers*：*Indian Affairs*（2 v.，Washington，1832－1834）1：p. 321；William L. Stone，*Life of Joseph Brant－Thayendanega*（2 v.，New York，1838）2：p. 169。坎伯兰郡堡垒当然是田纳西有名的定居点，瓦沃辛是纽约阿尔斯特县的一个镇。

富兰克林（Benjamin Franklin）观察到“英国与法国接壤的殖民地正是大英帝国的边疆”[①]。在另一方面，底特律的美国指挥官邓肯·麦克阿瑟（Duncan McArthur）在1815年宣称“密歇根土地上的每一座房子都是一座堡垒（a frontier）”[②]。

《牛津英语词典》还提供了第二个已经弃用的义项：“抵挡攻击的屏障。”同样，这样的例子也很容易找到。1708年，托马斯·奈恩（Thomas Nairne）将南卡罗莱纳视为“抵挡法国人和西班牙人的屏障”[③]。1720年，南卡罗莱纳州长罗伯特·约翰逊（Robert Johnson）则说道，如果当地与法国有一战的话，那么“作为屏障的其他殖民地种植园，会感受到法国在北美洲与日俱增的实力所带来的影响”[④]。1756年，乔治·华盛顿（George Washington）在描述与法国和印第安人战斗的情况时指出：“波托马克河（Potomack River）如今就是我们的屏障，这条河流在马里兰州的康奇下游40英里处干涸。”[⑤] 之后的一个例子来自摩西·范·坎彭（Moses Van Campen）。他在1838年表达了其对于“大约300个印第安人……将会……在同一时间，也就是同一天攻击整条屏障”[⑥] 的忧虑。

《牛津英语词典》还给出了第三个已经弃用的义项：“在边境上的开拓者；边疆人（frontier－man）。”这是三个义项中最少使用且存在时间最短的一个，而且与前两者不同，它是在北美发展起来的。虽然《牛津英语词典》没能正确标示出这一含义中的北美风格（Americanism），但威廉·A. 克雷吉（William A. Craigie）随后出版的《美国英语词典》（*Dictionary of American English*，1940）中正确记录了这一含义的北美起源，并提供了从1677年到1726年的四条记录。正如接下来的例子所显示的，这一含义的使用时间被稍微拉长了。在1765年左右，卡罗莱纳边远地区的一首民谣“经常以黑色幽默（Black Joke）的调子传唱”。其中一段是：

> 大胆的边境开拓者正勇敢屹立，
> 为其国王及故土的物产而奔忙。[⑦]

---

① *The Papers of Benjamin Franklin*, ed. Leonard W. Labaree and Ralph L. Ketcham（8 v. to date, New York and London, 1959－）5：pp. 445－446.

② *Territorial Papers of the United States*, ed. Clarence E. Carter（26 v. to date, Washington, 1934－）10：p. 503. 这种用法的更多例子存在于上书11章：pp. 1136, 1217；*Amer. St. Pap.*：*Ind. Aff.* 1：pp. 140, 296, 305, 307, 321, 683；Verner W. Crane, *The Southern Frontier*, 1670－1732（Ann Arbor, 1956）, p. 209；and Julius W. Pratt, *Expansionists of* 1812（New York, 1925）, p. 46。

③ 引自 Verner W. Crane, *The Southern Frontier*, 1670－1732（Ann Arbor, 1956）, pp. 93。

④ 引自 Verner W. Crane, *The Southern Frontier*, 1670－1732（Ann Arbor, 1956）, pp. 227。

⑤ *The Writing of George Washington*, ed. John C. Fitzpatrick（39 v., Washington, 1931－1944）1：p. 464.

⑥ Joseph Pritts, *Mirror of Olden Time Border Life*（2nd ed., Abingdon, Va., 1849）, p. 487。其他这样的使用方式参见 Crane, pp. 209, 230, and Wilcomb E. Washburn, ed., *The Indian and the White Man*（New York, 1964）, p. 241.

⑦ 引自 Joseph Pritts, *Mirror of Olden Time Border Life*（2nd ed., Abingdon, Va., 1849）, p. 432。

我发现的最近一次使用这一义项是1799年詹姆斯·斯密斯（James Smith）对他探险经历的描绘：“边疆人，（尤其是弗吉尼亚人）已经学会了他们（指印第安人）的战斗方式。”①

对我而言，这一新的含义是“屏障”含义自然发展的结果。英国在美洲的殖民者会很典型地将那些不那么受到青睐的群体迁居到与那些具有潜在威胁的印第安人相接触的地点上，首先是友好的印第安人，随后是贫困的或者外来的移民。由于显而易见的理由，廉价的甚至无主之地、运输和物资供给以及税收优惠等特殊照顾常常吸引这些群体定居到这些希望之地上。一旦定居下来，他们便扮演着作为更古老殖民者的人体屏障的角色。1722年，纽约的殖民大臣乔治·克拉克（George Clark），就他的殖民地最近没能说服一群日耳曼移民定居于此一事写信给罗伯特·沃波尔爵士（Sir Robert Walpole）。他满是感伤地写到：“他们当中的绝大部分已经在宾夕法尼亚置了业，并且决定要移居到那里。因此，这位将军犹豫了，这个地区也失去了一帮强壮而勤劳的边境开拓者。”② 这就从“一群人的屏障”（frontier of……people）向称这群人为“边疆开拓者”迈出了逻辑上的一小步。当印第安人的危险逐步消退，人们就不用再被劝诱前往边疆，遥远西部地区的定居者就不再被视为拥有特殊功能的特殊阶层。结果，到了18世纪末，这一“边疆”的新定义也就消失了。它被长久遗忘，事实上，直到克雷吉之前都没有被任何北美风格的资料搜集者所关注。

特纳并没有处理这一逝去的北美风格，或者另外两个我们提到的源自英格兰的含义。然而，他确实讨论了其明确认为已经成为近代英格兰和欧洲的主要定义：“一条稳固的边界线”（a frotified boundary line）或者一条“政治边界”（political boundary）。特纳大大简化了欧洲的用法，因为近代欧洲并不总在边界线的意义上使用“边疆”一词。几乎任何一部在19世纪之前出版的欧洲词典或辞典，甚至是之后出版的作品中，都将“边境”（border）而不是“边界”（boundary）视作“边疆”（frontier）的同义词（读起来与罗曼语族一致）。直到那时，“边疆”（frontier）和“边境”（border）通常都是指周边地区，而并非是一条分界线；而与之相反，“边界”（boundary）则确实指分界线。在随后英国人乔治·克雷布（George Crabb）编纂，并在19世纪中期出版的《英语同义词》（*English Synonymes*）中，区分了这三个概念：

> 边境、边界（和）边疆……都在国家和区域层面使用：边境就是外缘或者是一个国家延伸出的大片土地……边界就是界限或极限……边疆则位于前沿或者构

① 引自上书 p. 451。相似的例子参见上书 p. 453；*The Papers of Benjamin Franklin* 5：p. 446；and Amer. St. Pap.：Ind. Alf. 1：pp. 9，234。

② 引自 Jeptha R. Simms，*The Frontiersmen of New York*（2 v.，Albany，1882）1：p. 168。

成了一个国家的入口……在描绘国家的边界时，其属于地理学的范畴。边疆大多数时候都与军事行动有关……或者涉及一个国家通往另一个国家的一条通道。……①

当时另一位英语词典编纂者则指出："如果边界可能是想象的或者是地理上的一条线的话，边疆则是现实国家中的片状（slip）区域。"② 而"边疆"在罗曼语族等价词汇的早期表述中也有相同用法。然而，对大约19世纪中期之前欧洲用法的精确观察，随后却造成了误导。"边疆"的线状"边界"含义逐步取代了片状"边境"含义，在19世纪下半叶占据了统治地位。特纳忽视了这一发展，他对于欧洲边疆的理解，只有在当他的解释是定位在其所处的欧洲时代才是正确的。③

乔治·克拉克爵士在其关于欧洲边疆的章节中，已经对"边疆"一词在欧洲为何从"边境"向"边界"意义逐步转变做出了简要说明。他认为17世纪以来，"边疆就不再是一块区域而逐步成为一条线"（a frontier was ceasing to be an area and tending to become a line）。④ 他认为这一趋势是国家（state）和治国方略（statecraft）出现之后的自然结果。新的国家官僚需要行政上的条理性，这就包括了明晰界定的边疆。条约在确定边疆方面比战争更重要，尤其是条约在关于领土交易的反复谈判变得更为常见之后。两个相连在一起的模糊区域通过协议就可以在地图上成为清晰定义的边界线（或者"共同的边疆"）。这一进程出奇地缓慢。克拉克没能找到1718年之前将边疆描绘为边界线的例子。⑤ 民族国家的统一使得这一进程稳步推进。一个国家各种各样的边疆如今被构想为是一个整体，到了19世纪则成为单一的国家边疆（national frontier）的一部分。在这之前，"边疆"一词多在复数意义下使用；单数形式如今则越发普遍。相关的结果就是，边疆越来越在谈判桌上而不是在战场上确定。这一词汇的政治意涵越发掩盖了其军事意涵。

---

① George Crabb, *English Synonymes* ("New edition", New York, 1887), pp. 159 – 160。因为我没有得到克雷布这部作品的好几个早期版本，所以我无法确认上面提及内容的准确时间。一个相似但较古板的叙述可以在1816年版本中找到。

② C. J. Smith, *Synonyms Discriminated* (New York, 1871), p. 116.

③ 本段对"边疆"在欧洲使用方法的概述大部分是基于对英语参考工具书的考察，此外还参考了一些法语和西班牙语词典。这些工具书都将"边境"和"边界"定义为"边疆"的主要含义。更多的变化则在一些特例和未达成共识的定义中。例如，西班牙语的"边疆"(frontera) 就是指建筑物的外侧，同时只有在美式英语中，"边疆"才用于指称边疆居民。在法语中最有帮助和最权威的参考工具书是：Académie Française, *Dictionnaire de l'Académie française* (8 eds. to date, Paris, 1694 – 1935) 以及 émile Littre, *Dictionnaire de la langue française* (éd. intégrale, Paris, 1956 – 1958) 这部历史词典。关于西班牙语，参见 Real Academia Española, *Diccionario de la lengua española* (18 eds. to date, Madrid, 1726 – 1956)。在西班牙语中没有能够与利特雷词典相媲美的词典，虽然在西班牙学院的赞助下，正酝酿编纂一部新的历史词典。

④ George Clark, *The Seventeenth Century*, New York, 1961, p. 143.

⑤ George Clark, *The Seventeenth Century*, New York, 1961, p. 144.

我相信《牛津英语词典》中“边疆”一词的主要条目可以被视为近代以来的英国人和欧洲人使用这一词汇的微缩历史。这一定义与其他欧洲语言的著名词典所做出的解释是相似的：“（1）一个国家直面或者说面对另一个国家的那部分区域；（2）边界地区（the marches）；（3）与另一者相连接的边境或末端。”正如我已经指出的，对这一定义的适当解释，事实上就包含了“边疆”一词的三个意涵，需要将它们三者区分开来。上述三个意涵的第一个，描述的是一个国家的外缘，换句话说，就是边境。跳到上面定义的第三个在某些方面很模糊的意涵。这一意涵被理解为一个“与另一方相毗连部分的末端”，甚至“边境”（最近的用法）也可以意指一条边界线。在这里，我将其看做是“边疆”的这三种相关意涵中的第三种。上面定义中的第二个意涵——“边界地区”（the marches），在逻辑上可能也在时间顺序上处于另两者之间。同一本词典也告诉我们，“边界地区”（march）意味着“将一个国家与另一个国家分隔开来的大片争议区域”，就是说，它是一个中间区域（intermediate）或者边陲（borderland）。

“边疆”三个相关意涵中的第一个，我们已经将之视为（与“边境”同义）一个地区（areal）概念，并且这片领土仅仅属于某一个国家或者一群人。第三个意涵（与“边界”同义）则是一个线条概念，并且这条线不属于某一个国家或一群人，而是由好几个共同占有。第二个意涵（与“边陲”同义）则是一个过渡形式：“边疆”依旧是一个地区，而不是一条线，但是其不再被设想为由某一个国家和人群单独占有。与另外两个意涵相比较，“边疆”的这一个意涵很少见，并且在现代参考工具书中也很少被提及。可能这一意涵最为常见的时期就是既不是“边境”也不是“边界”占主导地位的时候，这大致是在18世纪和19世纪早期。

特纳对欧洲用法所具备特征的描述是误导性的，但是他对于“边疆”的美国意蕴所做的描述则更不精确。很明显，特纳没有注意到我们已经考察的三个弃用的定义，因此过度简化了美国的用法。但是，当他忽视了“边境”“边陲”和“边界”这些来自于欧洲的更为现代的定义也在美国使用时，他所犯的错误也就更为严重了。他似乎是在说，美国为“边疆”所赋予的重要界定，即人口稀疏的定居土地的外部边缘，几乎在美国一直占据主流。他含蓄地将这一关键立场保留了下来，即使有其他人将这一点更为直白地表述出来，迄今为止也没有任何批评能对之发起挑战。随后的历史学家甚至是词典编纂者也将“边疆”一词的美国用法一直或者几乎是共识这一观点作为事实接受下来。但这个观点是站不住脚的。对早期美国词典和同义词文献的考察将有助于我们证明这一论断的精确性。

基本靠着这些参考工具书，富尔默·穆德（Fulmer Mood）写了好几篇信息量很大的关于“边疆”一词在美国历史中流变情况的文章。穆德是特纳众多学生和门徒中的一个，并没有对美国用法的起源问题专门加以探究，但他的论证会很好地服务于我们的需要。在其第一篇文章中，穆德将“新美国人”（the new American）的含义追溯到第九次人口普查的主管弗朗西斯·A. 沃克上将（Francis A. Walker）。他发现了这一新含义的萌芽，更确切地说这一新含义以统计表格的形式出现在沃克的《美国统计地图集》（*Statistical Atlas of the United States*，1874）中。[①] 随后，在他的第二篇文章中，穆德对英国和美国的参考工具书做了颇具雄心的调查。正如他所发现的，早期美国词典中"边疆"包含的意思与英国词典几乎没有区别。[②] 首次为这一词汇提供了一个与人口普查官员和特纳的用法相同的词典是六卷本的《世纪词典》（*Century Dictionary*，1889－1891）。其中所下的定义是："构成一个国家定居和移居区域边境的那部分：例如（对太平洋沿岸殖民之前）美国的西部边疆（frontier）。"此外，穆德发现，在克雷吉的《美国英语词典》（*Dictionary of American English*）之前，没有哪部具有北美风格的词典会提到任何特殊的美国用法。在一个重要的结论处，他写道："很明显……没有一部美国词典（即任何早于克雷吉的词典）会在与人口密度相关的层面定义这一概念。"[③]

这里还应该提及几本穆德遗漏的参考工具书。为了形成更完整的图景，下面这一点很有帮助。也就是说，包括英国和美国版在内的版本众多的《罗热同义词词典》（*Roget's Thesaurus*）在其1927年的国际版中，对这个词汇列出了两条基本义项："界限"（limit）（线状概念）和"邻近"（vicinity）（地区概念）。这表明，即便在1890年之后，许多美国词典编纂者似乎都还没意识到新的美国定义的存在。《百科全书词典》（*The Encyclopaedic Dictionary*，1894）、《美国百科全书词典》（*The American Encyclopaedic Dictionary*，1896）和《新国家词典》（*The New National Dictionary*，1908）、《百科全书和地图集》（*Encyclopaedic and Atlas*，1908）都给出了标准的欧洲定义。此外，上述的词典全都引用了乔治·克雷布的文章，而我们在之前已经提到，他对"边疆"及其同义词进行过最具权威性的分析。众所周知，词典所做的定义总是滞后于使用，那么很明显，即使是在特纳的时代，美国关于"边疆"的定义也是相当新的。

在19世纪早期之前的美国，大行其道的不是"边疆"的新定义，而且其作为"边境"（border）的旧定义。在殖民时代和建国早期，当盎格鲁裔的美国人谈起边疆时，他们通常指的是各殖民地、州或者国家的或多或少比较稳固的外缘。我们需要谨记于心的主要事实是，英国殖民者和早期的美国人中的外围定居者，绝大多数与印第安人为邻。绝大部分殖民地、后来建立的州以及美国本身，都有外缘面对具有潜在敌对性的印第安人领土。这些就是盎格鲁裔美国人通常所认为的"边疆"（frontiers）或"边境"（borders）。

① Fulmer Mood, The Concept of the Frontier, 1871－1898, *Agricultural History* 19 (1945): pp. 24－30.

② 穆德找到的唯一看似与特纳相似的定义出现在诺亚·韦伯斯特（Noah Webster）所著的著名词典的第一版（1806）中："一条在另一个国家的界线、边界，最远的定居点。"穆德认为"最远定居点"预示着特纳的定义。但是在我看来，韦伯斯特可能使用这一词汇去表达"前哨"的意思。显然，在韦伯斯特随后的词典中，这一表达消失了。就是在这一时期，"前哨"这一定义逐步消失了。

③ Fulmer Mood, Notes on the History of the Word Frontier, *Agriculture History* 22 (1948): pp. 78－83.

后一个词并没有军事意味，似乎很少在与印第安人处于长期冲突的殖民时期使用。[①] 在19世纪印第安人势力衰落之后，“边境”一词才变得普遍。

可以依次将美国早期在“边境”意义上使用“边疆”一词的例子列举出来。1676年，弗吉尼亚总督威廉·伯克利（William Berkeley）自信地向英国国务大臣（English Secretary of State）报告称：“如今我们在所有种植园（殖民地）的边境上都实力强大，如果印第安人以十倍之数出现，我们也不用担心。”[②] 乔治·华盛顿在1756年的一段话中也表达出相似的边疆观念，他写道：

> 从一开始，我就对在我们边境堡垒上安排少量守卫表示反对……我们（弗吉尼亚人）有着如此广阔的边境，在适当距离上建立堡垒将会用到大量人力或者将军队分散到微不足道的地步。而当地只有很少的居民，无法对入侵进行自卫。[③]

在同一年，本杰明·富兰克林为我们提供了另外一个例子，他同样是在这种意义下使用这个词汇的：

> 我们有接近1500人在边境上（即宾夕法尼亚），人们在堡垒之间进行交易，这些堡垒相互间也靠得很近。……这些人通常为了获得名号，给我们本地部队而不是民兵传递边境消息……[④]

当然，在建国早期，我们开始发现一个新国家（nation）的边疆—边境（frontier - borders）这样的提法。1787年，亚历山大·汉密尔顿（Alexander Hamilton）在制宪会议的一次演讲中说道：

> 让我们回顾这些必须引起国家政府关注的重要事务所发生的变化。你们必须在北方对抗加拿大，在南方对抗西班牙，在西方对抗野蛮人以保护你们的权利。你们必须采用适当的计划来实现边境的扩殖，并且必须打造一种模式，安置定居

① 我看到的唯一例子参见：Wilcomb E. Washburn, *The Governor and the Rebel* (Chapel Hill, 1957), pp. 38, 54; John C. Parish, *The Persistence of the Westward Movement and Other Essays* (Berkeley, 1943), p. 137; 以及 Herbert L. Osgood, *The American Colonies in the Seventeenth Century* (3 v., New York, 1904 - 1907) 1: p. 564。

② 引自 Washburn, *The Governor and the Rebel*, p. 184。

③ *The Writings of George Washington* 1: p. 468.

④ *The Papers of Benjamin Franklin* 7: p. 52.

者和实现善政。①

虽然这一用法在19世纪中叶被逐渐淘汰，但是几十年后，一些美国人依旧在“边境”意义上使用这一词汇。

在这一部分，我们已经介绍了“边疆”的六种定义，并且对其中四个在19世纪之前的北美所普遍使用的含义进行了分析和举例。这四个中的三个（“前哨”“屏障”和“边境”）都来源于欧洲，还有一个（“边疆”意味着“边疆开拓者”）来源于北美。剩下的两个定义（“边陲”和“边界”）在后期才出现，我们随后会处理。这四个含义中的每一个都有军事内涵，尤其是当这一词汇在美国早期用作形容词时，其通常是表达诸如“边疆的防御”“边疆的战争”和“边疆的束缚”。除了“屏障”这一含义，这一词汇通常都用复数。在这样的语境下，可以从众多的例子（前哨、边疆开拓者、边境）中进行概括。在19世纪之前，“边疆”一词在美国的用法并不是分析的重点。19世纪之后，正如我们对美国早期的参考工具书和其他材料的检视所展现的，这一词汇并未显现出多大创新，也没有出现任何模糊或者深奥的使用方式，更没有发现特纳的定义。但这样的概括在进入19世纪之后越发难以成立。至少是在这一词汇用于美国西部的时候，美国对“边疆”的使用开始转向特纳的定义。在开始尝试对这一转变进行追溯和解释之前，最好对有关早期美国人如何看待边疆（frontiers）、西部领土（western territories）以及他们与印第安人关系方面存在的一些误解加以深入探究。

三、早期美国对边疆和西部领土的观念

秉持特纳学派（Turnerian）传统的历史学家已经对美国的边疆和西部观念进行了大量描述。除了特纳本人和许多受其启发者的伟大成就之外，这一学派的作品在一些基础性方面都具有误导性。其中一个就是，与特纳学派观点相反，在19世纪晚期之前，人口与美国边疆位置的确定没有什么关系。

因此，一方面，边疆可以是完全无人居住的。1756年，乔治·华盛顿就写道：“（弗吉尼亚的）边疆在这一年的十二个月里，就是一片从南至北50英里荒无人烟的区域。”②相似的情形出现在1821年斯蒂芬·隆恩（Stephen Long）少校的探险报告中。这一探险是在“美国大荒原”（Great American Desert）这一称呼确立的前一年进行的。他对于这一地

① *The Papers of Alexander Hamilton*, ed. Harold C. Syrett and Jacob E. Cooke（8 v. to date, New York and London, 1961 - ）4: p. 198.

② *The Writings of George Washington* 1: p. 469。关于本杰明·富兰克林所写的一份相似报告，可参见*The Papers of Benjamin Franklin* 7: pp. 129 - 130。

区农业发展的可能性十分悲观，他预言这一地区缺乏木材和水源。

> 将会证明在这里定居会有难以逾越的障碍……
>
> 然而，将这一区域视为边疆，对美国有着无比的重要性。这一地区可以用做一个防止我们人口过度西进的屏障，以及保护我们免于那些在边疆骚扰我们的敌人的诡计和入侵。①

相似的是，当库柏（Cooper）的小说《探路者》（*The Pathfinder*）（1840）中的人物旅行到尚未定居的安大略湖沿岸的时候，他对她大喊："我们已经远离人类居住地了！……这里就是边疆。"②

另一方面，边疆也可以有相当的人口。这在"大西洋边疆"（Atlantic frontier）就显而易见。陆军工程兵委员会（Army Board of Engineers）在1826年就观察到"靠近大西洋沿岸的阿利根尼山脉（Alleghenies）人口聚集，海岸附近以及边疆每一个紧急集合所周边的人口密度越来越大"③。在其他各处，我们也可以发现人口稠密的边疆地区，尤其是在1825年伊利运河（Erie Canal）开通之后的北部边疆。在这一标志性事件之后不久，水牛城的一份报纸指出"尼亚加拉边疆毫不夸张地说挤满了流动人口"④。相似的是，一个由陆军高级军官组成的委员会在1826年很高兴地报告称，北方的英国人将不再对美国构成威胁：

> 我们北部边疆的第一条界线是由佛蒙特的西部和纽约的北部地区构成的，从尚普兰湖一直延伸到伊利湖。第二条界线则包括了宾夕法尼亚的西部地区以及俄亥俄州，这里数量众多的勤劳民众以及快速增长的人口，不久将足以抵御来自加拿大的任何方向的进攻。⑤

很明显，人口与边疆的位置在美国没有逻辑上的关联。和过去一样，边疆是由军事和政治的相关因素所决定的。

---

① 引自 Edwin James, *Account of an Expedition from Pittsburgh to the Rocky Mountains* (3 v., London, 1823) 3: p. 237。

② James Fenimore Cooper, *The Pathfinder* (Modern Library ed., New York, 1952), p. 242；另可参见上书, pp. 30 – 31。

③ *American State Papers*: *Military Affairs* (7 v., Washington, 1832 – 1861) 3: p. 294.

④ 引自 Robert W. Bingham, *The Cradle of the Queen City*: *A History of Buffalo to the Incorporation of the City*, Pub. Buffalo Hist. Soc. 31 (Buffalo, 1931): p. 420。

⑤ *Amer. St. Pap.*: *Mil. Aff.* 3: p. 443；参见上书 6: pp. 366 – 367, 391；7: p. 969；*Amer. St. Pap.*: *Ind. Aff.* 2: p. 65; and Thomas Low Nichols, *Forty Years of American Life* (New York, 1937), chap. 11.

特纳及其追随者耗费了大量精力去描绘“边疆的开拓”（the advance of frontier）。这一常用词组为“边疆”这一词汇在关于扩张的语言中赋予了一个重要的位置，并且暗示在19世纪之前美国人就体现了西进的特质。这些都是可追溯的观念。我并没有在更早的讨论和材料中发现这一词组或与之相似的表达。在19世纪的第二个30年之前，当美国人谈起边疆的时候，他们习惯于捍卫它们，而不是开拓它们。他们关心的是保护领土的“入口”，以避免受到攻击。特纳学派所描绘的早期盎格鲁—美国人的空间定位无疑是不准确的。当众多殖民地的西部边疆成为军事意义上的“前线”时，就大多数人而言，他们事实上都处于领土的后方（back）。在大革命之前，所有的英格兰殖民者都面朝海洋或者所远离的家乡。他们习惯以家族关系来描述与英格兰的关系，并且常称之为“家乡”（Home）。①

威廉·约翰逊（William Johnson）对于边疆情形的了解与同辈人相差无几，他的叙述就佐证了这种思维模式的普遍性。在1763年，他对当年一个著名宣言（指《1763年皇家宣言》——译者注）提出了自己的盼望：

> 在六个易洛魁民族（nation）考虑将其出售之前，在北部边疆的后方要确定一条线，在这条线之外不应该有定居者。②

这一观点的结果就是一整套将“后方”相搭配的词组在美国发展起来。在《美国英语词典》（*Dictionary of Americanism*）罗列了超过两打以上这样的词汇或词组，包括“未开垦的土地”（backwood）、“偏僻的边疆”（back frontier）、“偏僻地区”（back country）以及“乡民”（back countryman）。③ 在我看来，直到美国1812年第二次独立战争之后的爆炸性扩张时期，大多数人才开始主要向西部前进（toward），然而不能忽视的是，这一观念上的倒转基本上是出于个体的选择。富尔默·穆德注意到了这一典范、自觉的转变在稍早时期的例证。在1781年，普林斯顿学院（Princeton College）校长约翰·威瑟斯普（John Witherspoon）向《宾夕法尼亚杂志和周刊广告》（*Pennsylvania Journal and Weekly Advertiser*）递交了一篇文章。在文中，他直接对之前的一位投稿者评述道：

> 当你似乎开始意识到关注表达和写作的文法规则的重要性时，我相信你将会避免那些在你笔尖无意识流露出的错误。因此我应该被允许指出一些东西。……

---

① Hennig Cohen, *The South Carolina Gasettc*, 1732 - 1775 (Columbia, S. C., 1953), pp. vii - viii.

② 引自 Max Farrand, The Indian Boundary Line, *American Historical Review* 10 (1905): p. 783。

③ 大量的例子存在于理查德·J. 胡克（Richard J. Hooker）主编的 *The Carolina Backcountry on the Eve of the Revolution* (Chapel Hill, 1953) 中。

[使这些“印第安部落靠近偏远定居点（back settlement）”] 在我看来是过于极端的和非正义的，因为他们的行为以好战著称。……美国的定居点开始是在海边出现，然后在这个国家逐步深入；因此，相较于偏远定居点（back settlement），我更偏向于边疆（frontier）；然而这些定居点究竟位于哪一边，则取决于环境——下面的例子将会对此进行解释。一位伦敦的绅士询问一位版画商行职员，萨伊尔先生是否在家。职员回答道：“是的先生，他在后面（backward）”——“后面，先生（绅士说道）。怎么过去？”职员回答：“径直向前（straight forwards），先生。”文章就是这样写的，萨伊尔当时正在房子后面，正对着绅士的脸。同样，根据环境情况，定居点既可以在后方（back）也可以在边疆（frontier），然而，我偏向于后一种称呼。……①

直到1890年，乔治·班克罗夫特（George Bancroft）回顾他近60年的历史研究历程，也做出了类似的评价：“当我进行这些研究的时候，世界发生了多么大的变化啊！我们国家在向东看的同时也在向西看……”② 另一个在19世纪显示出这一方向变化的是诸如“偏僻的东部”（back east）和“偏僻的国家（back state，即新英格兰）这样的表达”，并在西部至少有一次提到了“边境森林”（frontwoods）。③

对“腹地”（interior）一词的简单考察将会进一步廓清19世纪中期以前美国领土观念的特点。在特纳的传统中，对殖民和早期国家历史的现代记录给人以这样的印象，即，不仅每一个人都盯着日落之地，而且每一个向西的脚步都被视为向这个国家的腹地前进。但更早期的美国人并不这样看。向腹地旅行通常意味着从一个殖民地、州或者国家本身的边疆附近向中心进发。因此，如果你身处西部边疆，你就要向东才能进入腹地。有好几个这样的例子。1756年的宾夕法尼亚议会就这样报告：

这一行政区的边疆相较于这片大陆的其他殖民地有着更好的国防条件……尤其是我们明白处于腹地的各县构成了伙伴关系，虽尚未利用，但他们随时准备为国家服务，并与边疆相互配合……④

这一观点在国家建立以后依旧得到保持。在1831年，威瑟斯（Withers）写道：

---

① 引自 Fulmer Mood，Notes on the History of the Word Frontier，*Agriculture History* 22（1948）：p. 79。

② 引自 Russell B. Nye，*George Bancroft*：*Brahmin Rebel*（New York，1944），p. 301。

③ 分别参见 the *Dictionary of Americanisms*，q. v. “back,” and the *Dictionary of American English*，q. v. “front-woods”。

④ *The Papers of Benjamin Franklin* 6：p. 441.

在惠灵（Wheeling）附近的定居民，就形成一支先头部队。印第安敌人在进入腹地之前，势必要通过这一地区渗透进来。

许多弗吉尼亚西北边境的居民能够获知险情，在遭受任何掠夺之前退守到腹地……①

好几年之后提出建设一个巨大铁路网的艾蒙德·P. 盖恩斯（Edmund P. Gaines）少将观察到：

有了这些铁路，田纳西、肯塔基、俄亥俄、印第安纳、伊利诺伊和密苏里几个州（最后三个不久之后会像前两个一样成为处于腹地的州，完全从边疆分离出来）将可以参与到战争中，每州之内以及州与州之间将会区别开来，构成国家边疆的各个组成部分……就有了一支成千上万人组成的部队。②

到了1876年，麦克奈特（McKnight）觉得："那些定居在俄亥俄附近的人与选择在腹地生活的人是不一样的。他们自己有更多的开拓野心……"③ 我们发现边疆地区有大量包含"外部"（out）的复合词——"边地"（out land）、"边地定居者"（out settlements）、"边区守卫"（out garrison），等等，在逻辑上成为"腹地"（interior）一词用法的补充。相似的是，那些离开"腹地"前往"边地西部"（out west）的人往往被称为"外迁移民"。

另一方面，印第安诸王国（Indian countries）被认为拥有相分隔的腹地。因此，在1816年，伊利诺伊州州长尼尼安·爱德华兹（Ninian Edwards）在对无法找到一个诚实的印第安向导感到失望时，这样表示："正因他们远处印第安诸王国的腹地，在毫不被发觉的情况下进行最高超的欺骗也就再容易不过了。"④

然而，"腹地"所具有的旧内涵最终被大陆性的新内涵替代了。后一种用法大约在1849年开始占据主流。那一年不仅见证了新近得到的加利福尼亚地区的淘金热，而且还见证了联邦政府意义重大的重组。新成立的内政部（Department of the Interior）从作战部（Department of the War）手中获得了印第安事务的管理权。至少在官方眼中，包括印第安国（Indian Country）在内的东西海岸之间，如今只有一个腹地了。

---

① Alexander Scott Withers, *Chronicles of Border Warfare*, ed. Reuben Gold Thwaites (Cincinnati, 1895), pp. 125, 150 – 151.

② "A Plan for the Defence of the Western Frontier, Furnished by Major General Gaines, February 28, 1838", U. S. Cong., *House Doc.*, 25th Cong., 2nd sess., 1838, ser. 329, No. 311, p. 43.

③ Charles McKnight, *Our Western Border* (Philadelphia, 1876), p. 184.

④ Amer. St. Pap.: Ind. Aff. 2: p. 64. For similar illustrations, see: *ibid.*, p. 570, *Territorial Papers* 11: p. 664, and U. S. Cong., *Senate Doc.*, 27th Cong., 3rd sess., 1843, ser. 413, No. 1, p. 418.

早期美国人很关注印第安人，印第安事务也是我们关注的基本事务。当特纳说靠近白人定居地的印第安王国被视为美国边疆组成部分的时候，他再次对早先美国人的观点不管不顾。那些在1870年之前参与到或者是见证了美国西进扩张的人并不能同意特纳的说法。在此之前，很少有人会怀疑，各种印第安人有着自己的祖地，并且在盎格鲁—美国人权力之外独立享有土地。从前，印第安人的土地总是与盎格鲁—美国人的边疆在理论上相分离。在简要考虑白人对于印第安人和印第安诸王国态度上的转变之后，我们应该了解，那时候边疆的情形无疑更好一些。

在早期殖民时期，印第安人被视为是独特政治团体的成员，每一个这样的政治团体都是完全独立的。在19世纪的最后几年，残存的政治团体看起来已经很相似，没有几个美国人能够区分它们之间的政治差异，并且他们也完全依附于联邦政府。从而，在事实和观念两个重要方面都发生了完全的逆转，只不过这一进程几乎用了三个世纪才完成。在这一变化的中间时段，尤其是1830至1870年，官方对于印第安人的态度是模糊和矛盾的。那些企图弄清楚这一问题的杰出美国人也总是感到沮丧。迟至1873年，美国印第安事务专员就抱怨："印第安部落与政府之间毫无规则的关系，使得他们同时要把印第安人视为主权拥有者和受监护者。"①

北美的第一批英国殖民者往往夸大了印第安人政治的发展状况。在数十年时间里，在大多数殖民地都可以听到对印第安国、国王、王子甚至皇帝的议论。然而，在多年之内，紧邻殖民地的形态各异的印第安群体就被习惯性地称为"民族"（nations）了。直到19世纪早期（大概就是在大草原和平原上遇到游牧的印第安人的时候），他们还被称为"部落"（tribes）。后来命名上的变化反映了印第安人团体越来越不被视为相互独立的整体，而是一个同质性整体的一部分。

在殖民时代的大多数时间里，这些更为温和的印第安人被期待能够保护殖民地免受攻击。结果，在印第安"盟友""附庸"与"外国人"这两种群体之间形成了根本差别。除了那些生活在殖民地内部保留地的印第安人，所有邻近的印第安人都生活在他们自己的"领土"或者"国家"中。英格兰人的领土抱负并没有指向印第安人，而是优先指向了欧洲竞争者。从一开始，白人和印第安人之间的交往就是基于外交关系，在好些年中，绝大部分新近获得的殖民地都是从印第安群体中购买过来的。②

在殖民和建国早期，"印第安国"（Indian Country）一词意味着一片被盎格鲁—美国

---

① 引自 William Christie MacLeod, *The American Indian Frontier*（London, 1928）, p. 537。一系列相似的表述存在 ibid., p. 439, and Francis Paul Prucha, *American Indian Policy in the Formative Years*（Cambridge, Mass., 1962）, p. 1。

② MacLeod, chaps. 14－15; Marshall Harris, *Origin of the Land Tenure System in the United States*（Ames, Iowa, 1953）, chaps. 4－5, 11。这些从印第安人手中购买土地的早期记录，作为论据没有一条是非常令人满意的，但是这已经是我找到的最好的了。

人视为本质上属于一个印第安“民族”（nation）的领土，即所谓的“印第安名义”（Indian title）。[①] 在举出一些例子之前，我们应该注意到，在过去，“民族”更多地指向一群人而不是领土；“国家”则相反。但是两个词通常也都含有对方的意思。卡德瓦拉德·科尔登（Cadwallader Colden）在1724年宣称“纽约的商人在印第安国可能会以来自加拿大的法国商人一半的价格销售商品”[②]。在1752年，南卡莱罗纳州州长詹姆斯·格伦（James Glen）分别访问了11个上克里克（Upper Creek）和差不多30个下克里克（Lower Creek）使者，“并且询问在他们身上究竟发生了什么，他们是否是被自己王国的头人安置在这里的”[③]。后来詹姆斯·亚戴尔（James Adair）在当时与印第安人交恶的州身上找到了一个有趣的现象：

> 那些愚昧和恶劣的牧师在边疆传教的一个不可避免的结果是：有害的熏香贸易的普遍化，由此大量的不检点人士出入于印第安国。这腐蚀了他们的道德，并且使他们的文明偏离了通常轨道。[④]

我们在每一个早期例子中将会观察到，“印第安国”这一词汇往往采用复数的形式，这意味着每一个作者都意识到，他们所关心的印第安群体在政治上是相互独立的。

在建国早期，我们依旧可以经常看到“印第安诸王国”这样的称呼，尤其是诸如“克里克王国”“切诺基王国”和“克劳王国”这样的称呼。[⑤] 1824年被派往购买克里克人土地的使者就谈到了一件有趣的事：“这并不是第一个出卖其产业的国家。美国不久前才从西班牙那里买下了佛罗里达……从法国手里买下了路易斯安那……”[⑥] 同一个民族的印第安人被称为“国民”（countrymen）。[⑦] 这一概念也常被用于在印第安人中间的白人那里。例如，在1827年，一个名叫乔治·斯廷森（George Stinson）的人就被称为“一个印

---

① 关于“印第安国”这一概念的历史参见：Prucha, *American Indian Policy*, pp. 13, 31, 49, 133, 261 - 262; U. S. Solicitor for the Department of the Interior, *Federal Indian Law* (Washington, 1958), pp. 12 - 17.

② Cadwallader Colden, *The History of the Five Indian Nations of Canada* (2 v., New York, 1902) 2: p. 47.

③ South Carolina (Colony), *Documents Relating to Indian Affairs: May* 21, 1750 - *August* 7, 1754, ed. William L. McDowell, Jr. (Columbia, S. C., 1958), p. 210.

④ James Adair, *The History of American Indians* (London, 1775), p. 410.

⑤ 例子可参见 *Amer. St. Pap.: Ind. Aff.* 2: pp. 70, 86, 146, 153 - 154, 162, 483, 575, 709; Pritts, p. 35; and George Catlin, *Letters and Notes on the Manners, Customs, and Conditions of the North American Indians* (2 v., Philadelphia, 1857) 1: pp. 46, 112, 204, 226。

⑥ *Amer. St. Pap.: Ind. Aff.* 2: p. 570.

⑦ 例子可参见上书 pp. 97, 125, 793; Pritts, p. 55; and William Bartram, *The Travels of William Bartram*, ed. Francis Harper (New Haven, 1958), p. 22。

第安国民，或者是一个归化为马斯科吉人的白人”①。然而，这样的用词逐步消失了。

美国大革命之后，一个整体性的印第安国的观念逐步占据主流。自1763年尝试在白人与印第安人之间划出一条连续的边界线之后，这一观念突飞猛进。在此之前，每一个殖民地分别与印第安人达成协议。到了这个时候，就很少听到盟友民族或外国民族这样的提法了；印第安人就只是印第安人（an Indian was Indian）。1763年宣言的出现是对于看似势不两立的两个群体之间分离状况越发关切的结果。由于印第安人也完全同意这样的看法，所以也要对这条界线的确定负一部分责任。首先，庞蒂亚克（Pontiac）以及后来的约瑟夫·布兰特（Joseph Brant）、特库姆塞（Tecumseh）和其他人，尝试将印第安人铸造为一个整体来应对已经组成联邦的盎格鲁—美国人。这些印第安领袖希望防止任何单个部落或者心怀不满的团体将祖地售卖出去，并且也想避免在与白人相处中处于劣势。几乎在所有印第安人之间的斗争结束之后，印第安人在独立战争期间站到了英国人一边，美国人也不再能够将印第安人中的不同群体区分出来。

虽然在将所有印第安人严格视为征服对象的最初时刻存在情感波动，但1763年的帝国政策还是被接受下来了。一方面，众多印第安部落会在外交层面分别对待，协议则需要被美国参议院批准（在联邦宪法通过之后）。另一方面，白人和印第安人之间已经有了一条清晰的界线。1785年的协议拼凑出了一条新的界线，并纳入1796年的《印第安交流法》（Indian Intercourse Act）当中。伴随着新协议和法案的确立，边界线逐步向西跳跃（skipped）。因此，美国的西部边疆并不是平滑（smoothly）向西推进的。这条边界线的某些部分会静止一阵，方才开始移动，甚至会偶尔逆转。然而重要的事实是，在内战的时候，政治边界至少还在纸面上存在。②

因此，“印第安国”就意味着超过这一边界线但依旧处于美国所断定的领土范围之内的土地。这一当时极为少见的措辞，表明“印第安名义”所拥有的土地还未“灭绝”。1790年的《印第安交流法》可能是首次将这一概念以边境意义来使用的书面例子：

> 每一个与印第安部落交易或者身处印第安国的人……没有获得相应许可……并由此在相应的法院定罪，将罚没……在印第安国中找到的所有货物……③

约翰·赫克韦尔德（John Heckewelder）在1822年给出了一个相同的例子：

---

① *Amer. St. Pap.*: *Ind. Aff.* 2: p. 793. For similar illustrations, see: ibid., pp. 79, 821, 823, 824, 849; *Territorial Papers* 21: pp. 222, 382, 891; and Thomas S. Woodward, *Woodward's Reminiscences of the Creek, or Muscogee Indians* (Tuscaloosa, Ala., 1939), p. 49.

② Francis Paul Prucha, *Broadax and Bayonet*: *The Role of the United States Army in the Development of the Northwest*, 1815 – 1860 (Madison, 1953), p. 57. 参见 Prucha, *American Indian Policy*, pp. 13 – 20, 32 – 34, 45, 49, 261 – 262。

③ United States, *Statutes at Large* 1: pp. 137 – 138.

> 询问了我所遇到的印第安人后，得到这样的结果：现在在印第安国并没有进行任何商业调查；订单都来自于好战部落的头目。每一个出现在印第安土地上的戴着链子、怀揣指南针的白人都会被视为敌人。……①

我引用的最后一个例子来自约翰·斯图尔特（John Stuart）上尉：

> 我抵达这里（阿肯色州）才一个多月，我已经完成了自己的任务，就是在可行范围内阻止狂热精神进入印第安国。……虽然被这条河流阻隔，随着诸如运货马车这类运输方式的出现，沿着这些小路和大道就可以穿越这里进入印第安国。……②

“印第安国”这一概念随后虽然在法律意义上发生了变化，但是直到19世纪晚期，其依旧仅仅指掌握在世居民手中的保留地。我所给出的例子足以支撑这一说法。

即便是这一被同质化了的印第安国，在美国人眼中也并不缺乏政治意涵。它成为一个受保护国，在国际层面由美国政府代表。足够惊奇的是，当时甚至还讨论将其全部或部分建成印第安州的可能性。③ 有趣的是，在1834年之前，到印第安国旅行的美国公民是需要护照的。但在此之后，只有外国人才需要护照。④

在1856年之前，国会并没有对联邦政府颁发护照进行限制。⑤ 结果，大多数进入印第安国的护照都是由州长（与出国旅行无异）或者军事指挥官签发。⑥ 然而，其中有一部分事实上是由美国国务卿签发的。⑦ 这其中还存在着护照政策上的互惠。印第安人在获得允许进入白人定居点之前，有时会有保护通路的义务，并且偏远部落的首领有时会签发到华盛顿的长期旅行护照。⑧

印第安国以及更早意义上的印第安诸王国在此的类政治（quasi - political）特征，将会帮助我们将之前讨论的字典上的定义运用到美国语境中。他们其实也有边疆。伟大的印

---

① *Amer. St. Pap.*: *Ind. Aff.* 2: p. 388.

② *Territorial Papers* 21: p. 710.

③ Annie H. Abel, "Proposals for an Indian State, 1778 - 1878," in *Annual Report of the American Historical Association for the Year* 1907 (2 v., Washington, 1908) 1: pp. 89 - 102.

④ Prucha, *American Indian Policy*, pp. 254, 263; *Federal Indian Law*, pp. 14n, 151; *Amer. St. Pap.*: *Ind. Aff.* 1: p. 14.

⑤ U. S. Dept. of State, *The American Passport* (Washington, 1898), p. 36.

⑥ Mary G. Bryan, *Passports Issued by Governors of Georgia*, 1785 *to* 1809 (Washington, 1959); Prucha, *American Indian Policy*, pp. 78, 154, 204; *Amer. St. Pap.*: *Ind. Aff.* 2: p. 63. For a colonial precedent, see: South Carolina, *Documents Relating to Indian Affairs*, p. 169.

⑦ *Territorial Papers* 17: pp. 661, 670, 671; *The American Passport*, p. 10

⑧ *Territorial Papers* 9: pp. 515 - 516; *Amer. St. Pap.*: *Ind. Aff.* 2: p. 690.

第安领袖斯特雷奇（Strachey）在1615年左右谈道："当地居民，尤其是边疆附近的权贵，都称他为波瓦坦人（Powhatan）"[①]。此外，一条1648年来自西部印第安人的资料显示："两天之后，我们进入了异教徒的边疆。"[②] 下一个例子必须跳到1792年，克里克向导詹姆斯·西格罗夫（James Seagrove）在报告中说：

> 我发现克里克人在他们的西部边疆上杀害了一些白人。在跟印第安人的谈话中，我开始相信这些被杀害的人，属于坎伯兰河南部的一个定居点，这片土地尚未被印第安人售出或割让。……[③]

另一个证据则来自于1825年后的高层讨论，考虑移出东部的印第安人并且沿着西经95°建立一个"永久印第安边疆"的恰当性。[④] 随后一个例子则出现在约翰·罗斯·布朗恩（John Ross Browne）的《阿帕切王国探险》（*Adventures in the Apache Country*）（1867）一书中："在水井后面好几百码的距离是一个由巴巴哥印第安人修建的砖砌堡垒，用于保护边疆村庄和牧场。"[⑤] 最后也是最鲜活的例子来自国会议员理查德·M. 约翰逊（Richard M. Johnson），他的这段话出现在众议院军事事务委员会（House Committee on Military Affairs）1836年的报告中：

> 我们如今已扩展到了印第安边疆。经常感受到这种最残忍的激情所带来的冲击，委员会认为这种扩展是人性的指引也是明智的政策。在他们面前展现强有力的一面，从而限制他们的野蛮暴行并取代他们之间因复仇所带来的必然痛苦。[⑥]

上述例子为美国人如何在过去很长时间在传统"边境"意义上使用"边疆"一词补充了所缺失的逻辑。在19世纪中期之前，大多数美国人都会同意，美国就和之前的英国殖民地一样，在西部并不是与一片空地相接。相反，和欧洲诸民族一样，他是和另外的国家——印第安诸王国相接。如上所示，美国的边疆和其西部的不同部分是与印第安国的边疆以及其东部的不同部分连接在一起的。说来也奇怪，文明的位移和诱惑常常导致印第安边疆的文明化（即使是堕落的），人口达到相当高的密度，这与通常盎格鲁—美国人的边疆情形恰恰相反。

---

① William Strachey, *The Historie of Travaile into Virginia Britannia* (London, 1849), p. 48.
② 引自 *Oxford English Dictionary*, q. v. "frontier"。
③ *Amer. St. Pap.*: *Ind. Aff.* 1: p. 296.
④ Ray A. Billington, *Westward Expansion* (New York, 1949). pp. 468-471.
⑤ 引自 *the Dictionary of American English*, q. v. 4 "frontier"。
⑥ *Amer. St. Pap.*: *Mil. Aff.* 6: p. 149; 另可参见上书 p. 162。

四、国家的边疆

在“边疆”一词演变的随后阶段，美国的用法虽然在某些方面滞后，但依旧跟随着欧洲。只是在大革命之后，美国人可以谈论一个国家的边疆了。在19世纪之前，锐意进取的美国人如同之前的欧洲人一样，通常更愿意将国家边疆设想为一条边界线而不是边境地区。当时美国的领土区划实质上就是如此，各区划有着与异质群体——州、区域和国家等——连接在一起的边疆，但是这些与我们讨论的并不相关。

通过展示与印第安人相关的西部边疆并不完全是独特的（sui generis），而是通常被视为国家边疆的一部分这一事实，是讨论美国边疆一个很好的起点。因为印第安国令人困惑的地位，美国与印第安人的边疆和与欧洲民族的边疆并不等同。因为某些意图，印第安国成为外国，因为另一些意图（首要是处理与欧洲势力的关系）又成为了地方。其作为外国领土，印第安国（或者在更早意义上的印第安诸王国）与美国有着边疆意义。

我们所展现的第一个例子就是毗连印第安领土的国家边疆。让我们看看华盛顿总统在1790年所作的评论：“与克里克人的协议或许可以被视为美国西南边疆未来和平与繁荣的主要基石……”① 相似的是，公有土地议员委员会（Senate Committee of the Public Land）在1817年的报告中说道：

> 好几个远离人口集中区的定居点，他们相互分离，而且被1783年划定的美国边界所围绕。……1803年通过协议获得的路易斯安那进一步使得边疆界限变得不规则……
>
> 边疆现有的不规则形态，受到印第安领土的深刻影响，呈现为一条延伸的边界，文明和野蛮在边界上相互交流。……②

1825年，托马斯·哈特·本德（Thomas Hart Benton）使他的议员同伴相信，已经采取的措施“将会赋予阿肯色这一实至名归的边疆州——同时与外国民族（墨西哥人）和众多的印第安部落相关联——权重和重要性”③。此外还有一个例子，密歇根州州长路易斯·卡斯（Lewis Cass）对他所在地区的军备状况表示不满：

> 我认为这是联邦最脆弱和最暴露的一段边界。……

---

① *Amer. St. Pap.*: *Ind. Aff.* 1: p. 83.

② *Amer. St. Pap.*: *Ind. Aff.* 2: p. 124.

③ *Amer. St. Pap.*: *Ind. Aff.* 1: p. 557.

> 英国人在麦金诺克海峡的下方与美国相连，印第安人则位于其上方……如果既不在这条他们（印第安人）国家的边界上部署力量，也不在其内部部署力量，就没有办法对他们施加影响。①

当然有许多方式去细分国家的边界。例如，艾蒙德·P. 盖恩斯少将就给国会提交了一份冗长的“西部边疆防御计划书”。盖恩斯在其中一处说道“我们的大西洋、北部、南部或者墨西哥边疆”，但是他还有着一个更富有细节性的看法。他看到“国家边疆的六大部分”，即北部、东部、南部和西部边疆的三个部分。对于“西部边疆的南部区域”，他说道：“这是美国在陆地边疆上最关键和重要的部分；因为其受到最强有力的野蛮民族的威胁。……”②

在陆军工程兵（Army Engineers）1826 年的报告中，我们可以找到国家边疆的另一个部分：

> 在这份报告中，我们没有对联邦的腹地和陆疆进行记录；它们尚未获得充分的侦查以支撑我们对其所需的防御系统给出一个明确的设想。③

很明显，“联邦的陆疆”（land frontiers of the Union）就是与加拿大、墨西哥和西部印第安人相连的地区。“内陆边疆”（interior frontiers）似乎就是将印第安诸王国包含在内的美国“腹地”。但“内陆边疆”这一概念还是很少见的。这里所讨论的印第安人，尤其是克里克人和切诺基人，在 18 世纪都被彻底包围了，等到了十几年后，他们都被迁移到密西西比以外的新印第安领土上。和现代意大利或者南非不同，美国的“内陆边疆”是一个临时性的现象。随着压力的大大减轻，印第安事务议员委员会（Senate Committee for Indian Affairs）在 1836 年宣称“他们现在已经在我们之外，并且将永远在我们的外面”④。

因此，在 19 世纪早期美国的国家边疆依旧与欧洲的观念相似。它由陆疆、海岸（coast）和海疆构成。⑤ 美国的陆疆可以划分为与欧洲民族相连（包括墨西哥）以及另一种特殊类型——与印第安人的边疆。后者偶尔会被进一步细分为国家外围的一般边疆以及

---

① *Territorial Papers* 11: p. 664. For similar illustrations, see: *Amer. St. Pap: Ind. Aff.* 1: pp. 113, 254, 543; 2: pp. 123, 181, 184, 315; *Amer. St. Pap.: Mil. Aff.* 3: pp. 330, 829; 6: pp. 149, 416, 418, 420; 7: pp. 157, 777.

② U. S. Cong., *House Doc.*, 25th Cong., 2nd sess., 1838, ser. 329, No. 311, pp. 5, 17, 42.

③ *Amer. St. Pap.: Mil. Aff.* 3: p. 298.

④ 引自 MacLeod p. 466。这一概念很有可能在墨西哥战争（Mexican War）之后复兴，用于描述中西部和太平洋定居点之间的印第安国，但是我尚未找到任何例子。

⑤ 对于美国海疆的讨论参见：*Amer. St. Pap.: Ind. Aff.* 2: p. 414; *Amer. St. Pap.: Mil. Aff.* 3: pp. 283 – 298, 829; 6: pp. 149, 367, 424; 7: p. 905; and James D. Richardson, ed., *Compilation of the Messages and Papers of the Presidents* (11 v., New York, 1908) 2: p. 832.

很少提到的“内陆”边疆。可能在1830年之前，国家边疆及其所有组成部分都一直被视作边境地区。

让我们现在来看一看提到的几个与美国接壤的外国边疆的例子。美国陆军部长（Secretary of War）约翰·C. 卡尔霍恩（John C. Calhoun）于1819年在与众议院的通信中写道：“确信的是，在靠近墨西哥边疆的界线内，也就是沿着落基山脉，是整个大陆毛皮最好的地区”①。多年之后的1836年，约瑟夫·G. 托滕（Joseph G. Totten）上校观察到“万一美国要在与加拿大的边疆上最脆弱的位置采取防御行动的话，尚普兰湖可能是最好的军事交通线。”② 但是我们要更密切关注下面这两个分别来自1836年和1837年的相反例子：

> 那些对投机德克萨斯感兴趣的人有这样一个计划……（吸引）美国当局支持在这一城市建立一支由这些对此关心的人组成的部队。这支部队应该向德克萨斯边疆的外缘前进……并且找到借口进入到德克萨斯，参与到战争中。……
>
> 福赛斯（Forsyth）先生回到……陆军部成为德克萨斯边疆的指挥官。③

要注意的是，这对例子的第一个指的是依旧独立的德克萨斯的边疆（frontiers of Texas），第二个例子则是美国与德克萨斯接壤的边疆（frontier bordering on Texas）。当诸如“德克萨斯的边疆”这一概念可以被用于指称领土属于边界两边的某一方的时候，语境在确立意涵时就是最重要的。我认为这一模糊的用法变得越发普遍则反映了边疆越来越不再被视为对抗双方的某一方的单独财产。渐渐地，边界线而不是某一方的边疆地区成为关注的焦点。换句话说，我们看到美国用法是紧随欧洲的。1830年之后，边疆多半指的是一条边界线。

“印第安边疆”这一概念经历了一个相似的发展。随后的时间中，它通常意味着美国与印第安人的边疆，并且在19世纪30年代后变得常见。例如威廉·巴特拉姆（William Bartram）在1791年说到，他的旅行“已经穿过了无人居住的荒原，和一个印第安边疆”，也就是乔治亚的西部边缘。④ 安德鲁·杰克逊（Andrew Jackson）将军在1832年写道：“去年夏天我从克里克边疆返回，穿越切诺基王国的下部，我发现不满到处蔓延。”⑤ 在1832年副官长办公室的命令中有另一个例子：“就是……命令在印第安边疆或印第安国上的指挥官员……以更长远的眼光和打算来援助印第安特工。……”⑥ 最后一个例子表明这一概念总算意味着一条边界线了。陆军部长约翰·B. 弗洛伊德（John B. Floyd）在1857年注

① *Amer. St. Pap.*: *Ind. Aff.* 2: p. 184.

② *Amer. St. Pap.*: *Mil. Aff.* 6: p. 390.

③ Quoted, respectively, 收录于上书 p. 424, and the *Dictionary of American English*, q. v. “frontier”。

④ Bartram, p. 30.

⑤ *Amer. St. Pap.*: *Ind. Aff.* 2: p. 503.

⑥ 引自 Prucha, *Broadax and Bayonet*, p. 94。

意到，存在着“好几条印第安边疆”。①

另一个能表明这一时期从“边境”（border）到“边界”（boundary）的定义变化的，就是作为逻辑上的中间定义的“边陲”（borderland）的出现。“边疆”的这一定义在美国很少见。我只找到四个清晰的例子，它们都出现在1830年左右。第一个例子出现在库柏的《最后的莫西干人》（*Last of the Mohicans*）一书描述美洲殖民地冷酷图景的时候：

> 显然，一个广阔而又无法穿透的森林分界线在法国和英格兰分别控制的互相敌视的地区造成阻隔。……这里如此黑暗，丛林密不透风；如此偏僻，毫无藏身之所。它可能会宣称免除了那些抛洒鲜血以满足复仇快感的人所造成的损害，或者维持冷酷和遥远欧洲独裁者的利己政策。
>
> 穿过这广阔的位于中间的边疆，或许除了这个地方之外——位于哈德孙河上游和临近湖泊之间——没有地方能够提供一幅展现野蛮人冲突的凶猛和残酷的生动画面。②

与之相似的是，杰克逊总统1830年提交给国会的年度咨文中说道：

> 有理由对去年所发生的事情感到担忧。我们与墨西哥之间的和谐关系可能会因为他们对于迄今为止处于我们司法管辖之下的领土的声索而受到影响。墨西哥代表们的联合行动在政府看来时机恰当并乐于承担。指令和建议已经交给了阿肯色的州长以及在与墨西哥接壤处的指挥官员。这些指令和建议希望能够确保在分界线最后确定之前，也就是消除所有争议之前，保障边疆和平。③

佛罗里达土地上的公民在1832年向国会提交了一份备忘录，里面写道：

> 这里的边疆人迹罕至（范围超过300英里），在白人和印第安人之间有着足够的空间满足印第安人游荡徘徊的天性……绝不可能将他们固定在他们自己的界线之内……④

---

① U. S. Cong., *Senate Exec. Doc.*, 35th Cong., 1 sess., 1857, ser. 920, No. 11, p. 3. James Fenimore Cooper, *The Last of the Mohicans* (3 v., London, 1826) 1: p. 24.

② James Fenimore Cooper, *The Last of the Mohicans* (3 v., London, 1826) 1: pp. 1 – 2.

③ Richardson, *Messages and Papers of the Presidents* 2: p. 1070.

④ *Territorial Papers* 24: p. 679. The fourth example, dated 1830, in Richard Schifter, "Indian Title to Land", *American Indian* 7 (1954): pp. 37 – 38.

考虑到广为人知的早期国家边疆众多部分的模糊性，首先让人惊奇的是在“边陲”（borderland）意义下使用“边疆”（frontier）极为少见。然而我们必须记得，虽然在内战之前，美国许多外围地区存在争议，但是按照欧洲标准，这一争议在很多地方并没能持续多久。在它们当中，有很多持续时间太短而无法获得苏格兰边陲（Scotch Borderland）那样的认知地位。然而，在谈论边疆的时候，还有其他方式来与中间性（intermediateness）这一概念相勾连；比如“在边疆”［on the frontier（s）］这一概念就可以服务于这一意图。

当美国人逐步开始在“边界”（boundary）意义上使用“边疆”（frontier）一词的时候，它们往往将之以词组的形式使用。这显然是为了确保他们对于这一新的、线型定义的使用不会产生误解。“极线”（extreme frontier）就是这样的词汇，“线”（line）这一词汇本身则常与“边疆”并列使用。例如，西南地区的州长威廉·布朗特就写道：

> 梅罗（Mero）地区的定居点向上下扩展到坎伯兰河。这条河从东向西大概85 英里，从北岸到南岸最宽的地方不超过 25 英里……这一地区有一个至少 200 英里的极线（即周长）。①

正如一些例子所显示的，这一词汇随后无法再从线条这一意义上加以理解。

作为战时政策，国会早在 1815 年就颁布了一条法令：

> 在美国内常住的公民或个人在没有护照的情况下不被允许穿越边疆进入到任何敌人的地区和土地上，否则可能会被扣留。……②

乔治·卡特林（George Catlin）在 19 世纪 30 年代晚期的一封信中写下了这段惊人文字：

> 我已经完成了在“远西”（far west）的旅行，如今稍作休息，在我第 19 或者第 20 次听到他们用同一语调将边疆称为“无人区”（sans occupation）；我已经坐下来将这些都记录下来……
>
> 边疆被用来命名那些从墨西哥湾扩展到伍兹湖（Lake of the Woods）的转瞬即逝和变动不居的线条，这一距离大概有 3000 英里。其明确将文明者从印第安人口中分离出来。……③

---

① *Amer. St. Pap.*：*Ind. Aff.* 1：p. 433. 关于一个相似的例证，参见上书 p. 474。

② United States，*Statutes at Large* 3：pp. 199 – 200.

③ Catlin，2：pp. 728 – 729.

尤为重要的是，卡特林注意到这一概念的线条含义在当时“很大众”化。然而，在多年之前，他还在“边境”（border）定义上使用这一词汇，当他表达边界线的时候，则采用词组的形式。[①] 同样有趣的是，这是一个将边疆对抗以文化而不是军事抑或政治眼光看待的早期例子。陆军部长约翰·B. 弗洛伊德（John B. Floyd）在1857年的年度报告中以更为普遍的模式提供了另一个例子：

我们国家的广阔边界有着11000英里的长度，从加拿大边疆的严寒到德克萨斯南部的炎热，气候和温度如此多变。这需要通过多多少少的军事警戒来监控。但是相较于保护两倍于这一长度的印第安边疆，占据这一长度的边疆也就只是稍有难度。印第安边疆从伍兹湖扩展到落基山脉东边的格兰德河沿岸；在这条河之外，位于英国边疆的俄勒冈直抵处于这些山脉西部缓坡的加利福尼亚海湾的入口。[②]

最后一个例子则是印第安事务委员在1876年的声明：

一条曲曲折折，永远变化的线，或多或少能描绘为从加拿大扩展到墨西哥湾，并且缓慢向西移动。这条线被称为“边疆”（frontier）或者“边境”（border）。沿着这条边境，几乎是无止境的争斗，印第安人处于守势力，白人则不断占有……和平将会持续，直到……向外迁移的压力再次打破这条边境。通过强力或协议，印第安人会退回到另一个他们所珍视的狩猎区域。[③]

因此，在19世纪早期，“边疆”这一概念在两个传统欧洲的意义下专门使用——包括分界线在内的领土外缘，或者后来的，线条本身。因此，我们应该看到，特殊的美国情境是造成“边境”（border）和“边界”（boundary）两个定义出现逻辑困境的原因。这一词汇的进一步变化也就不可避免了。

---

① 上书1：pp. 37，106－107，205；2：pp. 403，423，453。在他叙述印第安人“谁居住在边疆”时，卡特林曾经一度将采用了“边陲”（borderland）这一定义。上书1：p. 26。

② U. S. Cong.，*Senate Exec. Doc.*，35th Cong.，1 sess.，1857，ser. 920，No. 11，p. 3.

③ 引自Roy M. Robbins，*Our Landed Heritage*（Princeton，1942），pp. 227－228。随着“边界”的定义在19世纪中期占据主流，“边境”含义则有时需要专门的条件或者特殊强调来予以澄清。因此在1837年，印第安事务官约翰·多赫尔蒂（John Dougherty）就提到过密苏里的“边境”（frontier border）。*Amer. St. Pap.*：*Mil. Aff.* 7：p. 963。

五、美国环境对定义的扭转

关于美国西部边疆的两个基本问题在19世纪越发难以用与过去相似的方式加以回答。事实上，有两个问题抗拒着任何清晰明确的答案。一是“边界线之外是什么?”（What lies beyond the frontier line?）二是“边界线究竟在哪?”（Where exactly is it?）“边疆”在美国的独特定义就是从这种困惑中发展出来的。

在19世纪的第一个十年，上面两个问题的第一个还可以以“印第安国”来回答；而最终则非常类似于“无主之地”（free land）。同时，印第安国事实上是消失了。简要说来，它是以这样的方式消失的，即1834年的《印第安交流法》将联邦刑法扩展到印第安国，而这是通过将印第安国吞并而纳入联邦司法管辖范围实现的。购得加利福尼亚，以及在俄勒冈建立定居点，使得印第安国受到两个白人地区的双重挤压。1854年的《堪萨斯—内布拉斯加法案》（Kansas－Nebraska Act）砍去了通往新的太平洋领土的一条宽阔的中间走廊。1873年的修订法案遗漏了1834年法案所规定的印第安国区域，因此显然终结了其在法律上的存在。联邦法院随后决定，为数不多的保留地依旧由最初的拥有者在自然权利下享有，保持“印第安国”的称呼。在这个世纪，联邦政府已经从印第安人手中买下了跨密西西比（Trans－Mississippi）的大部分土地，印第安人则被迁往保留地。这其实就是以土地所有权来交换联邦政府对他们存在的接受。随着印第安国的衰落以及1871年后双方停止签订协议，以旧方式来思考西部边疆就变得越发困难。乔治·布思（George Booth）在1880年就必须要动用他的想象力来这样理解边疆。他在一篇文章中问到：“我们所说的边疆到底是什么?”（what do we mean by the frontier?）然后回答道：

> 它不是那些繁荣的（西部）殖民地——土地经过丈量，受到良法的保护，不会遭受野蛮人的袭击，在此创建家园的人源源不断地涌入。而是一条印第安保留地的边界线，沿线分布着白人的营地和定居点，这片土地虽然名义上向定居者开放，但事实上受到印第安人的持续威胁……①

其实这仅仅是一种怀旧罢了，没有几个美国人会同意布思对边疆的划定。

印第安人不仅是在政治维度上受到美国人的忽视。在军事维度上也一样。只要印第安人还能对盎格鲁—美国人的交通构成威胁；就会使整个边疆区域笼罩在恐惧之中。但是最终，他们仅仅是职业军事巡逻所要解决的常规障碍。在文化维度上，早期浪漫化的“高贵

① George Booth，Frontier Folk，*International Review* 9（1880）：p. 29.

的野蛮人”也消失不见了。19世纪后半叶，“野蛮人”不再被视为社会发展的一个阶段，而是进步和文明不可调和的敌人。① 因此在19世纪，印第安人逐步在政治、军事和文化方面处于美国人的下位。他们从准独立的政权变为附庸，从军事势力变为叛贼，从各异的腹地文化中的一员变为文化敌视者。

另一个逻辑困境则需要加以更多考察。在殖民时期，白人直接在印第安边界上定居，并且修建堡垒。以另一种方式来看待这一粗略的画面，就是政治边界线、军事防御线、白人人口分布线本质上是叠合的。询问“边界线究竟在哪里?”这一问题的一个理由就是其变得越来越复杂难解。印第安边界线并不完整，尤其是密西西比以外的地区。你无法在大草原上找到由树木构成的线条。此外，印第安人对当时的调查者甚至是调查仪器都充满了怨恨——克里克人称他们为“土地偷盗者”。但是在“边疆”一词的意义含混这一问题上，更为根本的是上面提到的三条线开始分离，并且越来越远。

这一分离最早出现的就是军事堡垒线扩张进入印第安国。陆军部长亨利·诺克斯（Henry Knox）在1789年一份最早期递交给华盛顿总统的报告中观察到：

> 印第安人和白人在边疆上的怨恨很容易被相互之间的伤害所点燃，并且暴力程度是羸弱的市政力量无法控制的。……白人和印第安人之间的（每一条）边疆都必须由一支至少500人组成的部队来保护。
>
> 部队所占据的地点应该处于每一个州的界限或者司法管辖权之外和印第安人的土地之内。为此应该签订一些特殊协议。②

印第安人则对于这些逐步深入印第安国的堡垒所具有的贸易和防卫上的益处深信不疑。陆军部长在推进“外部警戒线”问题上尤为积极，但大多数部长则墨守成规。③ 陆军部长彼得·B. 波特（Peter B. Porter）在1828年就表达了自己的不满：

> 将我们的军事堡垒前推的政策……如此深入到印第安国，并且我们的人口也大量拥入，可能是有问题的。起不到保护边疆居民和抗击印第安人入侵的效果……只能是放纵狂热和放荡的冒险者进入印第安国。……④

---

① Roy Harvey Pearce, *The Savages of America* (rev. ed. Baltimore, 1965).

② *Amer. St. Pap.*: *Ind. Aff.* 1: p. 53。诺克斯多年之后在他的一份建议中对此进行了更丰富的细节描述：“一整条相互之间的距离得以控制的军事据点组成的防线，建立在位于印第安边界之内的边疆上。”上书 p. 544.

③ Prucha, *Broadax and Bayonet*, pp. 21 – 22.

④ *Amer. St. Pap.*: *Mil. Ajf.* 4: p. 2.

因为这些边远的堡垒在抵抗印第安暴力方面毫无疑问是发挥作用的，所以这样的不满并不常见。

军需官特鲁曼·克罗斯（Trueman Cross）将军1837年的评论可以帮助我们理解这一特殊的情境。在当年一份“西部边疆防御”的报告中，他说道：

> 西部边疆可能指的是沿红河（Red river）向南以及沿着上密西西比河向北之间的区域。其左部紧邻陶森堡垒……右部则是斯内林堡垒……中间地带则是吉布森堡垒……和莱文沃思堡垒……前三个堡垒位于通航终点处，几乎无法继续推进。因此在这里可以组成我们防御的外线……
>
> 我认为应该给予这条外线以更多的军事和国家上的考虑，其必将会经常性地推进到越过我国边界的印第安国中。这就需要对其中的定居点进行保护，并且为了对其施加影响，就有必要将之纳入我们的边界之内。可是我想到，在现有的情形下，还没有一个保护西部边疆的行之有效的方案可以以一条单独的防御线实现众多的目标……①

虽然不是一个好的预兆，克罗斯已经感受到并且清晰领会到了这样的分化。

克罗斯认为在印第安—白人的政治边界东部应该有一条防御内线（interior line），这一评论很有意思。他认识到白人的定居线是落后于边界线的。1815年后的一场旧西北部（Old Northwest）的演讲中，一位官员描述了这样的情境：

> 定居者并没能很快抵达印第安国腾出来的空地。……印第安诸多名称的消失在西北特别普遍，甚至在麦迪逊时代之前就已经出现。（陆军部长威廉·H.）克劳福德对于超过定居点过远感到极度不平和郁闷。②

也就只能这样了，所有的路都通向落基山脉。联邦的土地政策运行上越发笨重，依旧将定居点保持在边界的后面。理论上，在一个新地区定居之前，需要利用“基准线”和“子午线”对土地进行相当费时的测量。不像殖民时期只用对定居点周边的分散地块进行测量，这一新的复杂程序需要调查员超过定居点，随后（在东部的两个象限后）折返回来。③ 在19世纪早期的偶尔尝试中，就是以这样的方式将两边的人口群体区隔开来的。

---

① 上书7：p. 782。

② Annie H. Abel, “The History of Events Resulting in Indian Consolidation West of the Mississippi River”, in *Annual Report of the American Historical Association for the Year* 1906（2 v.，Washington，1908）1：p. 277.

③ William D. Pattison, *Beginnings of the American Rectangular Land Survey System*, 1784 – 1800（Chicago，1957）.

三条线分离之后，哪一条线才是西部边疆的界线呢？在此时或者彼时，它们三者都会成为边疆。政治界线似乎在建国早期承担着这一功能。大概是在1834年《印第安交流法》制定之后，西部边疆的界线主要指的是军事界线。最终，内战之后，另外两条界线晦暗不清，相关性降低，人口定居界线就成为西部边疆的界线。我们有好几个例子来说明这种依次变化。

1796年，美国的特使和克里克民族的头人对边界问题进行谈判。在听完头人的演讲之后，

> 特使……直奔主题；将法令中第一部分有关边疆长度的内容向印第安人进行了解释。结果导致整个边疆上的流血冲突。①

相似的是，调查员威利·威廉斯（Wiley Williams）在1827年告知乔治亚州长特鲁普（Troup），印第安人对他怀有敌意：

> 当时我在新条约签订界线的西部进行调查。……如果调查想要继续，那就要提供保护，而且是对整个边疆界线的保护，也就是从克里克和州府交汇的地方直到密勒（Miller）的转折处。②

1834年，众议院军事事务委员会认为："将一个兵站放在远离阿肯色边疆并且处于印第安国中间的地方，并非好政策。……现有的西部边界线是由协议来确定的。"③

最后一个例子是陆军工程兵查尔斯·格雷休特（Charles Gratiot）在1837年对"美国西部边疆"的描绘：

> 从色宾河到墨西哥湾，向上抵达塞德河（Said River），并进入到与南部疆界的汇合处；沿着这条线可以从德克萨斯一直到红河；沿着阿肯色和密苏里的西部边疆可以抵达堪萨斯的入口；从密苏里河向上可以抵达与之相连的密苏里州的北部边疆；沿着领土上这一漫长的界线，印第安人都被驱赶到了苏必利尔湖……④

① *Amer. St. Pap.: Ind. Aff.* 1: p. 607.

② 上书2: p. 865。

③ *Territorial Papers* 21: p. 900.

④ *Amer. St. Pap.: Mil. Aff.* 7: p. 779.

但是自从越来越多的军队、商人和占屋者进入印第安国之后，印第安人已经退到了军事据点以外，政治界线也就失去了其早期的重要性。

当外围军事界线越来越代表印第安人和白人之间的实际冲突地点的时候，其代替了政治边界成为边疆的外部界线。因此理查德·M. 约翰逊（Richard M. Johnson）议员在1836年坚持认为，为了避免印第安人的劫掠，

> 必须要让他们看到军事力量的存在……（军事事务）委员会并没有找到任何既经济又高效的方案，正如……陆军部建议的：通过一条（位于印第安国内部的）军事通道，对军事力量进行强化和储备……边疆上一系列的据点，以及在延绵的军事通道布置交通设施，可能只是一笔有限的花费……①

几乎在同一时间，乔治·卡特林注意到莱文沃思堡垒位于“与其他好几个一样，西部边疆的最外部，也是印第安国的心脏地带”②。

同样，军需官特鲁曼·克罗斯将军在1837年观察到：

> 从军事角度上看，没有什么比边疆上的军事营地和腹地上的营地之间的沟通更为重要的了；但是在我看来，边疆上的好几个营地之间却没有能发挥这一功能。规模庞大的“军事通道”从上密西西比河直达红河，已经超过了我们的边界线，进入印第安国，将边疆上的营地联系起来。但这在我看来则是对防御目标的错误估计的结果。③

同样，在1850年左右一幅军事地图绘制的一条从南到北的线将西部各个堡垒联系了起来，这条线被称为“1845年6月30日边疆营地极线”④。最后一个例子则是富兰克林·皮尔斯（Franklin Pierce）总统在1854年对印第安入侵的反应：

> 去年的经历提供了新的理由……迄今很多建议也促成了在印第安人居住的地区部署更多的军事力量。……对我们现在的边境卫戍部队而言，只能进行小规模的布防……完全不足以承担保护任务。⑤

---

① 上书6：p. 149。

② Catlin，2：p. 423.

③ *Amer. St. Pap.：Mil. Aff.* 7：p. 783.

④ Carl I. Wheat，“Mapping the American West，1540 – 1857”，*Proc. Amer. Antiq. Soc.* 64（1954）：pp. 125 – 126.

⑤ Richardson，*Messages and Papers of the Presidents* 4：p. 2819.

第三条线，也就是定居界线，是在另外两条不再适用之后才成为西部边疆的。正如我们所看到的，“边疆”一词作为政治界线的用法到了1854年就淘汰了。那一年的《堪萨斯—内布拉斯加法案》事实上清除了复兴这一用法的任何可能性。旧的用法被新的联邦疆域所阻断，并且在随后几年就会看到进一步的断裂。第二条线，也就是军事界线也消失了。其在大多数军队从西部撤回的内战期间就几乎消失了。内战之后，这条界线也就无法重建。相反，军事营地则位于印第安势力的中心附近或者交通的战略要道。堡垒的分布将不再是简单的几何线段。内战之后，唯一可能成为大平原上从北到南界线的就是白人的人口界线了。

当定居界线成为三条潜在定义“边疆”的界线之后，当然在内战前已经有好几个在这种新意义下使用“边疆”的例子。我已经发现两个这样的例子。虽然对于它们两个中哪一个更能代表这种新用法并不完全清楚，但两个例子都值得作为这一词汇所发生的意义转型的早期例证。第一个例子来自于印第安事务主管威廉·克拉克（William Clark）1826年的一份报告：

> 获得美国当局授权的代表的出席，将可能阻止头人之间的残杀，并且阻止部落之间的相互进攻，或者阻止对白人的掠夺；但为了确保的确如此，军事展示是必要的，并且一些军事营地应该沿着白人定居的边疆安置……①

另一个例子则是来自于美国内政部长（Secretary of the Interior）托马斯·尤因（Thomas Ewing）1849年的报告：

> 横跨大陆的一些交通方式……应该要满足任何一边海岸的市民的需求，同时也应该帮助政府控制中间地区的印第安部落，并且要防止他们对我们的两条相接近的定居边疆界线进行掠夺。②

内战之后，这样的使用方式越发常见。到了19世纪80年代则占据主流。一位作者在1869年的《亨特商业杂志》（*Hunt's Merchant's Magazine*）中写道：“有这样一个时期……阿利盖尼山脉组成了定居和农业生产的边疆。”③ 历史学家弗兰西斯·帕克曼（Francis Parkman）正是在“边疆”一词向新意义转变的时候，写就了其最伟大的作品。帕克曼经常在意义相当模糊的情况下使用这一词汇，但是有时他也很清晰地在新定义下使用这一词

① *Amer. St. Pap.*: *Ind. Aff.* 2: p. 654.

② U. S. Cong., *House Exec. Doc.*, 31st Cong., 1st sess., 1849–1850, ser. 570, No. 5, p. 13.

③ 引自 Frederick Jackson Turner, *The Frontier History*, New York, p. 195.

汇。比如在 1877 年的句子中："新英格兰处于暴露位置的边疆有 200 到 300 英里长。在其间，农场和村庄松散地分布在几乎密不透风的森林中"①。

最后一个例子则是在其《纽约拓荒者》（*Frontiersmen of New York*，1882）的第一章，杰普撒·西姆斯（Jeptha Simms）告诫他的读者：

> 边境（或边疆）这一经常被作家所用到的概念并不是国家外部边缘的意思——尽管指向领土向西部的扩展……其实是专指文明的边缘，或者是那些处于这一边缘并且深入荒原的定居点，这些定居点往往处于旧定居点所熟悉的保护之外。②

事实是，西姆斯的告诫再次证明了这一用法的新奇。

要注意的是，帕克曼和西姆斯的例子都表明了对作为地区的"边疆"这一概念的复归。毫无疑问，将边疆设想为定居的区域要比一条线更为容易和方便。拓荒者比起堡垒建造者或者边界制定者在数量上更多、移动更快。越是这样越是难以对他们进行精确记录。这就使得作为一个区域而不是一条线会得到更好的理解。也就是在同一时间，人口调查局为这一难题提出了自己特别的解决方案。

人口调查主管弗朗西斯·A. 沃克在 1873 年其写给《北美评论》（*North American Review*）的文章中提醒大家对这一问题加以关注：

> 与其和过去一样将印第安人相连接的两三个方面作为一条清晰界定的边界线，反而要考虑到我们的定居点已经从各个方向深入到西部地区。……③

沃克所面对的这一问题如果可以被解决到话，那就一定是他的亲密伙伴亨利·甘利特（Henry Gannett）。作为地理学家和人口调查局特工的甘利特在 1882 年说道：

> 必须在这个国家被视为无人居住的地区之外画一条直线，即使这里并不真是毫无人烟。这样一条线正好划定出一个每英里人口少于两人的区域。④

人口调查局接纳了这一构想。现在，边疆界线以统计学的方式固定了下来。此外，已

---

① Francis Parkman, *Count Frontenac and New France under Louis XIV* (Boston, 1905), p. 390.

② 引自 Jeptha R. Simms, *The Frontiersmen of New York* (2 v., Albany, 1882) 1: p. 13。

③ Walker, *The Indian Question* (Boston, 1874), p. 38.

④ 引自 Fulmer Mood, "The Concept of the Frontier, 1871 - 1898", *Agricultural History* 19 (1945): p. 28。

经完成的人口地图则强化了西部边疆作为地区的概念的恢复。相似的用于勾勒人口密度分布最远范围的线条也在远东地区划定。对我们而言，这一结果有趣的是，在这些地图或图谱的西部尽头出现了“边疆地区”（frontier zone），也就是每平方英里人口在 2～6 人的西部地区。因为这种对任一时期的边疆区域的界定都是依据过去人口调查的统计数据，所以其似乎就成为了一个四周封闭的清晰区域。将时间维度加进来的话，这一边疆区域的大小和范围在十几年中都是固定的。伴随着每一次成功的人口调查，都形成了一个新的固定点和新的空间型构（configuration）。“边疆”这一独特类型构成了这样一种概念，其除了用于地图绘制和人口图表制作之外，几乎没有任何实用性，并且除了对弗雷德里克·杰克逊·特纳的想象力构成挑战之外，几乎没有任何影响。现在我们就来简要看看他的创新。

如果美国人口的地理范围在西部继续用来定义边疆区域的话，那么人口调查数据就是定位边疆的唯一经验指导。特纳所在的年代将不具有界线意义的线条视为界线的状况，事实上是由特纳引导的。他对人口调查局的作为“定居地区”的边疆地区概念表示敬意，但是明确拒绝了这一明显人为的构型。他的“边疆”不是一个封闭区域，或仅仅是一个通常的地区。因为特纳并没有接受将盎格鲁—美国人的定居点作为定义边疆的唯一依据，所以边疆成为一个比上面提到的帕克曼和西姆斯的例子还要模糊和富有弹性的概念。这可以从其将印第安国视为边疆一部分这一观点中看到。他所引入的其他新奇的标准则来自于环境和社会条件，其假设这些条件塑造了西部边疆——“无主之地”，以及民主和制度等其他因素。

也许是受到了绘制人口密度区域分布的启发，特纳进一步将他的“边疆”划分进一个相似的浪潮模式（wave pattern）中，其中有商人、牧场主、矿工和农民。他认为：

> 每一个进入这一穿越大陆的前后相继的浪潮中的人。……开拓速度上的不均衡使得我们要将边疆划分为商人的边疆、牧场主的边疆、矿工的边疆以及农民的边疆。①

这种边疆细分即使在精确性上不如整体，但也完全是特纳的发明。我在更早时期的材料中没有看到过相似的表达。

特纳所使用的“边疆”概念已经完全与领土分离。其在各种语境下使用这一词汇，表达“社会形态”，表达“心智状态”，表达“社会发展阶段而不是一个地理位置”或者表达一个“进程”。② 在象征意义上使用这一词汇已经没有什么新的方式了。科纳普（Knapp）

---

① Frederick Jackson Turner, *The Frontier History*, New York, 1920, p. 12.

② Ray A. Billington, *The American Frontier* (Washington, 1958), p. 9.

将约翰·马歇尔（John Marshall）的《乔治·华盛顿生平》（*Life of George Washington*）一书描述为“一座永远的丰碑——宏伟坚固的金字塔，将永远矗立在我们时间的荒原和历史的边疆中”①。这在逻辑上跨出了一步，“边疆”从象征着“外缘”转向意味着抽象的进程或阶段。在特纳的“边疆”含义确立之前，这样的意涵是很难用到的。在他的努力下，这一词汇变得抽象，而其早期的追随者则使之更进一步。

特纳的另一个创新则可以在其将“边疆人”（frontiersmen）这一词汇与“西部人”（Westerners）或“先锋”（pioneers）这些概念的等同中看到。在他那里，这就是赞美所有西部拓荒者的通用词汇。事实上在特纳之前，这一词汇既不常见也不意味着赞美，也没有与西部、先锋甚至是永久定居联系在一起。② 一个边疆人就是一个常去边疆的成年男性。这一词汇与“海员”（seaman）、登山客（mountain man）、畜牧者（cattle man）或者“印第安乡民”（Indian countryman）是相似的。当一个更为常用的意义开始出现以后，诸如“边疆民众”“边疆居民”或者“边疆移民”都开始使用，并且我们也会发现“边疆妇女”和“边疆女孩”这样的表达。“边疆人”所包含的文明边缘这一令人不快的含义，通常都使用在童子军、商人和印第安战士身上。其与“边境者”（borderer）以及更为少见的“边境人”（borderman）相似。

对此有好几个例子来证明。威瑟斯在 1831 年对几个勤劳的猎人进行了描述，他们“曾经是边疆人，并且他们的行为与那些边远和不受保护的边境所展现的情形相似”③。蒂莫西·弗林特（Timothy Flint）注意到“白种边疆人往往比印第安人更野蛮”④。库柏在《探路者》（*The Pathfinder*，1840）中的荒野英雄说：“我们这些边疆人手中的桨和矛与猎枪和猎刀一样多”⑤。19 世纪另一位作家在维泽尔兄弟（Whetzel brothers）的探险经历中总结道：

> 并不能说所有的边疆人都像维泽尔兄弟一样勇敢。如果真是这样的话，这个国家就没有什么可开拓的地方了。这些举家迁移到这里建造碉堡和堡垒进行防御和垦殖的人，是最有能力的人。——维泽尔兄弟和其他的勇士都成为前哨，他们不断地从一个地方向另一个地方探险深入……⑥

---

① Samuel L. Knapp, *Lectures on American Literature, with Remarks on Some Passages of American History* (New York, 1829), p. 128.

② 近期以来，毫不夸张地说，我认为对肯塔基边疆人进行了准确描述的作品可参见：Arthur K. Moore, *The Frontier Mind* (Lexington, Ky., 1957)。

③ Withers, p. 74.

④ 引自 Washburn, *The Indian and the White Man*, p. 126。

⑤ Cooper, *The Pathfinder*, p. 18.

⑥ Pritts, p. 532 [引用了“俄亥俄的约翰·M. 唐纳德”（John M'Donald, of Ohio）的一篇当代杂志文章]。

同样有启发性的是，只要印第安人和白人之间的边界线依旧可见，相似的词汇就会运用到印第安人中。因此约西亚·格雷格（Josiah Gregg）写下了这样一段话：

> 我为了能对我们西部边境之外的印第安诸部落区别对待……我将会根据西部主流分类方式来区别他们。“边疆人”或者“边境印第安人”则包括那些与阿肯色和密苏里西部即将接壤地区的人，这块土地也被称为印第安领土（Indian Territory）；“野蛮部落”或者“草原印第安人”则是指更西部的地方，也就是分布在从印第安领土边境到落基山脉之间的广袤平原上的人。①

当印第安国分崩离析，边疆的位置也不再那么确定。这一术语开始只在白人中使用，在印第安人中则消失了。此外，当印第安人的威胁消退，越来越多的人拥入边疆。结果，“边疆人”的负面内涵以及相似的表达都消失了。但也正是特纳，第一个开始从赞誉的角度使用这一词汇。

六、结论

弗雷德里克·杰克逊·特纳以一个虚假的二分法开始了对于“边疆”的讨论。与其观点相反，在内战之前，美国人对于“边疆”的用法与欧洲并没有明显的区别。此外，特纳在欧洲和美国两方面的理解都有问题。因为他从未宣称学习过欧洲历史，所以特纳对于欧洲边疆的错误观点很容易被忽视。但这位伟大的美国历史学家在其早期，在国民（countrymen）的意义下使用“边疆”的错误观点则不会被忽视。这导致了对于这个国家西进扩张的错误解释，也因此造成了对历史进程的错误理解。

身处特纳传统中的历史学家往往将边疆定义为受到特殊自然和社会环境塑造的西部区域。这一定义的基础就是稀疏的人口。同样是这一类人，也常常坚称边疆不只有一个，而是很多。所以，我们经常会看到诸如“农民的边疆”这样的提法，以及开拓者进入新的边疆而将旧边疆抛在身后这样的提法。更为重要的是，这两种关于边疆的观点并不那么相互协调，而且也有着时代错置。两者都没有反映，甚至是否定了之前好几代参与西进运动的美国人的那些看法。

正如我们看到的，上面两个观点中的第一个在美国扩展历史中的大部分并不那么清晰，因为直到内战之后，人口才常被用来定义西部边疆。此外被这一观点忽视的是，在大

---

① Josiah Gregg, *Commerce of the Prairies*, ed. Max L. Moorhead (Norman, 1954), p. 397。与“边疆”这样连用的其他例子参见：Strachey, p. 179; *Amer. St. Pap.*: *Ind. Aff.* 1: p. 53; and *Amer. St. Pap.*: *Mil. Aff.* 7: p. 578。关于“边境”的相似例子存在于 *Dictionary of American English*, q. v. 4 “border”。

革命之前不止存在着一个边疆，而是有13个独立的边疆存在于后来建立的美国——对应着每一个殖民地。当美国人尚未形成一个统一的边疆的时候，1756年印第安边界的建立则宣告着这一时代即将来临。

第二个观点，即复数的美国边疆，与大革命之前的时代并无关联，在随后的时代也并不清晰。美国独立的一个副产品就是统一的边疆——国家的边疆指的就是美国外部边境或者边界。在国家开疆扩土的时候，并没有建立新的边疆；边疆则是从一个地方向另一个地方简单移动。边疆并不是以一个已经存在的特殊地点来定义的，也不是由特殊的自然环境来定义的。不同的地形和社会条件并不会产生不一样的边疆。当边疆再细分的时候，因为其通常被分为不一样的地区板块而不是不一样的发展“阶段”，所以这些因素并没占有什么地位。所以，边疆常依托国家外围的一些要素——欧洲民族（包括墨西哥）、印第安人或者海洋来进行细分。结果就是形成了许多国家间的、印第安人的、海上的边疆。更常见但意义不大的，则是依据国家内部的地理来细分边疆。有很多这样的内部标准用于细分边疆。结果出现了多样而混乱的细分状况，一种次边疆（sub - frontier）与其他类型交叠——例如西部边疆、密苏里边疆和杰克逊县边疆；北部边疆、东北边疆和尼亚加拉边疆，等等。

当我们发现边疆是依据内部标准而不是外部标准划分的时候，也就知道存在许多定义各不相同的边疆。即使有着这样的多样性，以及大概1830年之前美国还常常使用复数“边疆”，但不可否认的是，大革命之后基本上就只剩下一个边疆了。很容易认识到的是，这些小的边疆被简单地组合到了国家边疆中，就像西部、密苏里和杰克逊县的人口与土地被整合到了国家的人口和土地中一样。然而，因为19世纪的美国将精力都集中在西部边疆，并且后来的作者都经常将西部边疆作为唯一边疆（the frontier）。我们也就忽视了，在内战之前，其不过是整个边疆的一个部分，既不独特也没有什么独立迹象。

西部边疆不仅对于常见领域产生了影响，在语言方面也是如此。白人和印第安人在边疆的领土关系的变化，对于“边疆”在美国用法上的变化产生了基础性影响。在宽泛的语言学框架内回顾这一变化将有所助益。

欧洲对于边疆作为一条界线的传统理解中包含着对抗性理念（the idea of confrontation）。通过海洋（或者其他诸如山脉、沙漠或者湖泊这些非居住地区）来对人口地理进行界定，在历史上并没有重要性，但人群之间的对抗却总是意义重大。虽然我没有语言证据，但是盎格鲁—美国人和印第安人关系的事实变化，已经对在美国“边疆”一词的内涵在某些层面的发展给出了证明。在我看来，这一词汇多增加的几个内涵按时间顺序为：文化的、军事的以及最后政治的。

英国在美洲的第一块殖民地弗吉尼亚展现出了“边疆”这一系列的内涵发展。殖民地建立之初，白人和印第安人的领土关系是模糊的和未确定的。两个人口群体并没有完全区分开。一些英格兰移民甚至就生活在印第安村庄中。这里存在的是两种人群的生活方式之间的对抗，文化上的并置并不能简化到地理层面。这里也没有与领土相关的军事或者政治上的对抗。我们可以看到1622年后前者开始出现。这一年，印第安人令人吃惊地杀害了周边定居点的数百个英格兰人。差不多只有那些生活在詹姆斯敦的人才得以生还。英格兰的政策迅速向支持分离转变，随后就是和平恢复，白人和印第安人之间建立起一系列堡垒和栅栏。领土的区分已经十分清晰，对抗也在军事层面开始发生。随后在1646年，弗吉尼亚人就土地权转让与波瓦坦联盟残余进行谈判。这是英格兰殖民地所签订的第一个这样的协议。这一行为很快被其他殖民地所效仿，结果很快就出现了政治边界。英格兰人和印第安人的对抗也就有了政治含义。现在，这一对抗和“边疆”的这一层含义得到了充分发展。①

两个世纪以后在美国的中西部，则出现了一个相反的进程，并且可以将这一进程与“边疆”一词具体地联系在一起。已经获得了完全发展的好几层的含义一个个地逐渐剥落。这个连续剥落的过程，其顺序正好和更早时期含义增加时的顺序相反。首先是这一词汇的政治含义开始消失，随后是军事的，最后是文化的。我们可以发现这一含义剥落的过程是在西部边疆三条潜在边界线相互分离之后发生的。回顾19世纪早期正是政治界线标志着边疆。当时边疆的内涵是完整的，但是伴随着印第安国的解体，西部边疆的政治面向开始消失。到了19世纪30年代，军事界线常被用来划定边疆。等到了19世纪中叶军事含义也消失了，一些美国人只能在白人和印第安人之间发现文化上的对抗，人们已经很难在地理层面上进行精确设想。因为在某一个地方其将边疆描述为“野蛮和和文明的交汇处”②。所以特纳对“边疆”的使用被视为是从这一阶段开始的。我们对于两群体之间对抗的这一模糊定义，现在明显是从文化而不是从地理上出发。内战之后的对抗消失，使“边疆”开始仅仅指向两个群体之间的某一个，也就是美国人。美国已经抵达了自己的边疆（从两边），也就是一个“无人居住”的区域。

“边疆”一词的外延变化也遵循着类似的节奏。在殖民和建国早期，这一词汇指的是一个地区而不是一条线。在19世纪我们看到这样的趋势，“边疆”从作为地区的“边境”转向了作为线条的“边界”。这一词汇新的美国用法则是返回到了地区观点。在欧洲和早期美国，边疆指向的是对抗性群体中的某一方，因此其指的也是双方接壤边境的某一边。随后，这一词汇有了线条的含义，即“共同的边疆”不再是只属于某一方，而是双方共有。当美国人认为他们在西部不再是面对着印第安人，而是一个模糊不清的接近真空的区域的时候，他们又回到了单边（one - side）的观念。所以“边疆”的新的美国含义很可

① MacLeod, chap. 14; Richard Lee Morton, *Colonial Virginia* (2 v., Chapel Hill, 1960) 1: pp. 73 - 85, 123 - 124, 153 - 156.

② Frederiok Jackson Turner, *The Frontier History*, New York, 1920, p. 3.

能并不新。相似的内涵可以在早期的弗吉尼亚和欧洲中找到。这一词汇的美国含义很可能就是含义衰减的最终结果，是从更精确和精炼的含义表象中提取出的骨架。

西部边疆在内战之后令人困惑的模糊状态迫使美国改变了“边疆”一词在西部的内涵。而在边疆的其他部分，19 世纪的美国则并没能摆脱当时欧洲的复杂用法。但是即使结束了产生这一困惑的不规则领土状态，这一美国“新”用法还是保留了下来。与更早时期的美国人不同，直到今天历史学家还在使用这一词汇来描述除了 19 世纪晚期的西部以外的边疆。

特纳及其追随者在“边疆的开拓”上最关注的就是把“边疆”一词在关于美国扩张的词汇中抬升到关键位置。正如我们所看到的，在 19 世纪晚期之前其并没有那么宽泛，而是一个相当有限的词汇。此外，“边疆”很长时间以来其意义过于精确（precise），而只能在扩张词汇中占有很小的位置。由于这一词汇的精确性和有限性所带来的困扰，19 世纪之前的扩张主义者很少谈论边疆［除了“自然边疆”（natural frontiers），其总是比存在的边疆更广阔一些］。

当特纳构建“边疆假说”（frontier hypothesis）的时候，其目的就是为美国人提供一个可以贯穿全部历史的整体主题（包括美国建国之前的很长一段时间）。这一主题使得美国在同一时代和欧洲分离开来。特纳在“边疆的开拓”中发现了这一主题，他说这“意味着一个持续从欧洲影响中摆脱出来的过程，一个美国独立成长的过程”。正是这一开拓“解释了美国的发展”。[①] 通过巧妙地对这一论点进行阐释，特纳成为美国第一位重要的民族主义历史学家，因为在此之前的斯帕克斯（Sparks）、班克罗夫特（Bancroft）和希尔德雷斯（Hildreth）都没能成功发现一个如此包罗万象同时又绝对独特的美国主题。[②] 大多数更早时期的历史学家毫无疑问都感受到了美国发展的与众不同，但是在特纳之前没有一个人令人信服地解释为何如此。

为了维持特纳的地位，“边疆”的开拓成为美国历史学“第一时期”的关键（1890 年之前），特纳则必定依赖于这一新的美国用法。“边疆”只有在这样的意义下——由永远前行的人口来定义——就朝向一个更为丰富的内涵。事实上这一似乎独特的美国产物，对于特纳论点的有效性却没有什么意义。只要假设边疆的这一新的含义从美国历史一开始就存在，那么，这一逻辑链条就是完整的，在内部层面这一主题上也是无法被撼动的。对语言事实的无知，促使每一个复述特纳修辞的人确立了这一基本错误的假设。

特纳自己对于美国更早时期的“边疆”使用的理解，对于推理尤为重要。有好几次，当他说在美国这一词汇“开始意味着”白人定居点的边缘的时候，就已经在暗示，美国在

① Frederiok Jackson Turner, *The Frontier History*, New York, 1920, pp. 1 – 4.

② Daniel J. Boorstin, *The Americans: The National Experience* (New York, 1965), chap. 41.

这一词汇上的特有定义并不能追溯到很早的时期。可能他比自己所说出来的了解得更多，但是可能他很愿意忽视这一新定义出现的相当晚近这一事实。可以认为他对这一点有相当多的了解。在这件事情上，如果他说他一直在使用一个新观念来组织美国历史，那么他就很难打动读者。没有什么会像新观念那样会激起反对。特纳能够突然主导美国历史书写，在很大程度上是因为事实上没有人对他观念的新颖性和原创性有所了解。他的名声很大程度上来源于其相当敏锐地发现了一个十分明显但是其他人却都未能看到的东西。特纳的同辈贬低那些更早时期对这一事实视而不见的历史学家。但是在更早时期，不会有历史学者会发现“边疆”的普遍影响，因为在边疆这样的新内涵出现之前的几十年时间里，几乎没有人会察觉到这一影响。

特纳自己是作为一个社会进化论者在思考，但具有讽刺意味的是，在一个重要的方面，他的作品却与之截然相反。通过忽视美国更早时期的边疆观念，并且仅仅使用在他自己的时代才常见的观念，他所做的也就是将19世纪晚期的世界观回置到过去。[①] 这样做的话，他就将一个人为的整体强加到美国思想史的重要领域，因此在事实上否认了这一领域的发展变化。对特纳而言，美国对于边疆的观念和态度在两个半世纪中没有发生显著变化。事实上，这一观念发生了重要的演变，虽然在这一过程的最后60年发生了逆转。因此，为了使得他的论点变得更锋利，特纳有意无意在语言学的两个方面进行夸饰。为了支持美国的独特性，他夸大了“边疆”的美国用法与欧洲之间的差别。为了使这一主题包罗万象，他夸大了“新”用法在美国的适用范围。

我不想留下这样的印象，即我坚信现代观念从来没在更早时期出现过；恰恰相反，我的观点是，必须搞明白，过去的人对于这些观念并不熟悉，他们有着不一样的观念。现代观念的使用对过去的历史增加了一个新的维度，成就你自己时代的特色。当然，如果在中间的时期有其他的观念，也就增加了其他的维度。越是晚近的观念，越能代替并且常常占据这一时代的主流，但是其无法代替旧有的观念，成为历史考察的恰当起点。

为了得到一个更普遍的结论，所有的历史学家都知道他们必须熟悉他们所描述的历史时代的词汇。但是在我看来很多人没能这样做，而是以语言学研究来谋取利益。我相信，如果学者更少关注古旧词汇在规模上的增加，而对少数词汇尤其是重要词汇在更长历史时段内追踪溯源的话，那么他们会做得更好。极度专业化的结果是，前一种研究，其随意的、宽泛的并且相对静止的——是一种语言在给定时间内的“横向”视野；后者则是有选择的、集中的并且演化的——是一种更有意义的观念和用法在时间中发展的“纵向”图景。如果没有其他的理由，后一种研究应该被鼓励，因为这将引导人们进入富有意义的时

---

① Jack D. Forbes，Frontiers in American History，*Journal of the West* 1（1962）：pp. 63－73。福布斯在这一点和其他几点上和我一致，但是在另一些观点上则有分歧。

间周期问题。

在这样一个思想史相当流行的时代，一切事物都变得那么奇怪，但历史常识和重要观念却如此受到忽视。①

① 下面只是我所知的这类研究的一部分：E. Cannan，Early History of the Term Capital，*Quarterly Journal of Economics* 35（1920－1921）：pp. 469－481［参见，*ibid.* 40（1925－1926）：pp. 329－338，547－548］；Robert R. Palmer，*The Age of the Democratic Revolution*（2 v.，Princeton，1959－1964）1：pp. 13－20（on“democrat” and “aristocrat”）；Hannah Arendt，*On Revolution*（New York，1963），pp. 34－52（for the word “revolution”）；and Richard Koebner，*Empire*（New York，1961）。克布纳（Koebner）对于“帝国”和相关词汇的研究从其涉及的范围和细节分析上看是顶级的。

边疆史地研究

本辑边疆史地研究栏目主持人：张永攀副研究员（中国社会科学院中国边疆研究所）

主持人语：清代喜马拉雅宗藩体制由中央王朝直接治理下的西藏与周边的布鲁克巴、哲孟雄、廓尔喀、拉达克等地区所组成，这一体系对于维护中国西南边疆的安全稳定发挥着重要作用。但随着英国殖民主义势力不断向喜马拉雅山脉边缘推进，以及清朝边疆治理观念的退缩，而使得拉达克、廓尔喀、哲孟雄、布鲁克巴等国先后沦为英国的保护国，清代喜马拉雅宗藩体制则在19世纪末期逐步解体。正如崔海亮所言，清朝“自毁藩篱”、边疆门户大开，英国遂侵入西藏，此后对西南边界问题及“西藏问题”产生了深远影响，且喜马拉雅宗藩体制的解体是当时的国际体制与中国传统天下体制冲突的必然结果，也是中国现代民族国家建构必经的一个环节。他的这种以边疆安全的视角来看待清朝的喜马拉雅宗藩体制，对于解决好国家认同与民族认同问题、处理好中原与边疆关系问题也都有重大的启发意义，尤其是该文指出，这一体系体现了一种共享关系，这种共享关系不是以民族国家的规则为标准，而是体现在政治、经济、文化等方面，更是厘清了这一体系维系的内在逻辑。主持人认为，虽然清代喜马拉雅宗藩体制解体已有百余年，但喜马拉雅山诸国与我国西藏的密切关系被高山割裂，千百年的历史交往中，形成了以多种文化相结合的喜马拉雅山脉文化。实质上，近期爆发的中印边界锡金段“洞朗对峙”事件与清代喜马拉雅宗藩体制解体有着密切的历史渊源关系，这些南亚国家应该牢记中国与他们在近代有着共同被西方列强侵略的命运，共同抵御霸权主义。

清代喜马拉雅宗藩体制的解体及其原因分析*

崔海亮**

清朝是我国历史上经济、文化发展到顶峰的封建帝国，也是长时期实际统治区域最广的朝代。清朝乾隆到道光时期疆域面积达到1300万平方公里，藩属国达20多个。清朝统治时间长，疆域面积广，得益于其宗藩体制。

关于清代宗藩体制的研究是国内外学术研究的一个重点，也产生了不少有价值的研究成果。这些研究成果主要集中于清代中亚、东亚、东南亚宗藩体制的研究，对于清代喜马拉雅宗藩体制的研究，学术界关注还不够。扎洛认为，清代在喜马拉雅山地区存在一个以中国西藏为核心的包括布鲁克巴（不丹）、哲孟雄（锡金）、廓尔喀（尼泊尔）、拉达克（今克什米尔东部靠近西藏阿里地区以列城为中心的印度控制区）等国家和地区在内的宗藩关系网络。① 布鲁克巴、哲孟雄、廓尔喀、拉达克等藩属国作为中国西南的外围屏障，对于清朝的边疆稳定和国家安全发挥着非常重要的作用。但是随着近代西方殖民主义势力不断渗透到喜马拉雅地区，这一宗藩体制不断走向解体，这一体制的解体过程也是中国由传统封建帝国向现代民族国家转换的过程。探讨喜马拉雅宗藩体制的解体及其影响，对于解决今天的边疆问题及建构现代中国民族国家都有重要意义。

一、喜马拉雅宗藩体制的解体

清朝兴起时即面临西方殖民主义侵略的威胁，通过不断的战争，清朝基本消除了内乱和外患。到乾隆朝的时候，四夷臣服，国内稳定，国势达到极盛。为防止西方侵略和巩固

* 基金项目：西藏民族大学西藏文化传承发展协同创新中心2016年度委托课题“西藏在‘一带一路’战略格局中的功能定位与任务研究”（编号：XT201603）的阶段性成果。

** 崔海亮（1972—），男，河南渑池人。西藏民族大学副教授，哲学博士，西北大学马克思主义学院博士后流动站研究人员，研究方向为文化认同、民族认同与国家认同。

① 扎洛：《清代西藏与布鲁克巴》，278页，北京，中国社会科学出版社，2012。

自身统治，清朝廷实行严格的限制对外贸易政策。这一政策使英国企图通过海上贸易打开中国大门的海上战略受挫，于是英国便谋求以东印度公司为基地推行陆路战略。即通过与中国西南毗邻的南亚次大陆国家向中国西藏进行渗透，再通过西藏地方当局与清朝廷发生联系，借此向中国内陆渗透。[①] 因此，虽然英国一开始就确定了侵略中国的目标，但是其侵略首先突破的却是喜马拉雅山南麓的拉达克、廓尔喀、哲孟雄、布鲁克巴等中国的藩属国。换句话说，英国首先要突破拉达克、廓尔喀、哲孟雄、布鲁克巴等宗藩屏障，才可能进入中国西藏，从而控制中国。因此，喜马拉雅宗藩体制的解体与英国殖民势力不断深入西藏是同一个过程，由于受各种条件的限制，清朝廷未能有效地抵御这一过程，也就不能阻止英国势力侵入中国。

英国控制南亚次大陆后，其利益仍然受到来自北方和东南两方面的威胁。来自北方的威胁主要是俄国在中亚和蒙古、新疆的扩张，来自东南的威胁主要是法国在东南亚与英国的争夺。在英国与俄、法势力的角逐中，中国西藏的战略位置极其重要。英国图谋控制了西藏，借助藏传佛教的宗教势力可以控制我国内蒙古与新疆，有效地扼制俄国势力南下，也可以控制与中国西藏有相同宗教文化背景的不丹、锡金、尼泊尔、缅甸等国，压制这些国家不断高涨的抗英斗争，有效地化解来自法国的威胁。因此，从英国的亚洲战略来考虑，中国西藏必然是英国侵略的目标。不过，英国侵略中国西藏的政治目的却是借助经济贸易、传教的方式来实现的。东印度公司成立后，英国与中国西藏贸易通道主要有印度—尼泊尔—中国西藏和印度—不丹—中国西藏两条线。英属印度主要通过尼泊尔、不丹、克什米尔商人向中国西藏输入英国商品，在拉萨、日喀则销售，但交易量很小，远远不能满足英国的需要。为了进一步扩大西藏的商品市场，首先就要撤除西藏的外围屏障，控制尼泊尔、不丹等国。不过，英国早期向尼泊尔、不丹的扩张并不顺利，一开始就受到这些国家的坚决抵抗。喜马拉雅宗藩体制的缺口首先还是从拉达克打开的。

（一）英国吞并拉达克

拉达克即今天克什米尔东部靠近西藏阿里地区以列城为中心的印度控制区，在历史上属于西藏阿里的一部分。9世纪，吐蕃王朝瓦解后，王室朗达玛之孙吉德尼玛衮逃到象雄的布让（今西藏普兰），统一了象雄各部，总称为阿里。吉德尼玛衮将阿里分为三个部分（即后来所谓的“阿里三围”），分别交给其三个儿子统治。长子日巴衮掌管玛域，其地域大体相当于近代的拉达克。次子扎西德衮掌管布让，三子德祖衮掌管象雄古格。[②] 元朝时，西藏纳入中央管辖，设置乌思、藏、纳里速古鲁孙（即阿里三围的藏文译音）三路宣慰使

① 梁俊艳：《英国与中国西藏》，14页，兰州，兰州大学出版社，2012。

② 陈庆英：《汉藏史集》，128~129页，拉萨，西藏人民出版社，1986。

司都元帅府，拉达克地区由纳里速古鲁孙宣慰使司都元帅府管辖，属于元朝领土的一部分。明朝设置乌思藏都指挥使司，统一管理西藏各部。拉达克属于“俄力思军民元帅府”管辖。明末，拉达克沦为莫卧儿帝国的藩属。清初，拉达克支持布鲁克巴与西藏 的战争，并侵占了阿里的古格、日土等地。后西藏地方政府派出军队收复失地，战后协议规定拉达克每年向西藏进贡，拉达克成为西藏藩属。① 此后一直到19世纪30年代，拉达克一直都在中国清朝廷的管辖之下。

19世纪初锡克王国夺取了克什米尔地区，附属于锡克王国的道格拉族统治者古拉伯·辛格企图占领拉达克，进而占领西藏，控制喜马拉雅西北的贸易。1834年，道格拉军队入侵拉达克，拉达克战败，成为锡克王国属下查谟土邦总督古拉伯·辛格控制下的一个附属国。② 在道格拉入侵拉达克的过程中，拉达克甲本曾派人至拉萨请求保护和支持，然而当时的驻藏大臣却“拒之弗纳”，致使拉达克最终陷入道格拉之手。③ 1841年，道格拉协同拉达克入侵西藏，驻藏大臣孟保统领西藏地方政府和人民与道格拉军队进行了顽强抵抗，双方互有胜负。1842年，双方停战，缔结和约，双方互不侵犯，继续维持以前的贸易。西藏地方政府未能将道格拉人赶出西藏的拉达克，清朝廷也没有重视拉达克被道格拉侵占的事实，致使拉达克被道格拉长期侵占。④

英国一直图谋侵占拉达克。1845年，英国发动了对锡克邦国的战争，锡克战败，英国控制了锡克邦国。此时，道格拉族统治者古拉伯·辛格转而依附于英国，并同英国签订了《阿姆利则条约》，规定不经英国同意，古拉伯·辛格不得变更其边界线。此后，英国提出与清朝廷划定拉达克与中国西藏的边界，并修改1842年西藏地方政府与道格拉协议的内容，企图使拉达克取得真正的独立。后来，英国未经中国政府同意，在没有清廷派代表参加的情况下，私自与古拉伯·辛格所派代表划定了中国西藏与拉达克边界。这次英国单方面的划界完全是非法无效的，此后中国西藏与拉达克仍然维护传统习惯线，双方贸易也照常进行。⑤ 但是，英国通过《阿姆利则条约》控制了道格拉统治者古拉伯·辛格，并进而控制了拉达克。本来属于中国西藏藩属国的拉达克被英国势力所控制，英国打开了中国西藏喜马拉雅外围屏障的第一个缺口。

（二）英国控制尼泊尔

尼泊尔自古以来就与中国西藏有着密切的经济与宗教文化联系，先后与中国历代王朝

---

① 周伟洲：《19世纪前后西藏与拉达克的关系及划界问题》，载《中国藏学》，1991（1），56~57页。

② 梁俊艳：《英国与中国西藏》，198页，兰州，兰州大学出版社，2012。

③ 周伟洲：《英国、俄国与中国西藏》，58页，北京，中国藏学出版社，2000。

④ 周伟洲：《英国、俄国与中国西藏》，62页，北京，中国藏学出版社，2000。

⑤ 周伟洲：《英国、俄国与中国西藏》，64~68页，北京，中国藏学出版社，2000。

结成宗藩关系。7世纪松赞干布统一吐蕃时，曾征服尼泊尔，并娶尼泊尔公主为妃，结成亲密的姻亲关系，特别是两国之间的宗教文化交流甚为密切。15至18世纪，尼泊尔政局动荡。16世纪廓尔喀兴起，建立了廓尔喀王国。第十任君主沙阿国王于18世纪末统一了尼泊尔各部，成为南亚的一个强国。在喜马拉雅山南麓诸国中，廓尔喀势力最为强大，也控制着南亚次大陆进入西藏的主要通道。随着廓尔喀的不断扩张，就把侵略矛头指向了西藏。1788年，廓尔喀第一次入侵西藏，乾隆皇帝派驻藏大臣庆麟率兵御敌，西藏地方政府与驻藏大臣违背乾隆旨意，私下与廓尔喀议和，“许银赎地”，廓尔喀退兵，清军收复宗喀、济咙、聂拉木等地。1791年，廓尔喀因索取赎地之银不成，第二次入侵西藏，并大肆洗劫扎什伦布寺。乾隆皇帝派福康安御敌，收复了失地，并直逼廓尔喀首都阳布（今加德曼都）。廓尔喀认罪投降，清军班师。乾隆五十八年（1793年），“廓尔喀贡使噶箕第乌达特塔巴等赍贡物至京师，帝赐宴，命与朝鲜、暹罗各使同预朝贺，封拉特纳巴都尔为廓尔喀王。自是五年一贡，听命唯谨”。自此，廓尔喀成为清朝的藩属国，每五年向清朝朝贡一次。

在廓尔喀侵略西藏的战争中，英国扮演了不光彩的角色。廓尔喀第二次入侵西藏的时候，英国以提供武器援助为诱饵，迫使尼泊尔于1792年同东印度公司签订商约，向英国商品敞开大门，以利于英国向西藏扩张。[①] 由于当时清朝势力的强大，以及战争形势不利于廓尔喀，英印总督康华利采取了中立的立场，拒绝了廓尔喀要求的军事援助。为了控制廓尔喀直接与西藏进行贸易，1814年，东印度公司利用廓尔喀占领布特华尔等地区为借口侵入廓尔喀。廓尔喀王室向清朝皇帝求援，嘉庆皇帝将“披楞”（英属印度）视为同廓尔喀、哲孟雄一样的藩属国，完全没有认清英国图谋侵略中国西藏的野心，对廓尔喀的求救置之不理，导致廓尔喀军失败，被迫同英国签订《塞哥里条约》。条约规定除了英国侵占的河谷低地外，还割让了廓尔喀所有的平原地区。该条约还把廓尔喀与哲孟雄的关系重新规定，英国对此两国的纠纷享有最终裁判权，实际上也把哲孟雄置于英国的保护之下。[②] 但是廓尔喀并不甘心受英国控制，仍然不断进行反英斗争，并希望借助清朝廷的势力将英国侵略者赶出廓尔喀。道光二十二年（1842年）借朝贡大清皇帝之机，廓尔喀向清朝廷提出派兵逐英的请求：“今又据披楞给信，言说广东等处地方已被他们侵占，叫小臣与他们交好，并投归他们，好取唐古特地方。如若不然，他们就要来廓尔喀地方骚扰。但是他说的话，小臣并未听从……可见披楞欺凌廓尔喀势孤，要叫小臣随他生事。……兹届例贡之期，只得叩求大皇帝赏兵，抑或赏给银两资助，以便将披楞人逐出，小臣也好保守地方。……又，披楞久想唐古特地方，已在哲孟雄地界上修理路径、营房，安人住守。恳请

① 梁俊艳：《英国与中国西藏》，96页，兰州，兰州大学出版社，2012。

② 梁俊艳：《英国与中国西藏》，205～207页，兰州，兰州大学出版社，2012。

将布鲁克巴附近地方赏给十里之地，安兵驻守，小臣可保唐古特边界坚固。”[①] 客观来讲，廓尔喀所陈述事情并非全是事实，但其对英国侵略西藏的意图的分析还是正确的，其抗英的目的也是明确的。此时的廓尔喀仍然是清朝的藩属国，清朝廷也有责任帮助廓尔喀抵御外敌，况且英国侵略廓尔喀的主要目的还是控制西藏。因此，廓尔喀所提请求也是合理的。不过当时驻藏大臣孟保断然拒绝其要求：“至尔王请求发兵堵御一节，查天朝统驭万方，一视同仁，从无拨兵与外夷代守地方之例。”[②] 当时英国已经对中国发动了鸦片战争，作为驻藏大臣的孟保还将披楞与廓尔喀“一视同仁”，其昏庸如此，也难怪廓尔喀最终倒向英国。后来，钟·巴哈杜尔在英国的支持下取得廓尔喀首相地位，建立了亲英政府，帮助英国镇压了印度人民的抗英斗争，成为英国的傀儡。1854 年，廓尔喀发动了第三次侵略西藏的战争，经过清廷与西藏地方军民的英勇抗击，双方言和。1856 年，西藏地方政府与廓尔喀签订了和约，廓尔喀退回侵占西藏的领土，但西藏每年要向廓尔喀支付 1 万卢比的馈金；廓尔喀享有在西藏的贸易特权和领事裁判权。这实际上是一个不平等条约，中国的主权遭到了侵犯。“廓尔喀入侵西藏的战争，实际上是近代英国执行侵略亚洲各国，挑拨他们之间的关系政策产生的恶果之一。”[③] 廓尔喀成为英国侵略南亚国家的帮凶，中国失去了廓尔喀这个防御英国的最重要的屏障，为英国侵略西藏创造了有利条件。

（三）英国蚕食锡金

哲孟雄（锡金）曾经是中国的藩属国，与西藏有着相同的宗教文化背景。哲孟雄王室历代与西藏贵族通婚。第三代土王嘉多南杰为酬谢西藏援助哲孟雄赶走不丹入侵者，自愿向西藏朝贡，正式成为西藏的藩属。[④]

1792 年，清军打败廓尔喀后，哲孟雄提出要廓尔喀归还侵占的土地，西藏地方政府也建议恢复哲孟雄原有疆界，但清朝廷拒绝了这个要求。哲孟雄王室非常失望，认为清朝廷不再保护他们了，便转向英国寻求援助。英国利用与廓尔喀签订的《塞哥里条约》控制了廓尔喀，在 1817 年和哲孟雄签订《梯塔利亚条约》，将廓尔喀占领哲孟雄的泰莱和莫兰区交还给哲孟雄，并规定哲孟雄与廓尔喀发生纠纷由英国仲裁。英国初步控制了哲孟雄。1829 年，哲孟雄被迫同意英国租借大吉岭，英国得到了进入中国西藏的重要通道。1860 年，英国提出把大吉岭收归为东印度公司所有，遭到哲孟雄的坚决反对。双方进行战争，哲孟雄战败，被迫签订丧权辱国的《通朗条约》，沦为了英国的殖民地。

在英国逐步侵略哲孟雄的过程中，清朝廷未采取任何干预措施。“英军入侵哲孟雄时，

---

① 孟保：《西藏奏疏》，86 页，北京，中国藏学出版社，2006。
② 孟保：《西藏奏疏》，87 页，北京，中国藏学出版社，2006。
③ 周伟洲：《英国、俄国与中国西藏》，54 页，北京，中国藏学出版社，2000。
④ 梁俊艳：《英国与中国西藏》，214 页，兰州，兰州大学出版社，2012。

其王向驻藏大臣求救，驻藏大臣仅派一名委员前往江孜‘探查’，不派一兵一卒援助，拱手将藩属哲孟雄让与英人，使之成为侵略西藏和不丹的桥头堡。”① 清王朝的这种自拆藩篱的行为又助长了英国的扩张野心。

（四）英国控制不丹

在喜马拉雅山麓诸国中，布鲁克巴与中国西藏的关系最为密切，深受藏传佛教的影响。吐蕃时期，布鲁克巴已经被征服。此后布鲁克巴长期处于分裂状态。17 世纪，西藏竹巴噶举派僧人阿旺南杰流亡到布鲁克巴，得到当地竹巴噶举派宗教势力的支持，逐步统一了布鲁克巴，模仿西藏建立了政教合一的国家。此后，由于教权宗派之争，布鲁克巴与西藏先后进行了 9 次战争，西藏都未能将布鲁克巴纳于治下。不过，双方的经济贸易与宗教文化交流仍然密切。“这些战争的胜负结局并没有动摇中国西藏在该地区的影响力，也没有从根本上瓦解布鲁克巴与西藏之间在种族、宗教、文化方面的渊源关系。”② 1730 年，布鲁克巴由于教派之争发生内乱，向西藏请求仲裁。西藏地方政府首脑颇罗鼐出兵平息了内乱。雍正十二年（1734 年），布鲁克巴首领接受了清朝廷册封，正式成为中国之属国。

英国东印度公司成立后，即谋求控制布鲁克巴与廓尔喀，以便控制进入中国西藏的通道。1816 年，英国通过《塞哥里条约》控制了廓尔喀后，就加紧向布鲁克巴渗透。1826 年，第一次英缅战争结束后，英国开始谋求占领阿萨姆与布鲁克巴交界处的山口。1841 年，英国强行占领了布鲁克巴 5 个山口（此前已经强占 2 个），引起布鲁克巴强烈不满。1864 年，双方进行了战争，布鲁克巴战败，同英国签订《辛楚拉条约》，布鲁克巴 18 个山口地带割让给英国，其外交亦由英国裁决。英国逐渐控制了布鲁克巴。布鲁克巴与英战争期间，也曾向西藏地方政府请求援助，西藏地方政府与清朝廷却持消极观望态度，不肯履行宗主国保护藩属的责任，使布鲁克巴对西藏和清廷心生怨恨，逐步将布鲁克巴推向英国一方，致使其在 1903 年第二次英军侵藏战争中充当了帮凶的角色。“在 1903—1904 年英国侵略西藏的战争中，不丹对西藏（确切地说对英印政府）态度的转变，标志着中国与不丹之间延续了 180 年之久的宗藩关系彻底走向衰落，从此不丹一步步向英印政府靠拢，直至将自己的外交权利交予英印政府，成为大英帝国的附属国。”③ 1910 年，受英国扶持的布鲁克巴国王乌金旺秋与英印政府在首府普纳卡签订了《普纳卡条约》，布鲁克巴在外交上接受英国指导，实际上成为英国的保护国，而布鲁克巴同中国的宗藩关系也彻底解除。至此，拉达克、廓尔喀、哲孟雄、布鲁克巴等藩属均被英国所控制，中国西藏的外围屏障都被打破，喜马拉雅宗藩体制也宣告解体。

---

① 周伟洲：《英国、俄国与中国西藏》，47 页，北京，中国藏学出版社，2000。

② 扎洛：《清代西藏与布鲁克巴》，51 页，北京，中国社会科学出版社，2012。

③ 扎洛：《不丹在第二次英国侵藏战争中的角色探析》，载《中国边疆史地研究》，2009（4），108 页。

二、喜马拉雅宗藩体制解体的影响

喜马拉雅宗藩体制的解体标志着英国已经扫清了入侵中国西藏的障碍，其直接后果就是英军侵藏，而且对中国以后的边疆危机和“西藏问题”都产生了深远影响。

1888 年，英国发动了第一次侵略西藏的战争，由于清朝廷的妥协退让，虽经西藏地方政府和群众的大力抵抗，战争最终失败。双方先后于 1890 年和 1893 签订了《中英藏印条约》和《中英藏印续约》。通过逼签这两个不平等条约，英国正式吞并了中国的藩属哲孟雄，侵占了我国西藏隆吐一带的大片牧场，被迫开放亚东为商埠，使英国的侵略势力进一步深入到西藏内地，英国从陆路打开了中国西南的门户。在西藏军民抗英战争过程中，清廷屈服于英国的军事压力，打击压迫西藏军民的抗英斗争斗志，使西藏地方上层对清廷的腐败严重不满，逐渐产生了离心倾向。① 1904 年，英国发动第二次侵藏战争，廓尔喀和布鲁克巴士兵被英国征入了侵略军的队伍，布鲁克巴国王乌金旺秋在战争过程中充当“调停人”的角色，实际上成为英国的帮凶。清廷自毁藩篱的行为导致众叛亲离的恶果，其藩属国纷纷投靠英国，最后战争失败也就不可避免。

两次侵藏战争英国对华陆路战略最终得以实现，英属印度与长江流域英国势力范围得以相结合，有效地抵御了俄法的“钳形攻势”和“南北夹击”，英俄势力在西藏的角逐中，英国处于明显的优势，有效地扼制了俄国势力在西藏的扩张。1907 年，英俄签订《西藏协定》，提出“中国对西藏之宗主权”，否认中国对西藏的主权，为以后所谓的“西藏问题”造成了十分恶劣的影响。② 此后，开始采取拉拢西藏上层的政策，阴谋“西藏独立”。

喜马拉雅宗藩体制的解体还产生了复杂的边界纠纷。1914 年西姆拉会议上，英印代表与西藏地方政府代表未经中华民国中央政府同意私自签订了非法的“麦克马洪线”，此线把双方边界从阿萨姆平原向中国西藏方向推移 150 公里，西起中国与不丹边界，沿喜马拉雅山脊分水岭东至云南独龙江流域的伊索拉希山口，长约 1700 公里，将原本属于西藏管辖的 9 万多平方公里的领土划入英属印度。至今中印边界纠纷仍然没有解决。与中印边界纠纷相联系，由于印度继承了英国对不丹的特权，不丹外交方面要接受印度指导，使中不之间的边界亦未能解决。今天拉达克地区所在的查谟—克什米尔邦也处于印度、巴基斯坦和中国的领土争端之中。

① 周伟洲：《英国、俄国与中国西藏》，127～128 页，北京，中国藏学出版社，2000。

② 梁俊艳：《英国与中国西藏》，342～343 页，兰州，兰州大学出版社，2012。

三、喜马拉雅宗藩体制的解体的原因

从表面上看，喜马拉雅宗藩体制的解体主要是英国东印度公司向西藏地区贸易扩张所引发矛盾的结果，但实质上却是西方的国际体制与中国宗藩体制冲突的结果。近代西方在对外扩张过程中，逐渐形成了建立在国际法基础上的、以民族主权国家为主体的、所谓“平等”的国际体系。① 这种国际体制与当时清朝以宗藩体制为基础的“天下体制”存在不可调和的矛盾，矛盾冲突的结果便是清朝不得不被纳入当时的国际体制中去，而宗藩体制也就不可避免地解体了。具体考察喜马拉雅宗藩体制，其解体的原因可以从以下三个方面来探讨。

（一）清朝廷对英国侵略本质的错误认识

在英国东印度公司成立后的相当长一段时期内，清朝廷对英属印度（披楞）的性质并没有一个正确的认识，对英国侵略中国的本质并没有足够的警惕。

英国东印度公司成立后，即谋求进一步扩大同中国的贸易。乾隆五十七年（1792年），英国派遣马戈尔尼使团访华，希望清朝廷能对英国采取增开商埠、取消外贸限制、减税免税等优惠政策。对于英国使团提出的要求，乾隆皇帝一概拒绝。“天朝抚有四海……德威远被，万国来王，种种贵重之物，梯航毕集，无所不有。……是尔国王所请派人留京一事，于天朝体制既属不合，而于尔国亦殊觉无益。特此详晰开示，遣令该使等安程回国。”乾隆皇帝拒绝马戈尔尼使团的理由有两个：一是中国抚有四海，地大物博，不必同英国贸易；二是英国使团提出的贸易要求与天朝体制不合。可见，当时的乾隆皇帝仍然沉醉于天朝大国的迷梦中，对当时英国在世界的地位及其侵略中国的野心并未有清醒的认识。“清朝统治者完全不知道东印度公司的性质及它派来的使团的真正目的和政治阴谋，还当它是来‘祝寿’、‘进贡’。”② 乾隆虽然认识到英国的外贸体制与中国不合，但并不曾想使中国体制改革以适应当时世界，反而要求英国体制仍然容纳于天朝的朝贡体制之内，所以双方的谈判必然是谈不拢的。

同样是在1792年，在反击廓尔喀侵藏战争中，福康安的奏折中首次出现了“披楞”一词。当时福康安是把“披楞”看做是与布鲁克巴同样的藩属，要求“披楞”出兵协助清廷进剿廓尔喀，殊不知，“披楞”已经与廓尔喀签订了条约，在幕后为廓尔喀提供军事援助。等到战争快结束时，福康安才认识到“披楞”部落即印度的“噶哩噶达”（加尔各

---

① 柳岳武：《道、咸、同时期中国传统宗藩体制瓦解之考析》，载《南京社会科学》，2009（2），76～77页。

② 朱杰勤：《英国第一次使团来华的目的和要求》，载《世界历史》，1980（3），28页。

答)，他还怀疑“披楞”在暗中支持廓尔喀与清军作战。但此时的福康安与清朝皇帝对“披楞”与“英吉利”的关系仍不清楚。后来的嘉庆、道光皇帝一直将“披楞”看做是同廓尔喀、哲孟雄同类的属国。道光二十年（1840 年）鸦片战争爆发，过了将近半个世纪，清廷才知道“披楞”乃英国所属。其昏庸如此，竟然连敌友都分不清，也无怪乎清朝难以笼络其藩属国。

1864 年，英国在与布鲁克巴战争中侵占其 18 个山口，控制了进入西藏的通道，其下一步目标就是侵入西藏。但当时咸丰皇帝认为“披楞欲假道布鲁克巴赴藏贸易传教”，其认识天真且肤浅。实际上，当时的廓尔喀、布鲁克巴，甚至西藏地方政府都对英国的侵略本质有较为深刻的认识，也多次向清朝廷求援，但是清朝廷缺乏应有的警惕，致使藩篱尽失，导致喜马拉雅宗藩体制解体。

（二）中英双方实力上的悬殊

以上分析了清朝廷主观认识上的错误。不过即使清朝廷能认识到英国的侵略本质，也难以保全其藩属，使其宗藩体制继续维系下去。因为双方实力对比悬殊。清朝是一个日益没落的封建帝国，危机四伏。而英国是正在兴起的殖民主义强国，国势蒸蒸日上，在经济、军事、政治制度方面都比清朝具有优势。

客观上讲，面对其藩属被英国侵占，清朝廷并非不愿施以援手，只是其自顾不暇，势单力孤，难以应对英国的咄咄攻势。

乾隆皇帝有“十全武功”，“平准噶尔二，定回部一，打金川为二，靖台湾为一，降缅甸、安南各一，受廓尔喀降二，合为十”。从乾隆十四年（1749 年）平定大小金川到乾隆五十七年（1792 年）招降廓尔喀，乾隆皇帝共进行十次大规模战争，使周边各部成为藩属，疆域空前扩大，实现了国家统一。这个时候，乾隆朝还处于盛世，还有能力降伏周边小邦。乾隆以后，国势渐衰，保护周边藩属已经力不从心。

从前文所述喜马拉雅宗藩体制解体过程可以看出，拉达克、廓尔喀、哲孟雄、布鲁克巴等国在遭到英国侵略时，清朝廷与西藏地方政府都没有为他们提供实质上的援助。之所以采取观望甚至漠视的态度，并不是清朝廷不知道唇亡齿寒的道理，也不是不清楚自身所应担负的保护藩属的责任，最根本的原因还在于清朝与英国实力的差距已经越来越大了。1864 年，布鲁克巴遭到英国侵略时，曾派代表到西藏求援，要求西藏在兵、财、帛三项至少提供一项帮助。当时驻藏大臣满庆得知消息后，已经认识到英军入侵西藏形势的严峻，但他首先想到的是“自保”，责令西藏地方政府调派士兵认真操练，守卫好西南边疆。至于布鲁克巴提出的援助要求，清朝廷首先想到的不是勇于承担责任，而是推辞。为了不至于得罪英国，又不使布鲁克巴太失望，满庆想出了“暗助”的对策。“至推辞帮助布鲁克巴一节，只照平时往来信函应答，所有馈送金两，仍以请诵经典为名，亦未言明助彼军需。”[①] 结果只给布鲁克巴提供了粮食400驮、茶叶30包的少量物资援助，这一点可怜的资助，对于抵御英国军队来说只能是杯水车薪。1864—1865年的第二次英布战争已经从根本上动摇了清朝的喜马拉雅“藩篱”，在经历了两次鸦片战争的失败和太平天国运动的震荡后，清朝正向崩溃的边缘滑落，如果效仿历史先例介入各藩属国与英国的军事冲突，不仅在财力上是不能承担的，而且有可能因此再度引发与英国的战争。一系列失败所带来的对英国的军事恐惧使他们认识到争取“和平”以待复兴是最好的选择，因而妥协退让就成为不可避免的选择。[②] 清朝廷自身尚且难保，更无力保护藩属了。

（三）国际体制与“天下体制”的冲突

第二次鸦片战争后，外国侵略势力进一步侵入中国内地，同时边疆也面临着全面危机，清朝的宗藩体制已经难以维系。日本首先从清朝的东亚宗藩体制内向清朝提出挑战，同治十年（1871年）进行了所谓“体制之争”，日本要求争得与清朝的平等地位，遭拒绝。随后于1874年侵台湾，1879年占琉球。同时，日本还阴谋侵占朝鲜。西北边疆有阿古柏入侵新疆，西南边疆有法国图谋越南，英国侵占缅甸。英国还想进一步侵略西藏和云南。藩篱已被打开，接着就是外国侵略势力的涌入，中国面临被列强瓜分的危机。

在这样危机四伏的严峻形势下，清廷内部也有一些有识之士对西南边疆危机有清醒而深刻的认识。丁保桢就是其中杰出的一位。

丁保桢任四川总督时，熟稔边政，对英国侵藏的图谋有高度的警惕，充分认识到经营喜马拉雅藩属、筹办藏务的重要性。他在给光绪皇帝的奏折中这样讲：“英人前有西藏探路之请，其用意狡谲。……臣窃揣英人之意，从前专注意海疆，今则二十余年……转而用之于西南各省。……幸尚有布鲁克巴、廓尔喀界连前后藏，足为我藩篱。……若将该两国极力羁縻，绝英人近交之计，则两藏不失要隘，我得自固其藩篱。……愚臣以为欲图内地之安，则境外之藩篱必先自固。蜀之门户在西藏，而西藏之藩篱在布鲁克巴、廓尔喀。”[③] 丁保桢充分认识到了布鲁克巴、廓尔喀这些藩属国作为“藩篱”的重要性，建议清廷极力羁縻两国。我们看到，丁保桢修好两国的方法仍然局限在清朝的宗藩体制之内。但是如何修好呢？当时已经是全球交通的世界，而不再是以天朝上国为中心的天下！其实在当时，如何处理好与藩属国的关系，清廷内部是有争议的。有“固藩自保”“弃藩自保”“区别

① 满庆：《藏军已分布各边防御折》，见吴丰培编辑：《清代藏事奏牍》（上册），331～332页，北京，中国藏学出版社，1994。

② 扎洛：《清代西藏与布鲁克巴》，192～193页，北京，中国社会科学出版社，2012。

③ 丁保桢：《英人入藏探路用意狡谲请密饬驻藏大臣修好布鲁克巴以固藩篱片》，见吴丰培编辑：《清代藏事奏牍》（上册），490～491页，北京，中国藏学出版社，1994。

对待”等不同意见。这种争论也体现了当时以国际法为基础的国际体制对清朝传统宗藩体制的冲击。

从现代主权观念与民族国家体系的价值来讲，清朝的宗藩体制是不合理的，它以藩属国对宗主国的服从与朝贡为前提，体现了双方不对等的关系。但是，这一体制的存在与发展有其历史的必然性，它的确在诸多方面呈现不平等之处，但是如果将之置于整体的东亚体系内来看，实际上这一体系也体现了一种共享关系，只是这种共享关系不是以民族国家的规则为标准的，而更多的是体现政治、经济、文化等方面。“尽管宗藩体制在国际关系上具有不平等性，但是中国与周边国家借此建构的国际安全体系及其所体现的王道政治、共建和共享安全利益以及和平主义价值取向，至今仍然具有启示意义。”① 而对于这一体系的指责实际上是以民族国家为基准的。日本明治维新后，即开始采用西方的法律体系，1871 年日本向清朝廷提出要求获得平等对待之地位，从而引发了“体制之争”②，这种争论从一个侧面反映出清朝的宗藩体制已经不适应当时的世界形势了。日本通过明治维新融入了当时的国际体系，随着国际交往方式的改变，主权国家、民族国家的理念与清朝传统宗藩体制的冲突越来越激烈，最终清朝宗藩体制的解体也就不可避免。从今天边疆安全的视角来看待清朝的喜马拉雅宗藩体制，对于解决好国家认同与民族认同问题、处理好中原与边疆关系问题也都有重大的启发意义。

① 魏志江：《宗藩体制：东亚传统国际安全体制析论》，载《现代国际关系》，2014（4），40 页。
② 柳岳武：《道、咸、同时期中国传统宗藩体制瓦解之考析》，载《南京社会科学》，2009（2），78 页。

边疆民族关系研究

栏目主持人：王鹏辉副教授（四川大学中国西部边疆安全与发展协同创新中心）

主持人语：“边疆”与“民族”的概念都是近现代西学东渐的产物，其中又具有中国历史经验的积淀。学术界的边疆研究和民族研究各自形成专门的学术领域，成果丰硕，但因两者存在密切的内在联系，往往相互交叉对话。尤其是中国的边疆地带同时也是少数民族生活的集中区域，更是决定了边疆与民族研究的某种重合性。而中国多民族国家的长时段历史，客观上造成边疆多种族裔社会文化交融的自然历史机制。不同学术领域的交集是知识的生产与再生产的生命力所在，边疆研究和民族研究的交叉融合将促进知识创新和观念的更新，自然也会表现在社会实践的层面。本节特推出贾秀慧副研究员的《近代新疆汉族商帮与少数民族商民的族际交往述论》一文，以飨读者。该文作者近年对近代新疆的商业形态展开研究，深入剖析汉族商帮与少数民族商业之间的历史交流，从多个角度呈现双方相互的社会交融与发展，并落实到族际关系的方方面面，抓住近代新疆多族群地区的社会稳定与经济社会发展的一条主线。该文还进一步从史实中提炼历史经验，认为汉族与各少数民族的交往中相互效仿和沟通，通过相互衬托、相互融合，共同建构了多民族多元一体的新疆文化格局。

近代新疆汉族商帮与少数民族商民的族际交往述论*

贾秀慧**

近代新疆汉族商帮，指的是以地域为中心，以血缘、乡谊为纽带，以“相亲相助”为宗旨，以会馆为其在异乡的联络、计议之所的一种既“亲密”而又松散的自发形成的商人群体。新疆的汉族商帮发端于清朝统一新疆之初，形成于左宗棠率军收复新疆之际，19世纪90年代已有相当实力，形成以按地域划分的“八大商帮”，即燕（其中京商少，津商多）、晋、秦、陇、蜀、湘、鄂、豫。这八大商帮主要分布在新疆北部及省会迪化（今乌鲁木齐，下同）一带。

新疆属于多民族聚居区，从事商业经营的本地少数民族主要有维吾尔族、回族。在南疆和伊犁一带，以维吾尔族所经营的商业居多，资本也较津商和其他汉族商帮雄厚。回族所经营的商业多集中在北疆一带。新疆少数民族商人开设的商号与汉族商人一样，在清末至民国30年代初都有很大发展。

近代新疆汉族商帮在经商过程中，不可避免地要与少数民族族群，特别是少数民族商民发生接触、交往、交流，产生族际交往。族际交往指的是不同族群成员之间的接触、往来和交流，是构建良性族群关系的关键。促进族际交往交流，是多族群地区实现族群和谐的关键选择。我们知道，“接触促进理解”“交往化解隔阂”“交融达致和谐”。

近代新疆的汉族商帮与少数民族商民的族际交往，主要有四个层面：一是语言及风俗习惯；二是共同抵御外国经济侵略；三是共同合作经商及从事慈善事业；四是民俗文化的相互影响。

---

* 本文系作者主持的2012年国家社科基金项目“近代新疆的汉族商帮研究”（12BZS089）阶段性研究成果。

** 贾秀慧（1973—），女，汉，河北定州人，硕士，新疆社会科学院历史研究所副研究员，从事新疆近现代史研究。

一、语言及风俗习惯

（一）互相学习语言

在新疆的大部分汉族商帮人士都会说少数民族语言，当然这一方面是为了便于做买卖，语言通了就容易推进交往，容易沟通易于解决问题。当时不少人精通维吾尔语，还通晓俄语、哈萨克语、蒙古语，会说上述四种少数民族语言的汉族商人为数不少。有些汉族商人虽然不精通少数民族语言，但营业中的常用语都会说。

如在省会迪化南梁街（今胜利路）一带开设“元兴号”“春发祥”的津商王宪章、隋春甫，他们就通晓多种少数民族语言，连店里的一般店员都能讲维吾尔语，所以在少数民族中有一定信誉。① 又如在迪化老马市（今南关育才巷）摆棉布摊的津商蔡德春，他懂多种少数民族语言，维吾尔族、哈萨克族、俄罗斯族的顾客来买布，他都能应酬。特别是哈萨克语非常流利，郊区的哈萨克牧民，都愿意找蔡德春买布，三言两语就成交，有些还是大宗生意。②

少数民族商人也积极学习汉语。20 世纪 20 年代至 40 年代，在迪化南门一带开设商店的维吾尔族商人小肉孜，就说一口流利的汉语。他的商店不但经营少数民族日用商品，还经营京广杂货、土特产品，以及从苏联进口的各种搪瓷器皿，生意很兴隆。他经常帮助一些生活有困难的维吾尔族和汉族民众。小肉孜与“津帮新八大家之一”的“永盛西点心铺”的刘鉴周经理来往甚厚。③ 在迪化开设“哈莫德西服店”的维吾尔族缝纫师哈莫德讲一口流利的汉语，人缘好，喜欢京戏，还能唱几段，在商界的各行业中，都有他的汉族好朋友。④

（二）互相尊重风俗习惯

新疆是少数民族聚居区。在新疆的维吾尔族、哈萨克族、回族、塔塔尔族、乌孜别克族、柯尔克孜族、塔吉克族这七个少数民族信仰伊斯兰教，他们有自己的风俗习惯。新疆的汉族商帮人士非常尊重少数民族的风俗习惯。民国时期不少汉族商人居住在迪化宁夏湾

---

① 杨梦九：《商界各族是一家》，见中国人民政治协商会议乌鲁木齐市委员会文史资料研究委员会编：《乌鲁木齐文史资料》（第 10 辑），56 页，内部资料，1985。

② 刘荫楠：《蔡德春的棉布摊》，见刘荫楠：《乌鲁木齐掌故》（一），207 页，乌鲁木齐，新疆人民出版社，2001。

③ 刘荫楠：《小肉孜的民族商店》，见刘荫楠：《乌鲁木齐掌故》（一），152 页，乌鲁木齐，新疆人民出版社，2001。

④ 刘荫楠：《哈莫德西服店》，见刘荫楠：《乌鲁木齐掌故》（一），155 页，乌鲁木齐，新疆人民出版社，2001。

的少数民族居民院内，他们很尊重少数民族的风俗习惯，平时不吃猪肉，如果买了猪肉一定要用纸张包严，不明提着与少数民族碰撞。由于新中国成立前迪化没有自来水，居民吃水都是井水，住在少数民族院内的汉族商人不用自己的水桶打水，而少数民族同胞则热情地帮助汉族邻居打水。这些细小的生活行为体现了汉族商人对穆斯林风俗习惯的一种接受和尊重。

少数民族也尊重汉族的风俗习惯。近代奇台的驼运业十分发达，有诗云“千峰骆驼走奇台，百辆大车进古城”，正是当时的真实写照。据新疆奇台一些回族老驼户讲述，他们在几十年的驼运生涯中和汉族驼户一起同呼吸、共命运。如逢汉族驼户家里人的忌日或是清明之类的节气，在他们进行祭奠焚烧纸钱时，回族驼户十分尊重和同情。[①] 无论是走关内闯关外，还是去苏联，不管是什么地方、什么场合，只要回族驼户做乃玛孜[②]，汉族驼户从不惊动，十分尊重。

（三）逢年过节互访祝贺

新疆的汉族商帮人士每逢兄弟民族节日，或遇婚嫁喜事，或儿童割礼，他们总是带着礼物前来祝贺，还在礼物上盖一张鲜艳的红纸，纸上写着祝贺的美好语言。以迪化为例，据时人回忆，居住在迪化货栈的南疆少数民族商人，若遇节日，货栈的汉族经理总为他们置办美味的饭菜，或请客会餐，让他们愉快地度过自己的节日。[③]

“津帮新八大家”之一的“永盛西点心铺”的经理刘鉴周，身材魁梧，大脸盘，八字胡，平易近人，被誉为津帮“十大和气人”之首。[④] 他会说维吾尔语，在维吾尔商人中拥有不少朋友。刘鉴周与迪化南梁一带（今胜利路）知名度很高的维吾尔族商人麦松江巴依交往甚厚，除商业往来外，平时及逢年过节，两家人互相拜望，相互热情接待。20 世纪 30 年代麦松江巴依出国朝觐，将家事托付刘鉴周关照，麦松江不幸在返疆途中去世，刘鉴周得此噩耗甚为悲痛，在以后的岁月里尽到了一个老朋友的责任。[⑤]

维吾尔族商界首领——肉孜阿吉很重视各民族的团结，提倡友好交往。他无论在什么场合去，总是说：“我国各民族人民是一家人，每个民族都要在搞好本民族事情的同时，

---

① 王晨：《在民族团结的大家庭里》，见中国人民政治协商会议新疆维吾尔自治区奇台县委员会文史资料委员会编：《奇台文史》（第 2 辑），43 页，奇台县印刷厂，内部资料，1992。

② 意为礼拜，是伊斯兰教的基本功课。指穆斯林为增强自己的宗教意识，体现和坚定内心信仰而必须履行的一套宗教仪式和制度。它共有五项：念、礼、斋、课、朝。

③ 赛里木格林：《我是历史的见证人》，见中国人民政治协商会议乌鲁木齐市委员会文史资料研究委员会编：《乌鲁木齐文史资料》（第 10 辑），33 页，内部资料，1985。

④ 刘荫楠：《永盛西点心铺》，见刘荫楠：《乌鲁木齐掌故》（一），127 页，乌鲁木齐，新疆人民出版社，2001。

⑤ 刘荫楠：《津门商界与维族商界的友好往来》，见刘荫楠：《乌鲁木齐掌故》（二），151 页，乌鲁木齐，新疆人民出版社，2003。

绝不应该有损害其他民族利益的言行。”① 他每逢过年、过节都要到汉族和其他民族家去拜年祝贺，还给贫穷人家送去羊肉、羊油。

二、共同抵御外国经济侵略

（一）迪化总商会带领各族商民抵御外国经济侵略

从18世纪开始，外国资本逐渐进入新疆。到19世纪中叶新疆已成为帝国主义（主要是沙俄、英国）的商品市场和原料掠夺地。通过一系列不平等条约，俄国率先在新疆获得了领事裁判权和免税贸易权，其他帝国主义国家如英、美、德等国通过援引“片面最惠国待遇”，取得“利益均沾”，都获取了上述特权，这些特权严重阻碍了新疆本地工商业的发展。

据《新疆图志》不完全统计，辛亥革命前夕，新疆境内定居的俄商有2539户，共有10109人（含无定居的俄国散商人数）。② 这些俄商以免税贸易和领事裁判权为护身符，“往往欺压平民，争占水利，抗纳粮税，违约滋事，种种弊窦，迭出丛生”③。俄商在新疆各地广设洋行④，尤以迪化为甚。在省城迪化，俄商开设了8家较大的洋行，这些俄商洋行的资本少则10多万卢布，多至100万卢布。

同时，英属印度、英属阿富汗商人依仗英国势力，借口最惠国待遇之例，对南疆实行经济侵略。《新疆图志》统计，辛亥革命前夕，新疆境内定居的英商有1258户，共有3027人⑤。

民国年间，特别是1917年俄国十月革命爆发后，乘帝俄商业在新疆衰落之时，一些德国、美国商人也先后在迪化开设了顺发（德商，1917年成立）、壁利（美商，20世纪20年代设立）、华美（美商，1930年设立）等洋行。

---

① 谢力甫·胡西塔尔：《为各族人民所爱戴的肉孜阿吉》，见中国人民政治协商会议乌鲁木齐市委员会文史资料研究委员会编：《乌鲁木齐文史资料》（第12辑），148页，乌鲁木齐，新疆青少年出版社，1986。

② 该数据根据（清）袁大化修、王树楠等纂《新疆图志》第58卷《交涉六》（东方学会据志局书重校正增补，1923）第4~7页计算而得。《新疆图志》第58卷《交涉六》6、7页中列出英国15户为印度人，加入俄籍；还有英国21户系温都斯坦人，也属俄籍，此种情况应算做俄商户数。另外一些俄国商户因为只有户数，男女丁口却没有调查清晰，所以实际俄商总人数要大于10109人。

③ （清）袁大化修、王树楠等纂：《新疆图志》（第57卷·交涉五），2页，东方学会据志局书重校正增补，1923。

④ 外商在新疆所设商店，称为洋行。1917年11月俄国爆发十月革命后，俄国洋行的商人们纷纷加入了中国籍，但他们的商铺仍叫俄商某某洋行。1917—1949年，虽然俄国商人已经失去靠山，但由于新疆处于军阀统治之下，所以帝俄商人的残余势力依然没有肃清。

⑤ 该数据根据（清）袁大化修、王树楠等纂《新疆图志》第58卷《交涉六》（东方学会据志局书重校正增补，1923）第4~7页计算而得。

民国杨增新治新时期，“全疆四十余县，无一县无外国之商民”[①]。

俄、英、德、美等国商人，凭借雄厚的资本和免税（1921年以前）的贸易特权，日益扩大对新疆的商品输出，同时廉价收购新疆的畜产品和珍贵的土特产品，从中牟取暴利。面对这种情形，迪化总商会在会长（津商）的领导下，多次要求民国督军规定合理的收购价格。自1919年始，迪化总商会自行规定土特产品价格，号召本国商民收购经营，以维护自身利益。

在新疆总商会的带领下，以津商安辅臣（安辅忱[②]）、赵润田为代表的汉族商帮人士纷纷设立土产公司，收购的土特产品就地加工后，运往天津出口，有力地限制和打击了外国洋行的非法掠夺。[③] 仅就新疆土特产品中的大宗产品肠衣而言，汉族商帮人士分别在新疆13个城镇设立了肠衣加工厂。[④]

安辅臣（忱）、赵润田合伙创办的“直新公司”（民间也称羊肠子公司），是迪化最早的土产商行之一，它开业于20世纪初，坐落在南关二道桥一带。该公司专做收购和加工土特产品的生意，收购棉花、皮毛、肠衣等，就地加工后，运往天津等地出口。苏联成立后，该公司还将收购和加工的土特产品，从伊犁地区出口，与苏联一些加盟共和国工商界进行换货交易，换取布匹、石油、汽车零件、钢丝床、火炉、铁锅、农具等，满族各族群众的需要。“直新公司”的创办对于维护新疆各族农牧民的利益，建立公平合理的土特产市场，起了积极作用。[⑤]

第一次世界大战发生后，俄、英帝国主义受战争影响，无暇东顾，这给新疆民族商业的发展提供了一个良好契机，境内的商业日益活跃起来。俄国十月革命后，由于俄商停止进出口贸易，新疆各种土特产品，一时没有出路，价格大跌。汉族商帮中的津商开始购运狐皮、扫雪貂、狼皮、獭皮、猞猁皮、羊肠等到天津转售给各津行出口，解决了土产的销路问题。同时，又从天津运来国内商品及欧美、日本货物，占据了以前俄货的市场，满足了新疆市场的需求。在津商的带动下，少数民族商人也往天津一带运羊毛。一些维吾尔族商人甚至派人驻津、沪，然后贩运货物来新，扩大了少数民族同内地的商业往来。如维吾

① 《呈报设立政治研究所文》，见杨增新：《补过斋文牍》（甲集下），172页，台北，文海出版社，1965（影印本）。

② 《新疆日报》1941年4月24日第4版《发行建设公债特刊——直兴公司购债一千五百元》一文又写作安辅忱。

③ 昝玉林：《迪化总商会的成立与活动》，见中国人民政治协商会议乌鲁木齐市委员会文史资料研究委员会编：《乌鲁木齐文史资料》（第6辑），72页，乌鲁木齐，新疆青年出版社，1983。

④ 慕宁：《苏联与新疆省的商业关系》，载《新亚细亚》，1933年第6卷第5期，新中国建设学会发行，45页。

⑤ 刘荫楠：《直新公司》，见刘荫楠：《乌鲁木齐掌故》（一），130页，乌鲁木齐，新疆人民出版社，2001。根据《新疆日报》1939年8月3日，第3版，《直兴公司自动修马路》，以及《新疆日报》1941年4月24日，第4版，《发行建设公债特刊——直兴公司购债一千五百元》，可以判断出刘荫楠的记述有误，该公司的正确写法应为“直兴公司”。

尔族著名富商玉满巴依，他从南疆贩运土布、桑皮纸等货物到迪化出售，还把葡萄干、杏干、羊毛等货物贩运关内，然后再从天津、上海运来商品，在新疆各地销售。同时，经营皮毛、土特产品的民族商人运至天津的货物销售后有大量现款，向汉族置货商号收兑汇款，“汇水”也较在钱庄兑款利率要低。

（二）民汉商民共同投资设厂、以挽利权

外国的经济侵略，不仅表现在低价收购新疆的畜产品和土特产品，打击本地的商业，更重要的是大量机器制成品对新疆的输出，严重制约新疆本地的民族工业。如 1933 年的奇台，“人口稠密，街市繁华，大商店多至四十余家。货物充盈，装潢悦目，犹如内地。以津晋帮最具实力。英俄商人在此亦孜孜不息，有大小洋行四十余家，凡俄制洋布、瓷器、铁货、文具、杂物，充斥于市，汉商渐有不敌之势”①。

新疆本地棉花、皮毛资源丰富，但只能输出廉价原料，让外国加工后再倾销回来。为抵抗外国经济侵略、挽回利权，新疆汉族商帮人士与少数民族商民团结起来，共同投资设厂，发展新疆的民族工业。

在省城迪化，为发展新疆的棉纺织业，民国初期维吾尔族商界首领肉孜阿吉与新疆总商会会长津商杨绍周联名倡议，要求在新疆开办纺织厂。但遭到杨增新的冷淡回应。后经各界人士联名敦促，杨增新不得不提出了一个筹建新疆阜民纺织厂的计划。建厂费用需 100 万两省票，折合现洋 40 万元，省政府只能出一半，剩下的由倡议人向民众招股。② 肉孜阿吉带头拿出纹银 2.5 万两认购股，并积极向各界人士募股，在民汉商民的共同支持下，20 万元民股很快募齐。③ 1926 年，阜民纺织厂在今乌鲁木齐西公园西侧开工建设，1928 年建成投产，有工人 200 多名。④

在伊犁地区，1935 年 2 月，由伊犁商会会长杨振山、孙仲卿及津商晏恩波、杨恩奎等人发起，天津杨柳青商人和维吾尔族富商共同集资创办了“伊力实业股份有限公司”。维吾尔族富商吐达洪巴依·阿拉麻伯克任董事长，在苏联领事馆工作的格列宾克任经理，晏恩波任副经理。股本由伊犁 13 个民族的人士合股，苏联与中方合同上注明苏方贷款 5 年，中方给苏联交皮毛牲畜等物，每股 25 元（以墨西哥银元为准）。交羊抵股的，以七个半腱羊为一股。晏恩波的儿子晏鸿林说，这是父亲 83 岁时根据回忆写下的。⑤ 到 1937 年，“伊

① 吴绍璘：《新疆概观》，134 页，南京，南京仁声印书局，1933。

② 潘祖焕：《新疆建立阜民纺织公司的经过》，见中国人民政治协商会议新疆维吾尔自治区委员会文史资料研究委员会编：《新疆文史资料选辑》（第 5 辑），175 页，乌鲁木齐，新疆人民出版，1980。

③ （维吾尔族）谢力甫·胡西塔尔：《为各族人民所爱戴的肉孜阿吉》，见中国人民政治协商会议乌鲁木齐市委员会文史资料研究委员会编：《乌鲁木齐文史资料》（第 12 辑），149 页，乌鲁木齐，新疆青少年出版社，1986。

④ 阜民纺织厂在 1933 年马仲英第二次围攻乌鲁木齐时被纵火烧毁。

⑤ 燕玲：《赶大营：一曲长歌唱到今·刘世斋的孙子刘学忠口述》，载《新疆日报》，2006－05－11。

力实业股份有限公司”先后创办了宁远（今伊宁市）第一座采用现代机械技术磨面的面粉厂、第一个电灯公司——宁远电灯实业有限公司，以及煤矿、电厂、火柴厂等。天津杨柳青商人在伊犁创办的这些工商企业，是伊犁地区最早的一批民族工商企业，很多在当时都属爝火微光，但对抵御外国经济侵略、发展民族工商业起了巨大的促进作用。

三、共同合作经商及从事慈善事业

《新疆图志》上说：“西域番（指少数民族）汉杂处，联系脜合，多藉商力。”[①] 这确是事实。在百货业的经营活动中，汉族商帮人士与少数民族商民之间的商业交往日益频繁，经常互相协作。

（一）互帮互助，互相依赖

新疆是少数民族聚居区，所以汉族商帮人士“对新疆各族之贸易，无不迎合各族心理及所需而懋迁有无”[②]。湖南熏茶是回族人民最喜爱的饮料，湘商创办的“升恒茂茶庄”（1921 年开业）就专门经营这种商品。津帮的“德兴合”“同盛和”“同泰兴”等商号，从内地进货时，总是注意新疆少数民族需要的商品，如闪花缎（即绮霞缎）、条绒、花布、毛毯、头巾、面纱、盖头、皮马靴、长袜子，以及蒙古族、哈萨克族需要的大礼帽，各种金银线和各种装饰花边、绣花线等。

同时，汉族商帮人士还根据少数民族商民的商业交易习惯，进行相应的贸易。新疆的游牧民族，如哈萨克族等，多喜以物易物的方式，于是汉族商帮人士用“茶、面粉、布匹、杂货、器皿，以易牲畜、细毛皮、马革、熟皮等”。汉商与新疆游牧民族的商业交易多定期举行，“牲畜交易在三、五、六、七、八、九诸月中，驼毛交易在六月，绵羊毛交易在六、七、八月，皮及细毛皮交易在十一、十二月份，乳油交易在九、十月份”[③]。

据载，新疆维吾尔族“好储蓄窖藏镪金”[④]。不仅如此，新疆的少数民族如回族、维吾尔族的小康人家办喜事，还讲究“八大金、七大银”，已经成为一种时尚和习惯。近代津帮在省城迪化创办的著名四大首饰加工买卖商店——“泰昌金店”（1920 年前后开业）、“聚兴金店”（1915 年前后开业）、“振德银楼”（1895 年前后开业）、“裕兴金店”（1930 年

---

① （清）袁大化修、王树楠等纂：《新疆图志》（第 29 卷 · 实业二），14 页，东方学会据志局书重校正增补，1923。

② 张大军：《新疆风暴七十年》（第 4 册），2281 页，台北兰溪出版社有限公司，1980。

③ 该自然段引号中的文字均出自张大军：《新疆风暴七十年》（第 4 册），2281 页，台北兰溪出版社有限公司，1980。

④ （清）袁大化修、王树楠等纂：《新疆图志》（第 29 卷 · 实业二），17 页，东方学会据志局书重校正增补，1923。

前后开业），根据少数民族的喜好，适时地推出各种样式的金银首饰。[①] 裕兴金店“从京津聘来超等名师，专做金银首饰及刻金银圆章、各种奖章、纪念章、徽章……工精物美，金银纯净”[②]。振德银楼出售的金银成品有金镯子、金项链、金卡子、金梳子等；还有以红绿宝石镶嵌的“铜合金”戒指，小孩戴的银锁、银镯等，颇受少数民族群众的欢迎。[③]

新疆各族商人通过长期的商贸活动，增进了彼此之间的了解，所以能够及时供应各民族所需的商品。每逢春节，焉耆和阿勒泰的少数民族商人就会把新鲜的鱼、肉运到迪化来，供应汉族人民过节食用；每逢少数民族的节日，汉族商帮人士也能及时把少数民族的特需商品运到南疆和其他民族聚居地区，丰富兄弟民族的节日生活。

近代以降，汉族商帮人士一直是民间救火力量的主要组织者，对消防灭火事业做出了重大贡献。因火灾常常给商号店铺带来巨大损失，而官方消防警察创立较晚，力量又有限，所以商人不得不设立救火组织以自卫。从迪化总商会成立之日，就开始筹办民间消防组织“清平水会”（俗称“水龙局”）。“清平水会”从1917年开展消防活动以来，先后扑灭了几百起严重火灾，不但有效地维护了各族群众生命财产的安全，而且增强了民族团结。[④]

如民国初年迪化南关一家维吾尔族商店失火，“清平水会”立即赶来，将火扑灭。第二天，新疆省参议会副议长、维吾尔族商总肉孜阿吉拿出自家的阿克苏上等大米和四只大尾肥羊，并带着屠夫、厨师和失火店主到了消防队慰劳救火的汉族兄弟。大家一边吃抓饭，一边促膝交谈，气氛热烈、活跃，就像一家人同席会餐。又如1920年的夏天，迪化南大街的晋商店铺“集义生”起火，火势蔓延到南门瓮城的边缘，要不是“清平水会”会员们奋不顾身及时灭火，火势必然蔓延城外，殃及“天井”（即维吾尔族商人们做买卖的一条长达四五百米的市场）。当时，维吾尔族商民都很感激，事后给“清平水会”送了十只活羊，犒劳会员。[⑤]

（二）合作共事，合伙开店

辛亥革命以前，历代封建统治阶级实行民族压迫政策，各族人民得不到平等地位。以省会迪化为例，满族贵族阶级住在满城，汉族人住汉城，其他少数民族住在南关。工商界也一样，汉族商帮人士一概在汉城做买卖，少数民族商人在南关一带做生意。随着时代的

---

① 刘荫楠：《四大银楼》，见刘荫楠：《乌鲁木齐掌故》（一），117页，乌鲁木齐，新疆人民出版社，2001。

② 《重要声明：迪化裕兴金店振记谨启》，载《新疆日报》，1936－10－07。

③ 刘荫楠：《振德银楼》，见刘荫楠：《乌鲁木齐掌故》（一），156页，乌鲁木齐，新疆人民出版社，2001。

④ 昝玉林：《迪化总商会的成立与活动》，见中国人民政治协商会议乌鲁木齐市委员会文史资料研究委员会编印：《乌鲁木齐文史资料》（第6辑），74页，乌鲁木齐，新疆青年出版社，1983。

⑤ 韩毓麟：《火神庙与清平水会》，见中国人民政治协商会议乌鲁木齐市委员会文史资料研究委员会编：《乌鲁木齐文史资料》（第4辑），19页，乌鲁木齐，新疆青年出版社，1982。

发展，各族人民要求来往，工商界更要互通有无。

民国杨增新治新初期，省城迪化的少数民族商界首领——肉孜阿吉（维吾尔族，时任新疆省参议会副议长）与迪化总商会会长津商杨绍周，积极加强民族团结，为了沟通汉族商帮与少数民族商民的感情，他俩联名倡议，在迪化南门外修盖了一座很大的“天棚”市场，让民、汉商民在一起做生意。这个大天棚，规模很大，北端从现在的南门鞋帽店起，南端至南门礼拜寺止，宽约12米，有两层楼高，棚顶用油漆芦苇覆盖。自从“天棚”市场出现后，打破了长期以来“城里”“城外”的民族隔阂。大天棚底下常年有很多的各族商人做生意，秩序井然，气氛热烈。但从20世纪30年代开始，由于金树仁与马仲英争夺政权，战火纷飞，天棚底下的生意逐渐萧条。1933年盛世才上台后，借口整顿市容，拆除了天棚。①

民国时期，有不少汉族商帮人士与少数民族商人合伙经商，彼此关系融洽。20世纪40年代，迪化南关有一个“天山货栈”，是由津商孙绍页、张建元与维吾尔族商人阿德尔合伙经营。② 他们互相信任，团结共事，几年之内业务有了很大的发展。又如汉族商帮人士在迪化经营的“天丰永”“和兴成”等货栈，都请少数民族商人帮助搞业务。对于南疆维吾尔族商人运来迪化销售的大布、褡裢、干果等，都由货栈代为销售，一时卖不出去的就将货留下，售出后将货款汇去，或者先将货款垫付，让维吾尔族商人早日返回，以免停留等候，增加费用。少数民族商人对这种合伙的货栈非常信任，往往把货物从南疆托人带来，任凭货栈处理，很少发生纠纷。

新疆其他地区汉族商帮人士与少数民族商人合伙经商的情况也很多。如清末民初的伊犁地区，津商刘世斋创办的“玉泰厚”京货店是近代伊宁赫赫有名的大商号，主营京货和药材。刘世斋看到对俄进出口贸易利润大，就和当地的维吾尔族大富商玉山巴依合作，把伊犁的棉花、羊毛、皮张、马尾等上百种货物销往天津，又从天津买来各种京货运到俄国，获利颇丰。③

（三）共同合作从事慈善事业

据《大英百科全书》对“慈善事业”条目的释义：“最悠久的社会传统之一，它借由金钱的捐助和其他服务，来提升人类的福祉。”所以，慈善是出于对人类的热爱，为了增进人类的福利所做的努力，捐款是其手段之一。慈善事业有利于组织和调动社会资源，激

---

① （维吾尔族）谢力甫·胡西塔尔：《为各族人民所爱戴的肉孜阿吉》，见中国人民政治协商会议乌鲁木齐市委员会文史资料研究委员会编：《乌鲁木齐文史资料》（第12辑），144页，乌鲁木齐，新疆青少年出版社，1986。

② 刘荫楠：《津门商界与维族商界的友好往来》，见刘荫楠：《乌鲁木齐掌故》（二），151页，乌鲁木齐，新疆人民出版社，2003。

③ 燕玲：《赶大营：一曲长歌唱到今·刘世斋的孙子刘学忠口述》，载《新疆日报》，2006-05-11。

发社会活力，实现社会救助。慈善与公益有略微差异，慈善是给予，以捐钱为主；公益是参与，在于点点滴滴的行动，需要参与者花费时间、激情、智慧等。一个人未必有能力做慈善，但每个人都可以去做公益，参与公益事业，可以唤醒更多的善意与爱心。

马仲英部围攻省城迪化期间，迪化各界人士组建的新疆慈善会，起了稳定社会、凝聚人心、消除隔阂、解救民众的作用。汉族商帮人士与少数民族商民联合其他各界人士，共同从事慈善事业，不但积极筹备成立新建慈善会事宜，还参与新疆慈善会组织的各种活动，如捐款、掩埋尸体、设立粥厂、发放粮食、救护伤兵等，避免了战后迪化城中瘟疫的流行，及时收容、救济了难民，加速了战后迪化社会秩序的恢复。

1933 年马仲英部进攻新疆省城迪化，与省军在西大桥、红山嘴一带发生激战，是迪化自建城以来的一次浩劫。战火造成生灵涂炭，难民很多。由内地来新、聘为新疆省政府顾问的吴蔼宸目睹了这一切，积极奔走，倡导成立新疆慈善会，他发现“商界游行踊跃”，“商会会长董光錞（津商）、副会长贺德元（陇商）闻讯亲来，愿参加发起，埋尸一节，更表同情”。1933 年 3 月 9 日，以汉族商帮人士为主的“商会先捐票银 3000 两”，少数民族商人也为新疆慈善会踊跃捐款，“南关维吾尔族巨商为慈善会会员共捐到票银二万余两”。因慈善会设立的粥厂救助了很多人，南关一家商号的经理“来函赞成本会工作，自动捐票银一万两，又一商号自动捐助二千两”①。

汉族商帮与少数民族商人踊跃支持、参与新疆慈善会的工作，不但四处奔走掩埋尸体，还为迪化民众购买粮食以便施粥、发放之用，汉族商帮中的秦帮商人的地缘组织——陕西会馆提供了粮食储存处。战乱造成迪化“城内居民多半缺粮”，吴蔼宸于 3 月 10 日“偕玉山、纯一、（周）海东（津商）策马出东门，察看设立粥厂地点，以农事试验场为适宜”。当日几人共“埋尸 21 口，内汉人 1，军人 1，回民 4，维吾尔族 15”。新疆慈善会筹委会相关人员提议“请南关回族或维吾尔族巴依代买食粮”。同时新疆慈善会委员苗沛然（晋商）“偕同南关办事处人员，雇车驼随同兵站，往四乡购买粮食”。就这样，粮食仍然不够用，同年 5 月，经大家讨论，决定将慈善会的存款购买粮食，堆存在陕西会馆处。②

汉族商帮人士与知名少数民族商人均在新疆慈善会中担任了部分领导职务。1933 年 3 月 19 日新疆慈善会召开成立大会，吴蔼宸报告开会宗旨道：“我们今天成立慈善总会，聚地方长官、商界领袖、回维巨商，以及牧师、神父、邮局同人于一堂。”3 月 23 日，新疆慈善会召开委员会，公推克气格邮务长为委员长，吴蔼宸及蓝彦寿（回族）为副委员长，两位宗教人士——胡进洁（福音堂牧师）、奚伯鼐（天主教堂神父），两位党务特派

---

① 该自然段引号中的文字均出自吴蔼宸著、田杉整理：《边城蒙难记》（原名《新疆纪游》），52、53、54、55、57 页，乌鲁木齐，新疆人民出版社，2010。

② 该自然段引号中的文字均出自吴蔼宸著、田杉整理：《边城蒙难记》（原名《新疆纪游》），53、54、55、57、58 页，乌鲁木齐，新疆人民出版社，2010。

员——宫碧澄、白毓秀，以及各族商界人士胡赛因（塔塔尔族商人）、吐尔逊巴巴（维吾尔族商人）、马鸿祥（回族商人）、贺德元（汉族商帮人士，陇商，商会副会长）、苗沛然（汉族商帮人士，晋商）、周海东（汉族商帮人士，津商）等为委员。①

汉族商帮人士与少数民族商人非常热心从事救助难民的施粥厂工作，不但汉族商帮中湘、鄂两帮的地缘组织——两湖会馆，成为第二施粥厂所在地，民、汉商人还经常考察施粥厂的运转情况。新疆慈善会用各界人士的捐款在迪化设立了四个施粥厂，救助战乱中苦难的各族民众。新疆慈善会设立的第一粥厂在东门农事试验场。1933 年 3 月 14 日，吴蔼宸“曾偕纯一、（周）海东（津商）策马至试验场，（看到）第一粥厂难民就食者 200 余人，维吾尔族居多”②。第二粥厂设两湖会馆内，每日就食者 300 多人。新疆慈善会还在两湖会馆南面的左公祠售面，每人以半斤为限，每次发给三日食粮。每日领面者数百人。第三粥厂设在南关陕西大寺，每日就食者 500 多人，维吾尔族居多，次为回族。第四粥厂设在南寺，每日就食者 700 多人，维吾尔族妇女居多。③ 1933 年 4 月 9 日，包括胡赛因、吐尔逊巴巴、马鸿祥、贺德元、苗沛然、周海东等商界人士在内的新疆慈善会全体委员一起“参观城外第一、三、四粥厂”④。

四、习俗文化的相互影响

我们知道，人口的流动必然伴随着文化的传播。伴随汉族商帮的脚步及活动，一个重要的后发效应就是汉族的各种民俗文化在新疆地区得到广泛传播，潜移默化地影响和改变着新疆地区的社会风貌，丰富了新疆多元一体的文化格局。尽管各种文化之间不可避免地发生碰撞与冲突，但是文化之间的互动和融合却是大势所趋。

汉民俗文化在与少数民族民俗文化长期的交流、碰撞中，不但得到了移植和认同，还改变着少数民族的民俗文化。另一方面，在新疆独特的人文和地理环境中，汉族也在不断吸纳和融合着少数民族的风俗习惯，改变着自身原有的民风民俗。

下面主要从语言、饮食、戏曲三方面简述汉民俗文化与少数民族民俗文化的相互影响。

（一）语言上的相互吸收

语言是文化的载体，语言的发展在一定程度上受到文化的制约，同时文化发展演变的

---

① 吴蔼宸著、田杉整理：《边城蒙难记》（原名《新疆纪游》），56、58 页，乌鲁木齐，新疆人民出版社，2010。
② 吴蔼宸著、田杉整理：《边城蒙难记》（原名《新疆纪游》），54 页，乌鲁木齐，新疆人民出版社，2010。
③ 吴蔼宸著、田杉整理：《边城蒙难记》（原名《新疆纪游》），57 页，乌鲁木齐，新疆人民出版社，2010。
④ 吴蔼宸著、田杉整理：《边城蒙难记》（原名《新疆纪游》），57 页，乌鲁木齐，新疆人民出版社，2010。

情况也一定会在语言中有所体现。汉族商帮人士的语言与少数民族语言的相互吸收、借鉴，反映了汉族民俗文化与少数民族民俗文化的互动、融合。

通过长期交往中的相互学习语言，汉语与少数民族语言实现了一定程度上的相互吸收。汉族商帮人士，一般都讲带有家乡口音的汉语，如津帮商人讲话，是带有天津口音的汉语。但因长期生活在民族杂居之地，逐渐受到少数民族语言语法结构、词汇的影响，在语言方面发生了一些变化。

首先，句法结构上偶尔出现的宾谓倒置，特别是与少数民族民众寒暄问候时，如把“吃饭了”说成“饭吃了”。其次，词汇方面吸收了一些当地少数民族语言中的词汇。所吸收的词汇一般是名词，多为译音，分为两种：一种是汉语词汇中没有的专用名词，如坎土曼、那仁、馕（一种在底部有炭火的馕坑里烤制的发面饼）、冬不拉等；另一种是汉语词汇中有，但人们日常生活中已习惯使用的民族语言词汇，如洋葱——皮牙孜、集市——巴扎等。汉族商帮人士在口语中经常夹杂一些民族语言词汇，主要是维吾尔语词汇，如“巴郎”（男孩）、“亚克西”（好）、“巴依”（富户）、“艾买斯”（全部）等，形成一种汉维混合语言。又如新疆的汉族商帮人士普遍喜欢吃维吾尔族人制作的馕，把维吾尔语的“馕”与汉语“馍馍”“饼子”混用，称“馕馍馍”“馕饼子”等。

由于汉族商帮的活动，少数民族语言也受到汉语的影响。首先，一些少数民族民众逐步会讲带有地方口音的汉语。如近代伊犁的津帮商人，他们聚居在一起，基本沿袭着天津老家的生活习俗，导致居住在伊犁汉人街附近的少数民族受到影响，不少维吾尔族老人能讲比较流利的带有杨柳青口音的汉语。[①] 其次，由于汉族商帮人士与新疆少数民族商民的通商往来，加之社会生活等多方面的需要，新疆少数民族语言中特别是维吾尔语，大量引进了与商业活动有关的汉语词汇，称为汉语借词。如维吾尔语中的涉及度量衡系统的汉语借词，包括长度、重量单位系统，如jiŋ（斤）、mo（毛）、sun（寸）；涉及生活用品的汉语借词，如laza（辣子）、qay（茶）、boluo（菠萝）、yünzibi（圆珠笔）、kojza（筷子）、moji（毛衣）、moza（帽子）。

（二）饮食文化

饮食文化体现的是一种生存文化，与人们赖以生存的自然环境、气候条件、经济生活、生产力水平、生产技术等有密切关系。受限于新疆的自然环境与经济模式，新疆少数民族原有的饮食结构中，较多地吃牛羊肉与水果，较少吃蔬菜，经常吃的蔬菜主要有胡萝卜、洋葱、洋芋（土豆）、番茄（西红柿）等几种，很少吃绿叶蔬菜。在近代汉族商帮人士的影响下，食用各种蔬菜逐渐成为少数民族正餐中不可缺少的部分。同时，汉族商帮人

① 燕玲：《杨柳青与汉人街·据杨恩奎的儿子杨俊甲口述》，载《新疆日报》，2005－12－12。

士制作酱菜的技术，也影响了喀什的少数民族，“喀什噶利亚人还从汉族商人那里学会制作各种酱的技术”①。

1900 年（清光绪二十六年）斯坦因走在南疆喀什的大街上，发现这里“到处都是露天的厨房和餐馆。固定的炉台上的大锅和小罐始终沸腾着，盘里装着面包和馕，盘子里盛着菜，等等”②。在 20 世纪 30 年代的东疆哈密，“水果和蔬菜虽由汉人种植，而出售的则是维吾尔人的店铺，他们的柜台上充满了胡萝卜、茄子和各种各样的豆，还有一种豆荚——足有一尺长而形状是圆的豆类——出售。而特别多的是南瓜。此外玉葱、大如橘子的多汁的青椒和芹菜、莴苣、胡瓜，也极丰富”③。

新疆本地的蔬菜品种不多，近代新疆的汉族商帮，特别是津商擅长蔬菜种植，他们从内地引入了白菜、茼蒿、丝瓜、苦瓜、百合、山药、红心萝卜、芹菜、韭菜、韭黄、芹黄等多种蔬菜，使新疆民众可食用的蔬菜种类繁多，有利于身体的营养平衡，促进了身体健康。具体如“白菜为直隶人输入种（植）”，“葱、芹菜、番茄为天津人输入种（植）”，“韭黄，天津、（河北）河间移住人有培养之者”，“苋菜、苦瓜为湖南人输入种（植）”。④特别是大白菜，还被新疆民众称为“天津白菜”⑤，在汉族商帮人士的努力下，道光年间新疆的绿叶菜品种“白菜、菠菜、芥菜等类皆有之，苋菜颇少”⑥。

一些先进的中原蔬菜种植方法，也由汉族商帮人士带入新疆，并传播扩散开来。据时人记载：“初，回人不多食菜。故种类有限。及后汉人出关者众，各播种子，从事园艺，始渐大备。北路一带，菜园事业，几尽被天津人与湖南人所占有。尤以天津人最为讲究，天气虽寒则设暖室，故时在隆冬季节，各种新鲜菜蔬，均能不断。”⑦ 所谓的暖室，类似于我们今天蔬菜种植业的温室大棚，即“以艺唐花之法，冬月掘地为窟，播种其中。微火烘之，取苇秆密护四周，上覆芦箔，以御风雪，俟春融冻解，则移植畦间。故春秋之菜，无不应时入市”⑧。

晚清时期的伊犁，那里的津商就采用泥碗扣秧苗、苇席搭大棚采暖的技术，在冬季种植新鲜蔬菜。正是以先进的蔬菜种植技术为基础，汉族菜商们才能够做到每年向伊犁将军

---

① ［俄］A. H. 库罗帕特金：《喀什噶利亚》，凌颂纯、王嘉琳译，15 页，乌鲁木齐，新疆人民出版社，1980。

② ［英］马克·奥里尔·斯坦因：《沙埋和阗废墟记》，殷晴、剧世华、张南、殷小娟译，116 页，乌鲁木齐，新疆美术摄影出版社，1994。

③ 天涯游子：《人在天涯》，107 页，乌鲁木齐，新疆人民出版社，2000。

④ 贾树模：《新疆杂记（续）》，载《地学杂志》，1917（6~7），45~47 页。

⑤ 方兆麟：《“百艺进疆”——寻访赶大营踪迹之四》，见天津市西青区政协文化文史委员会编：《西青文史》（第 11 册·赶大营专辑），233 页，内部资料，2010。

⑥ （清）黄濬：《红山碎叶》，见中国西北文献丛书编辑委员会编：《中国西北文献丛书（正编·第 4 辑）·西北民俗文献（第 2 卷）》（总第 118 卷），105 页，兰州，兰州古籍书店影印出版，1990。

⑦ 吴绍璘：《新疆概观》，243 页，南京，南京仁声印书局，1933。

⑧ 谢彬著，杨镰、张颐青整理：《新疆游记》，53 页，乌鲁木齐，新疆人民出版社，1990。

进献“全菜码”，即夏秋所有成熟的菜，都在农历五月端午这天上市，请伊犁将军过目。①

新鲜蔬菜新上市时，价格昂贵，“一小束为银几钱（约三钱合大洋一角），往往一餐需菜数束，则非洋数角不可”②。种菜的利润较高，“园圃之利富于农十倍”③。因此，经营蔬菜种植业的汉族商人们获利颇丰，经济利益的驱动也使得他们对蔬菜种植更加尽心，促进了该行业的良性发展。

在饮食烹调技术相互交流借鉴方面，一些汉族商帮人士虚心学习新疆少数民族的烹调技术，促进了民族间的饮食文化交流。如 1913 年，天津杨柳青人宋景春在迪化开办的“宋家烤肉铺”，就是“宋景春来到迪化后，向维吾尔族师傅学习烤肉技术，逐渐形成了自己的特色。他的烤肉除按照民族传统方法制作外，特点是选料精细，品种较多”④。

同时，把中原烹调技术与新疆特色食品相结合，烹制出富有新疆特色的菜肴，丰富了新疆菜肴的品种，也是汉族商帮的一大贡献。津商方师傅，在迪化三角地开设的“方记饭馆”，以制作地道的天津风味“四扒”驰名，即扒海参、扒肉、扒鸡代煨鸡蛋、扒面筋。随后他根据新疆羔羊肉质细腻的特点，结合“四扒”的烹调技术，加上羊肉调味品洋葱、辣椒等，烹制出了独特的“新疆扒羊肉”，一举成名，供不应求。⑤

当然，受少数民族饮食文化的影响，汉族商人的饮食结构也有所改变。开始逐渐地、普遍地喜吃牛羊肉，而且是新疆本地产的牛羊；爱吃新疆瓜果；爱喝鲜牛奶及酸奶。饮食口味偏向西北的酸、辣、咸。南方的蜀帮、湘帮、鄂帮等，由吃米为主变为面食为主。他们还普遍喜爱当地维吾尔族、回族、哈萨克族的饮食，如维吾尔族的拉条子、揪片子、抓饭、烤肉、馕，以及回族的粉汤、馓子，哈萨克族的清炖羊肉、奶茶等。汉族商帮中的男性学会抽新疆产的莫合烟，女家眷则学会做拉面、馓子等。⑥

（三）戏曲艺术

在近代新疆流行的传统戏曲主要有秦腔、河北梆子、花鼓戏、京剧等，相关的戏班都是自营，社会民间力量的支持就显得尤为重要。正是由于有了秦帮、陇帮、津帮商人等汉族商帮人士的大力资助，一些传统戏曲在新疆这块土地上才得以传承，为新疆多元一体的文化格局奠定了人文土壤。

当然，秦腔、京剧等普通的汉族戏剧爱好者是其存在的群众基础，同时其艺术魅力吸引了一些少数民族参与到其中来。从这个角度看，应该能够说，汉族商帮间接地促进了民

① 燕玲：《赶大营：一曲长歌唱到今》，载《新疆日报》，2006－05－11。
② 吴绍璘：《新疆概观》，243～244 页，南京，南京仁声印书局，1933。
③ 王树楠：《新疆实业志》，载《中国学报》，1913（8），8 页。
④ 刘荫楠：《宋家烤肉铺》，见刘荫楠：《乌鲁木掌故》（一），244 页，乌鲁木齐，新疆人民出版社，2001。
⑤ 刘荫楠：《新疆扒羊肉》，见刘荫楠：《乌鲁木掌故》（一），241 页，乌鲁木齐，新疆人民出版社，2001。
⑥ 笔者于 2014 年 12 月 11 日对石丽莹女士进行访谈时，石丽莹女士口述。

族间的艺术文化交流。

曾于1922—1924年间任英国驻喀什噶尔总领事的C·P. 斯克莱因（Clairmont Percival Skrine）1924年在莎车观看汉族戏剧演出后记到："这完全是一场地道的汉族戏剧演出，观众中绝大部分都是汉族人，汉族观众背后是拥挤不堪的维吾尔族捧场者，街头顽童，以及其他观光客。"① 又如1929—1930年来新疆喀什的瑞典人贡纳尔·雅林，在喀什噶尔的汉城（今疏勒）观看汉族戏剧时，惊讶地发现，"在汉族观众中竟然有人数众多的维吾尔族观众，其中大部分来自于维吾尔居民中属于下层社会的那些人"②。

如果说，一般的少数民族民众是被汉族传统民间戏曲艺术中有乐趣的一面所吸引，由于好奇而观看的话，那么另外还有一些少数民族人士则发自内心喜欢成为票友，如近代伊犁汉人街附近的一些维吾尔族老人受周围津商的影响，喜欢上了京戏，经过模仿练习，会唱京剧，成了票友。③ 抑或更上一个层次，通过勤学苦练，掌握了某一汉族戏曲剧种的技巧，主要是秦腔、京剧，成为相关领域的专业表演艺术家。

在秦帮、陇帮商人的资助下，秦腔在近代新疆得到了广泛传播，个别维吾尔族演员甚至会唱秦腔。如民国30年代的迪化，著名的会演几十折新疆小曲子戏的维吾尔族演员卡帕尔，他以演唱新疆小曲子戏为主，同时他也会唱秦腔。卡帕尔性情活泼，有时和朋友们一起自乐时也唱几段"维汉合璧"的滑稽戏。流传甚广的是他自编自唱的秦腔"乱弹"："头戴缨盔托玛克，身穿战袍阔耐克，足蹬朝靴约提克，手持大刀皮卡克，胯下战骑依夏克……来将报名！吾！蒙古大将喀勒玛克。"④ 在每句唱词中，一半是汉语，一半是维吾尔语，唱起来合辙押韵，听起来幽默风趣，这段唱词曾经流行一时。

京剧作为国粹艺术，在津帮商人的资助下，在新疆也得到了一定程度的传播，出现了专业的维吾尔族京剧演员。如民国时期迪化光明戏院京剧班中，就有一位著名维吾尔族京剧武生演员达吾提，受周围天津人语言的影响，说一口流利的天津杨柳青味的汉语。他的"小翻跟斗""纵跳""跌打""扑跃"等武功演技精湛，受到同行和观众的赞扬。他单独主演的京剧武生戏角色有：《白水滩》中的青面虎、《取洛阳》中的马武、《战长沙》中的

---

① ［英］C·P. 斯克莱因（Clairmont Percival Skrine）：《Chinese Central Asia》（中国的中亚），转引自［瑞典］贡纳尔·雅林：《中亚地区的文化碰撞——新疆穆斯林笔下的汉族戏剧》，见［瑞典］贡纳尔·雅林：《重返喀什噶尔》，崔延虎、郭颖杰译，296~297页，乌鲁木齐，新疆人民出版社，1994。笔者推测此处的汉族戏剧为秦腔。

② ［瑞典］贡纳尔·雅林：《中亚地区的文化碰撞——新疆穆斯林笔下的汉族戏剧》，见［瑞典］贡纳尔·雅林：《重返喀什噶尔》，崔延虎、郭颖杰译，295页，乌鲁木齐，新疆人民出版社，1994。笔者推测此处的汉族戏剧演出为秦腔。

③ 燕玲：《杨柳青与汉人街·据杨恩奎的儿子杨俊甲口述》，载《新疆日报》，2005-12-12。票友，指会唱京剧但不以专业演戏为生。

④ 本刊编辑部：《艺苑史瑰》，见中国人民政治协商会议乌鲁木齐市委员会文史资料研究委员会编：《乌鲁木齐文史资料》（第8辑），73页，内部资料，1984。

魏延、《黄鹤楼》中的赵云、《八腊庙》中的费德功、《连环套》中的窦尔敦等，都比较成功。[①]

民国年间迪化有名的吹唢呐的维吾尔族民间艺人阿不都古力，是个多面手，不但能吹奏本民族的乐曲，还能吹奏京剧、河北梆子、秦腔等多种汉族传统戏曲曲目。当年以汉族商帮人士为主体的迪化总商会秧歌队有演出机会时，经常请阿不都古力吹奏唢呐。令人叫绝的是，他不但能用汉语唱京剧，还能用维吾尔语唱京剧，[②] 他将戏词翻译成维吾尔语，但曲调不变，且边唱边表演。

少数民族的歌舞艺术，也受到汉族商人的喜爱。早在清乾隆年间，在迪化南山与山民交易的汉族客商，举行春社活动时，汉族商人就扮演成维吾尔族姑娘，演唱民族歌曲。有纪晓岚的诗为证："地近山南估客多，偷来番曲演鸯哥。谁将红豆传新拍，记取摩诃兜勒歌。"[③] 此诗中"估客"是行商之意，"鸯哥"在维吾尔族语中是妇女之意，"偷来番曲演鸯哥"意即汉商扮演维吾尔族女郎，唱维吾尔语歌曲。"谁将红豆传新拍，记取摩诃兜勒歌"中的"红豆"即相思豆，"谁将红豆传新拍"，是指原有的爱情曲换成新的维吾尔曲调。"摩诃兜勒歌"是西域笳曲名，泛指西域音乐。由此可见，汉族客商不但非常欣赏少数民族音乐，而且自己还演唱少数民族歌曲，并把汉族爱情歌词填进维吾尔曲调中，一片欢乐融融的景象。

进入晚清民国年间，维吾尔族歌舞"麦西来甫"，以其节奏明快、热情奔放受到汉族商帮人士的喜爱。在参与一些少数民族商民的娱乐活动时，汉族商帮人士也会加入其中，翩翩起舞。[④] 至今，新疆地区汉族群众每天早晚群众性的自娱自乐以及健身活动中，维吾尔族歌舞"麦西来甫"也是汉族群众最喜爱、参与性最强的群众娱乐活动之一。

总之，近代新疆的汉族商帮和少数民族商民通过互相学习语言、尊重彼此的风俗习惯，增加了族际之间的接触交往；同时两者在抵御外国经济侵略、合伙经商繁荣新疆经济、创办公益事业等方面，都有密切合作。这些族际接触交往越频繁，就越能打破民族偏见，减少民族之间的不信任，带来民族之间更多的信任与共识，有助于消除民族之间的隔阂乃至冲突，从而促进多民族地区的社会稳定与经济社会发展，并强化了新疆各族人民作为中华民族大家庭成员的心理认同感。

更为重要的是，汉族商帮在长期与各少数民族的交往中，在语言文字、饮食、戏曲、

---

① 本刊编辑部：《艺苑史瑰》，见中国人民政治协商会议乌鲁木齐市委员会文史资料研究委员会编：《乌鲁木齐文史资料》（第8辑），71～72页，内部资料，1984。

② 刘荫楠：《用维语唱京戏》，见刘荫楠：《乌鲁木齐掌故》（一），104页，乌鲁木齐，新疆人民出版社，2001。

③（清）纪昀：《乌鲁木齐杂诗·游览》，见王希隆：《新疆文献四种辑注考述》，185页，兰州，甘肃文化出版社，1995。

④ 笔者于2016年9月18日对王自立先生访谈时，王自立先生口述。王自立是津帮"老八大家"之一"公聚成"商号经理王静堂的第四代后人，曾于1945—1949年间在津帮"新八大家"之一"德昌源"商号任学徒。

服饰等许多方面，也多有相互效仿和沟通，通过相互衬托、相互融合，共同建构了多民族多元一体的新疆文化格局。可以说，是新疆各族人民共同创造了新疆的历史。在此过程中，大家结成了牢不可破的血肉纽带和兄弟情谊，共同捍卫了边疆的稳定、国家的统一和民族的团结，共同推动了国家的建设和社会的进步。

边疆经济研究

本栏目主持人：孙勇教授（四川大学社会发展与西部开发研究院）

主持人语：边疆经济中的贸易活动涉及与国外的往来，其内容相当丰富，近代中国边疆对外贸易活动有许多值得汲取的史料，多年来在这个方面的研究成果不少。近代中国的历史几乎就是一部屈辱史，所有的省区都在列强的入侵下陷入殖民地半殖民地的境遇，西藏作为中国西南边陲之地也不例外。英国在发动了两次侵略中国西藏的军事活动之后，尤其是1904年的侵略之后，英印势力强行在亚东、江孜等地开辟贸易市场，派遣军队，长年驻扎；并设置驿站，沿途架设电线置办邮政；英印商品进口，西藏地方不得征税；英、印货币在西藏广为流通不受任何限制，严重地损害了中国在西藏的主权。本节推出王相伟、狄方耀的《近代中国西藏与印度的贸易》，既是对这一段地方经济史的梳理与回顾，也是对这一特殊时段边疆经济政治属性的分析。这篇论文展现了学人对边疆经济历史的学术情怀，所论贸易且不局限于贸易，所论边疆又不局限于边疆，是近年来对这个问题研究之中尚不多见的。该文作者将许多数据与史事在进行梳理之后，做了新的综合研究，从而对英印势力在西藏地方进行经济掠夺予以了揭示，也从侧面反映了边疆经济在那个时期的特性。

近代中国西藏与印度的贸易[*]

王相伟　狄方耀[**]

中国和印度是两个相互毗邻的亚洲大国，处在中国西南边疆的西藏与印度的边境贸易往来源远流长。早在唐朝的吐蕃，中国西藏地区就与天竺国（今印度）有贸易往来，通过贸易交往促进了双方在政治、宗教、文化等方面的交流；到了近代，英印先后发动两次侵略中国西藏的战争，打开了西藏的门户，客观上保持并扩大了中国西藏与印度的边境贸易往来。1949 年中华人民共和国成立以后，西藏地方与原英印方面的不平等贸易变成了中国与印度的正常贸易往来。但自 1962 年发生中国对印自卫反击战争后，双方的贸易几乎处于停滞状态，直到 20 世纪末，双方的边境贸易又逐渐地恢复发展起来。

一、中国西藏与印度贸易的历史演变

（一）中印传统贸易历史回溯

早在 7 世纪赞普松赞干布统治时期，吐蕃王朝就频繁地与天竺、尼婆罗（今尼泊尔）等南亚国家和地区进行经济文化交流。《新唐书·吐蕃传》中记载，在唐玄宗统治时期，“吐蕃请交马于赤岭，互市于甘松岭”③。就是说，吐蕃王朝时期与唐朝有约定俗成的贸易场所，其中一个就是甘松岭。《隋书》中记载女国：“……朱砂、麝香、牦牛、骏马、蜀马，尤多盐，恒将盐向天竺兴贩，其利数倍。”④ 吐蕃王朝还专门设立了负责内外商业贸

* 本文是由狄方耀主持的西藏自治区高校人文社会科学 2015 年的重点项目（项目立项批号为：sk2015－39）中期研究成果之一。

** 王相伟（1991—），男，山东潍坊人，西藏民族大学中国近现代史专业 2014 级硕士研究生，研究方向为西藏近现代史；狄方耀（1958—），男，汉族，山东嘉祥人，西藏民族大学南亚研究所常务副所长、教授、博士生导师，研究方向为西藏经济、区域经济、市场经济等。

③ （宋）欧阳修、（宋）宋祁：《新唐书·吐蕃传》，6085 页，北京，中华书局，1972。

④ （唐）魏征等：《隋书》，1850～1851 页，北京，中华书局，1973。

易的“商官”。吐蕃王朝曾经两次派人带着麝香、盐巴、马匹、毛皮前往印度等邻近国家，带回了日用百货、布匹和棉花。盐粮交换是贯穿当时西藏与印度等南亚国家贸易的主要特征。1600 年以后，西藏和印度之间甚至与整个南亚之间的贸易联系更加频繁，例如阿里地区当地的牧民用当地的羊毛和湖盐等土特产品，与南面相邻的库马翁人、西面相邻的拉达克人交换一些水果、日用品及马匹，尤其是阿里地区当地的细羊绒得到了克什米尔地区人们的一致好评。在亚东，当地的居民和从事边境贸易的商人也用茶叶和盐巴来交换来自锡金和不丹等国家的粮食。位于西藏东南部地区的察隅和门隅等地方，商人及当地的居民素来有同印度阿萨姆地区进行边境贸易的习惯，并设有指定的边境贸易场所。1792 年，清朝乾隆帝在派兵驱逐了侵略西藏的廓尔喀以后，命福康安等人订立相关法条，形成了历史上有名的《藏内善后章程二十九条》，用法律条例的形式规定了西藏的军事、宗教、外交和外贸等制度。明确了中国西藏和毗邻国家地区之间边境贸易的时间、地点和规模，并且用法律的形式固定了下来，这更促进了中国西藏与印度间的贸易往来。西藏地方与印度传统的贸易主要是通过以物易物这种最原始的形式开展的，尽管交易的数额有限，但还是开启了双方经济文化间的交流，奠定了双方今后边境贸易的基础。

（二）近代半殖民地时期西藏与英印的贸易

1888 年英国发动了第一次侵略西藏的战争，并威逼清王朝签订了一系列不平等的条约，在普兰、帕里和亚东等地设立了不纳税的通商口岸。其中，亚东由于其特殊的地理位置，很快发展成为中国西藏与印度开展贸易的主要通道。根据英国官方的统计数据，在 1887—1888 贸易年度，中国西藏与印度经亚东口岸的贸易总额是 369226 卢比；1890—1891 贸易年度贸易总额是 1178868 卢比；1894—1895 贸易年度贸易总额增加到了 2105015 卢比，同年中国西藏与印度经亚东口岸的贸易额为 1149150 卢比；1899—1900 贸易年度，中国西藏与印度的贸易总额又增长到了 2897272 卢比，同年的中国西藏与印度经亚东口岸的贸易额也相应地增加到了 2206405 卢比。[①] 因此，开通亚东口岸之后，中国西藏与印度的贸易往来主要是通过边境贸易的形式来开展的。之后，英国于 1904 年发动了第二次侵略中国西藏的战争，英国对西藏经济侵略的速度在加快，同时用廉价的工业制成品交换西藏的畜牧业产品和大量金银。这种不平等的贸易交往，导致了双方贸易的严重失衡。在 1904—1911 年这八年中，除了 1907 年双方间的贸易为西藏顺差外，剩下的那七年都是西藏逆差。1911 年，辛亥革命爆发，清朝腐败政权戛然而止，随着近代中国西藏与印度的边境贸易的发展与扩大，西藏上层社会中的亲英派由于与英印的经济利益紧密结合，也就与英印在政治方面达成了一致意见，并强烈追随和支持英印主持策划的所谓“西藏独立”活

① 周伟洲：《英国、俄国与中国西藏》，130～131 页，北京，中国藏学出版社，2000。

动。因此，直到1951年西藏和平解放，西藏与印度的贸易中多了一类重要的商品，即武器军火。在1923—1942年以及1947—1950年这两段时间内，原西藏地方政府在购买武器军火方面就花费了4556506卢比，每年平均支出大约16万卢比，占地方政府外汇支出的40%左右。[①] 这表明，中国西藏与印度在这段时间的贸易既是不平等的贸易，也是一种畸形的包含着政治目的的贸易，西藏封建农奴经济逐渐崩溃的境地，使得西藏的经济更加依赖于和印度的贸易。除亚东口岸主要承担着西藏与印度的贸易的往来之外，印藏之间贸易往来还包括西藏西北部阿里地区和印度克什米尔地区、西藏东南部和印度阿萨姆间的边境贸易往来，此外还包括传统的边民互市来往，但是由于数量较小并且缺乏系统的统计资料，所以就没有具体分析。

（三）亚东被迫开放为商埠

西藏与印度的边境贸易是依托通商口岸等在内的贸易场所来进行的。亚东口岸和普兰口岸扮演着近代西藏与印度进行边境贸易通道的角色。但由于亚东口岸所处的特殊地理位置及交通条件，已然成为近代西藏与印度的贸易的主要通商口岸。

现今的亚东县位于西藏南部，总面积4240平方公里，总人口13000人，整个县域由2个镇、5个乡和25个行政村组成。亚东县处在中国与印度的边境地带，具有非常重要的战略地位和优越的地理位置。亚东县有290公里的边界线，距离日喀则市有309公里的路程，距离拉萨市有580公里。乃堆拉山口在亚东县的西南方向，距离亚东县城31公里。从乃堆拉山口到印度加尔各答的距离大约是550公里，这段距离与亚东县城经过日喀则到达拉萨的距离大致相等，所以亚东处于西藏与印度等南亚国家的中结点的位置，是祖国西南边疆的前哨和军事堡垒。因此，亚东成为中国近代史上西方大国侵略我国西藏的一个据点，乃至成为延伸渗透到我国内地的西南边陲的出发地。

19世纪末，尤其是进入19世纪80年代，对外政策史和外交史上不可否认的一个事实就是，各个资本主义国家在加紧扩张的同时，也在不停地开展对殖民地的争夺。此时的各主要资本主义国家相继进入了帝国主义阶段，地大物博的中国逐渐成为各帝国主义国家争相侵略扩张的对象。英国于1840年发动了第一次鸦片战争，与清廷签订了不平等的《南京条约》及其附约，并从中国攫取了各种政治经济特权，英国的势力范围也不断扩展到了长江流域。此外，英国还利用印度和西藏接壤的有利条件，加强了对西藏的入侵，意欲在占据西藏后，将印度、西藏和长江流域都划归于英国统治。1876年《中英条约另议专条》强迫清廷接受英方从中国内地进入西藏再到印度，或者从印度经过西藏最后进入中国内地

① 陈崇凯：《从商业外贸看英国侵藏后西藏地方经济的半殖民化》，载《西南民族大学学报》（人文社科版），2008（2）。

的特权要求。这段时间英国完成了对中国西南地区的全面包围，然后在西藏南部先后侵占了尼泊尔、不丹和锡金，又企图将西藏占为其殖民地，加快了军事与经济侵略的步伐，多次和清廷提出进行通商贸易的要求。

1888 年英国以西藏阻止贸易和跨境防御为借口，侵袭了隆吐山。西藏士兵和平民百姓以男尽女替的英雄气概与英军展开了第一次抗争，却以失败告终。接着在 1890 年 3 月 17 日，英国与清廷签订了《中英会议藏印条约》，该条约体现出英国侵略者意欲大肆侵略西藏并企图打开西藏大门的强烈愿望。这一不平等条约使得原属于中国的藩属国哲孟雄（锡金）正式地列入了英国的保护范围，并且把位于西藏南部的隆吐、捻纳到则利拉的领土也划归到了英国的势力范围。从此，英国把哲孟雄列为保护国，并且派政治专员进行统治，其实施的专制和剥削政策也在不断地蚕食着当地人民。[①] 在《中英会议藏印条约》中，英国对于哲孟雄边界线的设置，以及贸易、游牧和谈判等问题提出以后再议，强烈地呼应了日后英国大范围地侵略西藏的暴力行径。

英国于 1893 年 12 月 5 日强迫清廷签订了《中英会议藏印续约》，其中的第一款是："藏内亚东订于光绪二十年三月二十六日（1894 年 5 月 1 日）开辟通商，任听英国诸色商民前往贸易，由印度国家随意派员驻亚东，查看此处英商贸易事项"[②]。此次签订的不平等条约，把西藏许多经济政治的利益拱手让给了英国，使得西藏也跟祖国内地一样逐渐地沦为半殖民地社会，并且持续了半个多世纪。当时英国想直接进入拉萨进行商业贸易，但由于清王朝中央和西藏地方政府的强烈反对，最终没有达到英国的要求。在英国的胁迫下，亚东商埠按期开放，英国驻哲孟雄（锡金）政治专员惠德和清廷代表边务委员王延龄、中国海关亚东关税司戴莱等人参加了开埠的仪式。据统计，从 1895 年到 1902 年，亚东商埠的商品进出口贸易总额增长缓慢，年均增长 15000 卢比。经由亚东口岸输入印度的羊毛等农牧土特产品，经过英印方面的加工制作形成工业制成品后，再经由亚东口岸输入西藏和内地，冲击了西藏原有的商品经济结构，但却给英印国家带来了巨额利润。

（四）英印侵略势力进一步扩大

英国殖民者对于自己已经攫取来的经济、政治特权并没有满足。在 1903 年年底，英印军队偷偷越过乃堆拉山口，经过仁青岗到达帕里镇和康马镇，沿路进击江孜。面对外来侵略，藏族同胞进行了以江孜宗山保卫战为代表的第二次抗英斗争，有 4000 多人战死沙场，最终还是失败了。1904 年 9 月 7 日，英国军队威胁西藏地方政府签署了他们单方面订立的《拉萨条约》（即"英藏条约"）。其中在条约的第二款中明确规定："西藏允定于江

---

① 冯建勇：《1888—1911 年英俄在西藏的角逐》，载《西藏研究》，2010（6）。
② 杨作山：《辛亥革命前西藏对外贸易述略》，载《固原师专学报》，1997（5）。

孜、噶大克及亚东即行开作通商之埠”，第六款更是强行规定：“因藏违约，英军派兵前往拉萨责问”。[①] 沙俄对英印势力的扩张表示出不满，[②] 此时，全国人民的爱国舆论对清廷的压力很大，清廷电令有泰务必拒绝签署《拉萨条约》，并且任命外务部侍郎唐绍仪作为全权代表，和英印政府进行谈判。在会议上，唐绍仪严正指出，中国对西藏拥有完全的主权，英国与西藏地方订立的条约是无效的，应当重新议决。1906 年 4 月 27 日，中国代表唐绍仪、英方代表驻华公使萨道义在北京签订了《中英续订藏印条约》（即“北京条约”）六款，但是却以《拉萨条约》的十款作为附约。亚东的春丕谷因此被英印所占据，英国侵略者在当地横行霸道，强抢豪夺，霸占市场，肆意苛罚，给当地人民造成了十分恶劣的影响。英国理所当然地利用这项不平等条约进一步地扩大其势力的影响，攫取更多的经济利益。

19 世纪末 20 世纪初，英国和俄国两个国家为了争夺亚洲霸权以及划归在中国的势力范围，针锋相对，尤其以在西藏地方的角逐最为激烈。他们互相争夺又相互妥协，正体现了国家利益高于一切的理念。1907 年 8 月 31 日，英国和俄国在彼得堡签署了《英俄协约》，涵盖了关于西藏问题的《西藏协定》及其附件等内容。在《英俄协约》中，英国和俄国同时提到中国对西藏行使宗主权，但中国对西藏却没有行使主权的权力，这种说法在国际政治文件中的提出是首次，真是荒唐至极。1909 年 4 月 20 日，中国和英国在加尔各答签订了《中英修订藏印通商章程》十五款。根据这一通商章程，英国又从西藏攫取到了更多的经济、政治特权，而他们的目的就是想方设法地直接与西藏单方面交涉。由此引起的是亚东商路的藏印贸易的大幅度增长。在 20 世纪 20 年代初召开的西姆拉会议中，英印政府企图使西藏独立，把西藏划为“内藏”与“外藏”，并提出了荒唐的“麦克马洪线”，但中方代表陈怡范未签字，因此西姆拉会议产生的条约草案和提出的“麦克马洪线”根本就不具备任何法律效力。中国历届中央政府都不承认这个非法的划界，并对此提出了严正声明。

（五）近代亚东口岸的扩展

在“五四”爱国运动的强大压力下，北洋政府考虑到西姆拉会议带来的不良影响和严重后果，再三强调西藏一直是中国的完整领土，神圣而不可侵犯。1921 年又提出应该由中国派人监视接收亚东和江孜两地的关税款额。然而英印政府却狂妄地坚持，“在像亚东这样的如此靠近英属印度边界的地方”，“不应允许有中国官员存在”，[③] 英国很明显没有把西藏视为中国的领土。中华民国至西藏和平解放这一段时间，由于英印与中国签订了一系

① 次仁班觉：《亚东商埠史话》，载《西藏研究》，2007（3）。

② 刘财富：《地缘政治视角下的 1904 年英印政府侵藏缘由探析》，载《西昌学院学报》（社会科学版），2008（2）。

③ ［英］阿拉斯太尔·兰姆：《西藏、中国与印度》，英国罗克斯福特出版社，1989。

列不平等条约，所有的通商口岸都没有设置名副其实的海关，仅设立商务总管和地方税卡，但却对英印输入西藏的商品征税很少，以至于到后来对英印进口的工业制成品免征课税。英印官员和军队侵略西藏半个多世纪，还在西藏建立了驿站、邮政和电台。而且英印暗中勾结西藏地方上层反动人士，策动其对中国中央离心离德，试图通过西藏上层反动人士的力量来完成“西藏独立”、分裂中国的目标。

1947 年 8 月 15 日，印度从英国的殖民统治中脱离出来，获得了民族解放和国家独立。然而印度在独立后却完全沿袭了英国对待西藏问题的衣钵，其对待西藏的看法和做法与英国如出一辙，要求西藏地方政府严格遵守以前签订的条约内容，英国在西藏的特权不会消失而是由印度来继承。这时西藏上层中的分裂分子在抵制即将诞生的新中国这一方面与印度达成了一致。1949 年印度政府联合美国驻中国大使馆通过亚东口岸，给西藏地方武装提供了大量的军事武器，意在支持其分裂活动。1950 年，印度当时在任的尼赫鲁总理向准备赴京参加和平解放协议谈判的西藏代表提供了意见：“只能承认西藏是中国领土，外交由中国统管，而千万不能承认进军西藏，在西藏驻军。这对印度也是一种威胁。要在政治、经济等方面多多争得权利。”① 因此，印度在 20 世纪中叶通过亚东走私武器装备来支持藏军，并鼓动西藏地方的一些人从事分裂活动。

二、近代西藏地方与印度的贸易

1757 年普拉西战役通常被视为印度近代社会的开端，而 1840 年的鸦片战争被看做是中国近代社会的开端。中国和印度两国的关系和经济贸易在印度沦为英国的殖民地后，中国的西藏成为联结中英两国关系、中英两国贸易的纽带。因此，英国与中国的通商资料中也包括了印度与西藏之间的贸易往来的资料。另外，西藏与印度的边民互市贸易一直在持续不断地进行着，从未停止。但地方区域特点明显，统计不完整。亚东关因其特殊的地理位置及交通条件，在西藏与印度边境贸易的重要通道中发挥了不可替代的作用。

（一）辛亥革命前的贸易

在英中不平等条约的规定下，从 1894 年 5 月 1 日亚东正式设立海关并通商，到 1913 年 3 月时任中国总税务司的安格联命令办理亚东关的结束工作，亚东关总共存在了 20 年。在这 20 年中，依据中英签订的不平等条约的规定，在亚东关办理的业务只是检验进出口的货物，对货物的种类、数量、价值登记造册，履行按月、按结（每季度为一结）和按年进行统计，并且最终上报总税务司署，但是始终没有征收关税。在亚东成立商埠以前，西

① 次仁班觉：《亚东商埠史话》，载《西藏研究》，2007（3）。

藏和毗邻国家之间的传统贸易在史书中的记载寥寥无几，所以，亚东关对藏印贸易的系统记录①，是我国现存研究藏印贸易和西藏历史的珍贵史料。

根据中国第二历史档案馆和中国藏学研究中心合编的《西藏亚东关档案选编》以及陈继东的《近代西藏亚东与印度的边境贸易往来》，整理出了从亚东设关到辛亥革命这一段时期内比较完整的西藏与印度经亚东关的边境贸易情况，以及1895—1906部分年份经亚东关大宗进出口货物的情况。具体情况详见表1、表2、表3。②

表1 西藏与印度经亚东关的边境贸易情况（1894—1911年） 单位：卢比

贸易年度	西藏商品进口额	西藏商品出口额	商品贸易总额	西藏金银出口额	西藏金银进口额	金银进出口总额	亚东贸易总额
1894	191100	235900	427000	不详	11300		
1895	416200	634000	1050200	20200	328400	348600	1398800
1896	561395	781269	1342664	18965	291106	310071	1652735
1897	674139	820300	1494439	65185	207074	272259	1766698
1898	718475	817851	1536326	194350	145590	339940	1876266
1899	962637	822760	1785397	319983	1023989	1343972	3129369
1900	730502	710012	1440514	228050	93070	321120	1761634
1901	734075	783480	1517555	76182	48140	124322	1641877
1902	761837	815338	1577175	94725	53165	147890	1725065
1903	686041	687324	1373365	51080	57097	108177	1481542
1904	446212	186654	632866	134134	36947	171081	803947
1905	1233310	902595	2135905	349364	184360	533724	2669629
1906	1179740	1140336	2320076	274984	318360	593344	2913420
1907	1389616	1461383	2850999	416753	179847	596600	3447599
1908	1186370	1063651	2250021	718782	4570	723352	2973373
1909	1161555	913311	2074866	340757	57500	398257	2473123
1910	973427	681054	1654481	264160	21820	285980	1940461
1911（1—10月）	1110326	935188	2045514	不详	不详		

① 中国第二历史档案馆、中国藏学研究中心合编：《西藏亚东关档案选编》，2页，北京，中国藏学出版社，2000。

② 陈继东：《近代西藏亚东与印度的边境贸易往来》，载《南亚研究季刊》，2003（4）。

从表 1 中能够看出，首先，1894—1910 年的 16 年间，西藏与印度经亚东关的商品进出口总额快速增长，由此可具体分成三个发展阶段。第一个阶段是从 1894—1899 年，在这个阶段的亚东商品进出口总额呈现出了一个快速和持续的发展态势。亚东关的进出口商品总额从 1895 年的 1398800 卢比到 1899 年的 3129369 卢比，增长了 123.72%。第二个阶段是从 1900—1904 年，这段时期的亚东商品进出口总额出现波动发展。除了 1904 年的较大跌幅外，整体仍然维持在 150 万卢比～170 万卢比，但是低于从 1894—1899 年这段时间内达到的平均水平。第三个阶段是从 1905—1910 年，这一时期的亚东商品进出口总额不断地扩大。1905 年亚东进出口商品总额为 2669629 卢比，到 1907 年扩大到 3447599 卢比，达到 1894—1911 年西藏与印度经亚东关的商品进出口总额的最高值。虽然从 1907—1911 年，亚东商品进出口总额在逐年地下降，但是也高于 1894—1904 年这十年的平均水平。

其次，从 1904—1909 年开始，亚东商品进出口总额都超过了 200 万卢比。这反映出英印政府在发动第二次侵略西藏的战争之后，西藏逐渐变成了英印国家的商品倾销市场，并且将本地的大部分商品货物出口到印度，成为了英印资本主义国家的原料供应地。所以亚东商品进出口总额较之以前就有了明显的增长。

第三，以 1904 年为分界线，亚东商品贸易平衡有明显的转变。在 1894—1903 年这十年当中，除了 1899 年和 1900 年这两年为英印方面贸易顺差之外，其余八年都是西藏方面贸易顺差。1904—1911 年这八年当中，除了 1907 年是西藏方面贸易顺差之外，其余七年都是英印方面贸易顺差。这表明在英印发动第二次侵略西藏的战争后，英印方面在对西藏大量倾销商品时，还利用初级产品与工业制成品的差价等方法，把之前大部分的贸易逆差转变为贸易顺差，以此来获得更大的经济利益。

第四，从表 1 中还能够发现，经亚东关的金银的进出口也是西藏与印度的贸易中的重要组成部分。在亚东关成立的前几年，西藏在与印度的贸易过程中存在着巨大的贸易顺差，但是金银的出口额却小于进口额，这表明这段时间西藏的对外贸易的顺差主要靠进口的金银来平衡。而在 1904 年以后，西藏在与印度的贸易中的总体趋势是西藏商品的进口额大于出口额，说明西藏的贸易逆差在持续增大，但是这段时间的西藏金银的出口额却大于进口额，说明此时的贸易逆差主要靠出口的金银来平衡，也反映出英印的工业制成品在对西藏的商品倾销中占据了很大的优势。

表 2 经亚东关出口的大宗货物（1895—1906 部分年份）

货物名称	单位	1895 年	1897 年	1900 年	1901 年	1902 年	1903 年	1904 年	1906 年
床毡	条	1004	464	740	560	522	142	702	687
干酪	扪	37	52	78	38	42	21	48	36
藏绒布	码	21803	43270	7838	8597	2525	12098	3851	91824
药材	扪	7	7	35	34	1	42	2	2
骡子	匹	303	148	45	126	129	12	135	77
麝香	多拉	5023	2386	5604	4297	5861	3106	866	4315
马	匹	444	287	343	573	407	104	405	232
中国绸缎	码	170	1166	1712	232	160	546	356	—
紫胶	扪	10	6	3	2	3	—	2	4
羊毛	扪	30994	40034	31774	43881	33261	33550	391	38570
牦牛尾	扪	738	723	689	1026	1568	662	282	993
狐皮	张	—	2800	34	3670	30	—	—	2270
羊皮	张	—	—	332	82230	57600	80190	1200	264550

表 3 经亚东关进口的大宗货物（1895—1906 部分年份）

货物名称	单位	1895 年	1897 年	1900 年	1902 年	1903 年	1904 年	1906 年
棉织品	码	812526	1391652	1173511	1548727	1320982	842107	2074417
毛织品	扪	269	358	207	361	264	141	780
绒布	码	28315	58196	55067	65102	5891	34956	59810
五金	扪	1364	3386	3133	3419	6892	332	3803
棉绒布	码	282	10299	6843	293	2872	8304	122765
料珠	扪	99	173	127	81	93	39	120
瓷器	扪	317	327	454	450	368	93	771
钟表	件	125	145	97	86	118	38	61
珊瑚	多拉	333	1268	2963	1088	980	4701	9676
茶	扪	292	451	266	374	202	163	296
洋颜料	扪	0.28	12	23	21	31	20	50
土颜料	扪	20	29	46	53	50	—	3
面粉	扪	97	136	150	206	200	237	446
干鲜果	扪	984	1286	935	751	238	338	3731

续表

货物名称	单位	1895 年	1897 年	1900 年	1902 年	1903 年	1904 年	1906 年
土靛	扪	228	152	56	136	114	88	68
茜草	扪	76	150	144	170	201	4	59
玉米	扪	7756	4821	5590	5470	2811	2937	3076
火柴	格罗	1438	1717	4780	4485	3434	1931	6340
火油	箱	312	275	303	335	289	359	476
油漆	扪	100	113	77	61	35	52	150
米	扪	318	219	606	375	355	481	614
绸缎	码	3452	10458	15570	15188	25710	13802	12620
食物	扪	63	68	163	147	93	132	176
糖	扪	144	570	374	618	621	1310	1190
烟叶	扪	1731	4762	2046	4875	2452	1537	4244
雨伞	把	1943	5470	2589	2214	3562	716	4676

注：英制重量换算：1 多拉 =0. 41 盎司；1 扪（Maund，亦译作“蒙德”） =82. 28 磅，1 些尔 =2. 06 磅。中国重量换算：1 多拉 =3 钱；1 扪 =60 斤；1 些尔 =1. 87 斤。

从表 2 中可以看出，在此期间，经亚东关出口的大宗货物主要是麝香及以藏绒布为主的手工织品和以羊毛、羊皮、狐皮为主的畜牧货物三大类。例如，羊皮的出口量一般保持在 5 万张到 8 万张之间，1906 年则超过了 26 万张。再如，羊毛的出口量总体保持上升的趋势，由 1895 年的 3 万扪增加到了 1906 年的 3. 8 万扪。由统计数据可以看出，西藏经亚东出口的最主要的货物是羊皮和羊毛，因为西藏的主要经济特征就是以畜牧业为主。藏绒布是有藏族特色的手工织品，由 1895 年的 2 万多码发展到 1906 年的 9 万多码，1905 年的出口甚至达到了 18 万多码。从表 2 中还可以看到，经亚东关出口的大宗货物中如干酪、药材、紫胶、骡子等，本身的出口量较羊毛、羊皮等货物的基数小，且总体的出口量的波动也不大。由表 3 能够看出，经亚东关进口的大宗货物主要可分为工业制品和粮食两大类。进口的工业制品主要包括五金、火油、珊瑚、雨伞和棉毛织品等，进口的粮食主要是面粉、玉米和外国食物等。同时也可以看到，在经亚东关进口的大宗货物中，除去钟表、土颜料、土靛和玉米这些货物，其余进口的大宗货物在这一段时间内的进口量总体上呈现不断上升的趋势，尤其是在 1904 年以后。

（二）西藏地方与印度的贸易数字分析

表1、2、3中所反映的是辛亥革命前西藏与印度经亚东关的边境贸易情况。下面以1896年为例，分析经亚东进出口的各类大宗货物所占的比重及其重要性。具体情况详见表4和表5。①

表4　1896年经亚东出口的大宗货物

货物名称	单位	数量	价值（卢比）	占出口总额（%）
竹器	扪	0.20	40	
床毡	张	461	1343	
项靴	双	76	228	
猪鬃	扪	3	180	
中国帽	顶	20	60	
藏帽	件	38	170	
干酪	扪	61	526	
绒布	码	3936	1260	
藏装	扪	61	488	
古玩	件	13	80	
陶器	扪	16	223	
青稞面	扪	3	35	
鹿茸	扪	1	110	
香料	扪	2	30	
卡垫	条	85	427	
药材	扪	51	654	
骡子	匹	142	13235	1.7
麝香	多拉	3109	51774	6.6
羊肉	扪	9	118	
马	匹	282	22885	2.9
中国绸缎	码	582	3618	

① 陈继东：《近代西藏亚东与印度的边境贸易往来》，载《南亚研究季刊》，2003（4）。

续表

货物名称	单位	数量	价值（卢比）	占出口总额（%）
鲜果	扪	2	30	
干果	扪	6	65	
紫胶	扪	3	30	
木器	扪	0. 20	20	
羊毛	扪	38361	652137	83. 5
牦牛尾	扪	782	31517	4. 0
其他			16	
总计	卢比		781299	98. 7

表 5　1896 年经亚东进口的大宗货物

货物名称	单位	数量	价值（卢比）	占出口总额（%）
白棉布	码	331784	56735	10. 1
蓝棉布	码	192302	32353	5. 8
各色零布	码	23219	6315	1. 1
白斜纹布	码	15184	4544	0. 8
蓝斜纹布	码	57698	18842	3. 3
袈裟布	码	457312	39961	7. 1
棉线	扪	109	9487	1. 7
绒布	码	27881	53239	9. 5
铁器	扪	635	11366	2. 0
红铜片	扪	454	18663	3. 3
红铜器	扪	123	7102	1. 3
白铜片	扪	186	19197	3. 4
老铁箍	扪	1022	9206	1. 6
中国帽	顶	10120	13340	2. 4
瓷器	扪	320	15886	2. 8
珊瑚	多拉	803	4671	0. 8
儿茶	扪	198	4370	0. 8
鲜果	扪	1025	4890	0. 8
土靛	扪	88	15550	2. 8

续表

货物名称	单位	数量	价值（卢比）	占出口总额（%）
玉米	扪	5954	23669	4.2
珍珠	多拉	98	6610	1.18
米	扪	888	6377	1.1
中国绸缎	码	3540	6070	1.1
茧绸	码	3365	5543	1.0
獭皮	张	2619	10443	1.9
白糖	扪	279	3924	0.7
烟叶	扪	2792	44119	7.9
松耳石	扪	3	3300	0.6
合计	卢比		464603	81.15

从表4中能够发现，羊毛这一项占到了当年亚东出口总额的83.5%，牦牛尾占了当年亚东出口总量的4.0%，麝香占了当年亚东出口总额的6.6%，以上三种货物总共占到了当年亚东出口总额的94.1%，即畜牧产品大约占到了当年亚东出口总额的95%。这就能够看到当年在亚东出口的货物中，畜牧产品对于亚东出口的重要性。由表5能够看出，实际在1896年经亚东进口的货物种类繁多，总计147种，但在表格中所列的只是当年进口的大宗货物28种，这28种在当年经亚东进口总值中就已经占到了81.15%，剩下的经亚东进口的货物种类虽然多样化，但是它们在经亚东进口的总值中所占的比重太少，所以对于亚东的进口来说，其重要性微乎其微。棉织品在这28种大宗货物当中占到了8种，占到了当年亚东进口总值中的39.4%；中国帽和绸缎一共有3种，占到了当年亚东进口总值中的4.5%；5种五金类货物占到了当年亚东进口总值中的11.6%；烟叶占到了7.9%；大米和玉米所占比重为5.3%；瓷器和土靛占到了5.6%。也就是说，表5中的28种大宗货物中的这21种货物占到了当年亚东进口总值的74.3%。显而易见的是，工业制成品是经亚东进口的主要货物，但是进口的土靛、烟叶和粮食等农副产品又可以弥补牧区人民的消费所需求的农副产品。有关情况又如表6所示：

表6　1899年藏印贸易商品统计表①　　单位：卢比

英国输入西藏商品值		西藏输出商品值	
毛织品	136209	麝香	116024
棉织品	313585	羊毛	581944
丝织品	71728	牦牛尾	42628
金属制品	74461	羊皮	14183
烟草	32486	骡马	31823
珊瑚	26721	其他	36158
棉毛织物	8188		
粗纱	7462		
捻纱	6393		
毛绒	256		
其他	192629		
总计	870118	总计	822760

从表6中能够看出，西藏输出商品总值为822760卢比，仅羊毛出口值就达到了581944卢比，占输出商品总值的70.7%，麝香占输出商品总值的14.1%，牦牛尾占输出商品总值的5.2%，骡马占输出商品总值的3.9%，羊皮占输出商品总值的1.7%，其他占输出商品总值的4.4%。英国输入西藏的商品大都是工业制成品，其中毛织品、棉织品、丝织品、棉毛织物、粗纱、捻纱和毛绒这类纺织品就占到了当年英国输入西藏总值的62.5%。

（三）民国时期西藏地方与印度的贸易情况

1911年爆发了辛亥革命，清王朝的封建统治被摧毁，中国内地的政治局面也处在不断的动荡之中。在此期间，西藏地方政治局势也发生了变化，中国中央政府对所属亚东海关不能顺利地进行其管理事务。1913年3月亚东关办理了闭关工作，到1914年3月彻底完成了闭关的相关事宜，现存的文件资料大都是针对当时的形势变化的有关报告和处理闭关的有关记录，对西藏和印度的贸易的记载比较零散，很难加以利用，所以不予考虑。

中国中央政府所属亚东关在闭关之后，亚东口岸仍然开放，西藏地方与印度的边境贸易仍在继续，但是却暂时地归西藏地方当局管理。英印方面对西藏与印度的边境贸易现存的资料能反映亚东关的边境贸易发展情况。虽然英印方面使用的是按照财政年度统计的贸

① 亚东县地方志编纂委员会：《亚东县志》，397～398页，北京，中国藏学出版社，2013。

易数据，而不是按照日历年度统计的贸易数据，但由于中方统计的贸易数据资料的缺失，英印方面统计的贸易数据也就具有了重要的参考价值。表 7 是 1910—1911 年度至 1924—1925 年度经亚东口岸的西藏与印度的贸易情况。

表 7 经亚东口岸的西藏与印度的贸易情况（1910—1911 年度至 1924—1925 年度）①

单位：卢比

贸易年度	西藏商品进口额	西藏商品出口额	商品贸易总额	西藏金银出口	西藏金银进口额	金银进出口总额	亚东贸易总额
1910—1911	825141	956214	1781355	226935	10550	237485	2018840
1911—1912	671382	1245283	1916665	212446	17844	230290	2146955
1912—1913	861554	830745	1692299	191480	2000	193480	1885779
1913—1914	682906	799678	1482584	246453	12276	258729	1741313
1914—1915	1109357	1177183	2286540	195245	13330	208575	2495115
1915—1916	1162257	1530885	2693142	355420	87618	443038	3136000
1916—1917	1133723	1709577	2843300	315083	59000	374083	3217383
1917—1918	1186488	2105435	3291923	268958	5000	273958	3565881
1918—1919							
1919—1920							
1920—1921	1859232（含金银额）	2468680（含金银额）	4327912	已计入商品额	已计入商品额		4327912
1921—1922	1356896（含金银额）	2385683（含金银额）	3742579	已计入商品额			3742579
1922—1923	2193831（含金银额）	2075662（含金银额）	4269493	已计入商品额	已计入商品额		4269493
1923—1924		3035128					5407262
1924—1925	2793681	2528579	5322260	624900	1117600	1742500	7064760

从表 7 中可以看出，首先，通过亚东口岸进行的西藏与印度的贸易总体上呈现出不断扩大的趋势。经由亚东口岸的西藏与印度的贸易总额，包括金银贸易在内，在 1910—1912 这两个年度都超过了 200 万卢比，在接下来的 1912—1914 两个年度有所下降，在 200 万卢

① 陈继东：《近代西藏亚东与印度的边境贸易往来》，载《南亚研究季刊》，2003（4）。

比以下。但接下来的一个贸易年度，亚东贸易总额扩大到了将近250万卢比，1915年起连续三个年度的贸易总额都超过了300万卢比，1920—1921年度的贸易总额增长到了400万卢比，1923—1924年度的贸易总额增长到了540万卢比，1924—1925年度甚至扩大到了700万卢比，可以看到亚东对外贸易增长速度是很快的。

其次，在商品贸易平衡方面，西藏除了1912—1913年度和1924—1925年度为贸易逆差之外，对印度长期都是贸易顺差。而在金银贸易平衡方面，除了1924—1925年度为贸易逆差外，其余年份对印度均是贸易顺差。这充分地反映出英印对西藏出口商品的强烈需求，也反映出英印在不断加深对西藏原材料的掠夺。另一方面，西藏通过出口英印所需的原材料和金银等商品，逐渐地积累了用来购买英印武器军火和机电器材设备的外汇收入。

此处的分析以西藏当地所生产的羊毛为例进行。由表2可以看出，西藏的羊毛和羊皮在经过亚东口岸出口到印度的边境贸易中，占了很大的比例。到辛亥革命后，英印仍然从西藏主要掠夺羊毛作为其工业原料。在20世纪初的前十年里，英印经由亚东口岸侵夺西藏的羊毛数量常年稳定在三四万扪。1911年辛亥革命爆发后，西藏所有的羊毛都被出口到了印度。这其中羊毛的数量经亚东出口每年大约8万扪，1939—1940年度竟然增长到了将近15万扪。英国官方关于1908—1947年亚东商路西藏羊毛出口印度数量的统计情况见表8。

表8 1908—1947年亚东商路西藏羊毛出口印度数量统计表①

贸易年度	出口数量（扪）	价值（卢比）
1908—1909	40000	
1916—1917	64960	1514334
1923—1924	95058	
1924—1925	79958	2315847
1926—1927	49153（仅1926年4月1日—1926年12月30日的数字）	
1927—1928	59743（仅1927年4月1日—1927年12月30日的数字）	
1928—1929	64007	
1929—1930	49552	（每扪约价40卢比）
1930—1931	24626	
1931—1932	50198	
1932—1933	25835	
1933—1934	64619	

① 周伟洲：《英国、俄国与中国西藏》，449～450页，北京，中国藏学出版社，2000。

续表

贸易年度	出口数量（扪）	价值（卢比）
1934—1935	62616	
1935—1936	96973	
1936—1937	115073	
1937—1938	76765	
1938—1939	85887	
1939—1940	148779	
1941—1942	88045	
1942—1943	60932	
1943—1944	32432	
1944—1945	57150（缺 1945 年 3 月的数字）	
1945—1946	75078	
1946—1947	106615	

1914—1915 贸易年度西藏的西部地区对印度的商品进出口总额为 250 万卢比，其中进口额和出口额各占了一半，羊毛占西藏商品出口总额的 80%，按照每扪羊毛的价格是 20 卢比计算，那么西藏的西部地区往印度输出的羊毛年均在 4 万扪以上。除此之外，西藏也将大量的其他农牧土特产品运往了印度。

英印加强了对西藏畜皮和牦牛尾等农牧土特产品的掠夺。例如，牦牛尾在 1916—1917 贸易年度经亚东输出到印度的数量达到了 1268 扪，价值约 66718 卢比。在 1924—1925 贸易年度，畜皮经亚东输出到印度的价值约 80256 卢比，紫胶的价值约 68230 卢比，牦牛尾的价值约 69830 卢比，都较辛亥革命前有较大幅度的增长。当年经亚东输出到印度的商品总额是 2528579 卢比，这三项商品在当年经亚东输出到印度的商品总额中占到了 8.63%。羊毛在当年经亚东输出到印度的数量是 79958 扪，价值约 2315847 卢比，在当年经亚东输出到印度的商品总额中占到了 91.59%。

总体而言，西藏经亚东的出口结构与西藏以畜牧业为主的经济特征是分不开的。从 1911 年辛亥革命到 1951 年西藏和平解放这 40 年时间，西藏增加了两类重要的进口商品。一类是武器军火。在 1923—1942 年以及 1947—1950 年两段时期，噶厦地方政府总共用了 450 多万卢比购买武器军火，年均支出大约是 18 万卢比，约占噶厦地方政府财政支出的 40% 左右。①

① 陈继东：《近代西藏亚东与印度的贸易往来》，载《南亚研究季刊》，2003（4）。

英印政府之所以向西藏大量输入武器军火，是有其特殊原因的。在政治上，是为了煽动和支持西藏上层社会中的亲英派主持策划的所谓“西藏独立”活动，支持藏军的内犯；在经济上，由于英印对西藏的羊毛等工业原材料的强烈需求，导致西藏在对印度的贸易中，长期处于贸易顺差状态，而英印向西藏方面输出武器军火是为了弥补英印方面的贸易赤字。另一类是相当数量的机电器材设备。根据中国人民银行西藏自治区分行金融研究所统计，从20世纪30年代起，原西藏噶厦地方政府年均用大约17万卢比来购买机电器材设备，约占其年均外汇支出的45%。西藏地方政府从印度购买来的机电器材设备全部都是用来建设“西藏造币厂”和相关的造币厂的，这在一定程度上给西藏上层社会中的亲英派提供了便利，并为其策划主持“西藏独立”活动提供了财政上的支持。①

西藏与印度的边境贸易体现出具有和内地同时期的半殖民地的性质，西藏也变成了英印商品倾销的市场。也就是说，西藏的羊毛等工业制造所需要的原材料不断地输入印度，在印度经过工业加工之后，再由印度以高倍的价格源源不断地输往西藏。同时输往西藏的还有武器军火，这种现象一直持续到了印度脱离英国殖民统治，甚至直到西藏和平解放才结束。

三、近代西藏与印度贸易的特点与历史影响

英国对西藏的武装侵略打开了中国西藏的大门，同时，英印殖民主义者在经济上也采取了一系列的掠夺政策，试图全面控制西藏。总结近代各个阶段西藏与印度的贸易情况，对近代西藏与印度的边境贸易的特点与历史影响进行分析，有助于人们对特殊时期边疆经济的认识。

（一）近代西藏地方与印度贸易的影响

1840年鸦片战争爆发后，印度的卢比、茶叶以及大批廉价的搪瓷器皿、棉纺织品、英国呢绒等不断地涌入拉萨的市场，西藏输入印度的商品主要是代表西藏农牧特色的羊毛。从表1中能够明显地看到，西藏与印度经亚东关的边境贸易总额从1894年起就一直稳步上升，特别是在1904年以后，每年都超过了200万卢比。另一个重大变化是，在1904年江孜和噶大克被辟为商埠之前，西藏的商品出口额一直高于进口额，但从设关通商以后，西藏的商品贸易却一直处于贸易逆差，且高居不下。1895—1899年，西藏从印度经亚东关进口的商品额一直处在上升的状态，到1900—1903年间保持在70万卢比左右。1904年英印发动了第二次侵略西藏的战争，导致西藏商品的进口额锐减，但在1904年之后却迅猛

① 阿旺次仁、李晓亮：《近代中国西藏地方与南亚地区的通商往来》，载《西藏日报》，2006-12-15。

增长。从表3中可以看到，英印经亚东关输入西藏的大宗货物主要是粮食和工业制品两大类。从表6也可以发现，西藏从英印进口的货物中，工业制成品占绝大多数，其中棉毛织物占首位。

英印货物大量输入西藏，在很大程度上冲击了西藏脆弱的民族经济，阻碍了西藏经济的平稳发展，也把西藏具有保守工艺和简易工具的手工业置于破产的境地。例如，氆氇手工业作为西藏传统的手工制造业，在清代就发展成为当时西藏主要的手工业部门之一，在邻近的尼泊尔和不丹等国家都享有很高的品牌知名度。但是由于输入西藏的大量英国廉价毛呢，西藏的氆氇在对外商品输出的总额逐渐下降，这也证实了西藏的氆氇纺织业的发展在受到英印商品的冲击后在逐渐萎缩。

英国充分意识到藏族和汉族茶叶贸易之间的密切交流，因此就专门派人到四川雅安盗取制作茶叶的技巧，在印度推广种植茶树，进行茶叶贸易。大量的茶叶源源不断地运往西藏及其他藏区，使原先从事国内茶叶贸易的商人的利益受到侵犯，经济地位也随之下降。尽管清廷曾经抵制印茶，但是茶叶商人已经经受了打击，加上日益猖獗的官僚资本入侵边茶贸易，导致边茶生产厂家陆续倒闭。其他从内地输入的商品也跟边茶一样，发展速度极慢乃至停止。英印日用品如首饰、灯草绒、斜纹布、细绒、细呢等，在西藏甚至在甘孜藏区得到了大量的商品倾销。在英印商品的倾销下，西藏及其他藏区的民族工商业面对这种情况毫无办法，只能任其泛滥，进而导致很多民族传统商品失去市场发展空间，藏区的民族工商业在夹缝中艰难地生存。根据周太玄著《西康通志手稿·工商志》中记载："自洋布输入以后，川人渐不衣土布，其影响即至西移。民初全康藏除巴安（今巴塘）甘孜以西，英国布渐行畅销，川布几绝迹。近年川布贸易实一蹶不振，不能如在历史上之为一西销之重要商品矣。"① 19世纪末20世纪初，西藏的羊毛等传统的土特产品作为英印的工业加工材料大部分都运往了印度，在印度加工成工业制成品之后，再倾销回西藏甚至更远的甘孜藏区，由此产生的巨额利润收归英印。

（二）英印运用货币手段对西藏进行经济侵略

1792年（乾隆五十七年），清廷对西藏推行了新的财政政策。1793年，正式成立了铸钱局，流通的外币因此被统一铸造的官钱所取代。但是在咸丰皇帝统治期间，因为银料的缺乏，每年就没有多余的原材料来铸造宝藏币了，宝藏币的铸造也就在断断续续的发展中流传下来。基于宝藏币的稀少，所谓"物以稀为贵"，这就导致人们更加爱惜旧钱。尽管这些银币比以前流通的外币的成色要更好一些，但是钱身却很薄，其重量大抵相当于一钱，所以人们称宝藏币为西藏薄片。章卡币流通的范围比较广泛，但是由于"自国库拨给

① 周太玄：《西康通志手稿·工商志》，28页，四川省档案馆藏。

的白银所铸造的章卡币均被前藏方面回炉，数年后章卡币变得极少……故特别缺乏章卡币”[①]。西藏的造币厂却“用铜一银二比例铸造，品质甚劣，又无辅币”[②]，造成银币质量的下降。随着商品经济的发展，西藏货币制度在商品生产的发展过程中由于其缺陷已经严重影响了西藏人民的生活，印度卢比从而乘虚而入。

印度卢比是英国在东印度公司用机器铸造的一种银币，在对西藏进行经济侵略的过程中扮演着重要的角色。在卢比铸造的早期发展过程中，由于制作过程的缜密细致，制造的卢比中的银含量是比较高，最高的卢比中银的含量能达到九成。卢比也有辅币，有四分之一卢比和八分之一卢比两种。它拥有美观的外形，统一的规格，方便携带、储藏和计算，因此藏族民众愿意使用卢比。最初，在清廷和西藏地方政府禁止和英印通商时，英国商人通过大量走私将卢比贩运到西藏。鸦片战争后，英国对通过走私获得的利润极不满足，对于西藏的开放与否，经过与清廷的多次谈判，终究无果。于是就先后发动了两次侵略西藏的战争，把西藏划归英国的势力范围，在江孜、亚东和噶大克三处设立了通商口岸。由于英印通过通商口岸对西藏进行掠夺贸易，印度的卢比也就伴随英印的经济侵略流入了西藏。西藏的皮革价格相当于英印方面的十分之一，而西藏的羊毛的价格也只有英印方面的四分之一，因西藏地方商品的物价低廉，致使大量的西藏货物被英印抢购一空。羊毛和皮革是用来制作工业产品的，而产自西藏的麝香等高价商品也被英印以低廉的价格输出到了印度。这就导致了西藏对印度的贸易顺差，而英印政府弥补自身贸易逆差的手段是货币即卢比。因此，大量的印度卢比出现在西藏市场。从此，西藏地方市场上的英印商品也在不断增多，商品流通中原先使用的章卡也被印度卢比所取代。在西藏的市场上卢比逐渐发展成为主要货币，并且卢比的流通没有任何阻碍。英国正式在亚东设关的时候，在进行商品货物进出口贸易时，计量单位是银两。但是在三年以后，计量单位就变成卢比了。

卢比本身就是一种非常有利可图的金融商品。在清朝统治末期，没有明确的记录数据来证实流入西藏市场的印度卢比的数目，但是据估计，“其数量至少在四千万元以上，若以每元卢比盈利一钱计算，英商仅铸币利润一项即有四百万两之多”[③]。由于印度卢比的成色比较好，很多民众都愿意使用卢比，英印商人趁机提价，使卢比在市场上以流通手段产生的价值比它本身所具有的价值要高得多。“每一卢比重量仅三钱二分，作银三钱七八分不等”[④]，英印商人以至于用四钱的价格购买西藏的物资。由于市场对卢比的强烈依赖，卢比的价值也随之不断地上升。“光绪二十年（1894 年）以前约三卢比折合关平银一两，

---

① 中国人民银行西藏分行金融研究所钱币研究小组：《西藏地方钱币概述》，载《西藏研究》，1988（1）。

② 陈观浔：《西藏志》，210 页，成都，巴蜀书社，1986。

③ 陈一石：《卢比侵淫康藏及其影响》，载《中国钱币》，1990（6）。

④ 中国人民银行总行参事室金融史料组：《中国近代货币史资料》（第 1 辑下册），844 页，北京，中华书局，1964。

今则（1907年）二卢比即合关平银一两矣”①。卢比对章卡的比价也不小，“卢比一元，抵换藏币（章卡）四十余枚，以至七八十枚，藏中不能制止”②。用六枚纯银章卡币就可以抵换一两纹银，但是后来章卡大都用铜一银二的比例铸造而贬值超过了一半，即使用劣质的章卡计算，十几枚能够抵换一两纹银。卢比兑换章卡的比价对西藏的铸币机构造成了十分不利的影响，几乎被置于无利可图的境地。

（三）外国钱币入占西藏市场

卢比的大量流通，使西藏的货币市场上充斥着印度卢比，商品的价格持续上涨，例如青稞价格上涨了20%，面粉的价格上涨了83%，雅安的茶叶上涨了40%。藏银3钱在1909年能够兑换1卢比，但是到1920年，1卢比却相当于藏银4钱5分，十年时间使得藏银贬值了50%，这就使得西藏甚至甘孜藏区逐渐失去了独立的市场，造成日益严重的外币左右市场的局面。③

大量的卢比涌入西藏并流通到内地，对清王朝和西藏地方的金融管理与贸易来往造成了十分不利的影响。清廷每年都会从四川拨十余万两边饷到西藏，但是藏族的商人必须采取藏币兑换白银的方式购买位于川边藏区的茶市中心打箭炉的茶叶。为了规避转饷费用和繁琐的以币易银，在打箭炉便由当地的驻藏粮员亲自找藏族商人去汇兑，按照当时市场的价格，一两饷银能够换得十枚一钱重的宝藏银币。这种汇兑方式直到20世纪初期才结束，但是这时的西藏市场上却充斥着大量的印度卢比，并且英印商人任意地提高卢比在流通过程中的价值，使得白银的价值在不断地降低。藏族商人在汇兑饷银时，也依照英印商人贬低白银的价格，导致大量的饷银在不断地流失。例如在前藏，“每年额饷六万两，汇到只得五万四千两”④。甚至有时候想要兑换藏币，但是用饷银是兑换不到的，是因为这时候“市间以藏钱（宝藏币）七八元即可购银一两”⑤，西藏商人更愿意用宝藏币去兑换白银，买打箭炉的茶叶，但是却不愿意去汇兑饷银。最终他们达成一致意见，商定由西藏地方政府以一两换九枚的价格负责汇兑饷银，但需要满足“需汉官运银到藏”⑥ 的条件。然而清廷从印度的汇丰银行汇款到拉萨的时候，由于要先把白银折合成卢比，因此获得的利益在不同程度上被削弱了。“汇丰汇兑到藏，每万两只得六千八百之用”⑦。原来特别轻快简便的汇兑方式发展到这时不但过程复杂，而且每一层的手续也会受到无形的损耗。饷银的大

① 周永红：《清末中英在西藏的货币之争》，载《南京师大学报》（社会科学版），2002（5）。
② 吴丰培：《赵尔丰川边奏牍》，93页，成都，四川民族出版社，1984。
③ 吴丰培整理：《西藏志》，第十章商人，拉萨，西藏人民出版社，1982。
④ 吴丰培辑：《联豫驻藏奏稿》，18页，拉萨，西藏人民出版社，1979。
⑤ 中国人民银行总行参事室金融史料组：《中国近代货币史资料》（第1辑下册），839页，北京，中华书局，1964。
⑥ 中国人民银行总行参事室金融史料组：《中国近代货币史资料》（第1辑下册），839页，北京，中华书局，1964。
⑦ 吴丰培：《清季筹藏奏稿》（第3册），2页，国立北平研究院史学研究会，1948。

量流失，与清朝落后的金融体制和腐败不堪的制度是分不开的，但是根本原因在于英印卢比主导西藏市场乃至影响到四川，造成了金融的混乱。

大量的卢比涌入西藏，对于流通当地的藏币和银两来说是不小的打击。近代英印对西藏经济侵略的不断扩大，大量的印度卢比也在西藏持续流通，给西藏地方的经济带来了严重影响。大量卢比在西藏的流通不仅给广大西藏的农牧民造成了严重的经济损失，而且也逐渐地疏远了西藏与内地经济上的联系。陶思曾在《藏輶随记》中写道："窃闻藏印未通商以前，番商之贸易川省者，多愿预缴息金，向粮台划免官款，今日时势则大相反矣。"①

英印对西藏的经济侵略，使一部分西藏贵族逐渐偏离了清王朝的统治。西藏的部分官商和大商人与印度的贸易所产生的巨大利润，使得一部分西藏贵族越来越倾向于英印政府，他们哄抬物价，给西藏农牧民的经济发展以沉重的打击。同时，这一部分西藏贵族因经济利益对英印政府也形成了依赖关系。这种情况促使清朝廷决心铸造钱币抵制英印，如时任打箭炉同知的刘廷恕试铸的"炉关"银币，四川总督锡良铸造的四川银元（也称川洋），清朝廷为了保护西藏市场与印度卢比展开斗争而对川铸藏元的相关政策进行了一系列改革和修订，在一定程度上稳定了西藏的货币市场，遏制了印度卢比在西藏的流通与渗透，但是在当时的大环境下，所产生的效果是有限的。

（四）近代西藏地方与印度贸易的历史影响

近代西藏与印度的贸易的扩大，在经济方面对西藏地方造成了十分恶劣的影响，主要表现是使得西藏在社会经济活动上更加依赖于英印市场。在一定程度上，西藏包括四川藏区已经变成了英印国家专属的原料供应地和商品倾销市场。通过不断攫取中国西藏的经济利益，使得西藏地方实际上被纳入英印资本主义经济的体系之中。西藏的经济从封建农奴制经济转变为半殖民地经济，并且进一步加深了与英印的经济乃至政治上联系。

在辛亥革命之前，英印的货物已经进入西藏的市场。辛亥革命以后，从中国内地输入西藏的货物逐渐被英印进口货物排挤出了西藏市场。在西藏不只是纺织品和茶叶市场被来自英印的纺织品和茶叶市场占领，甚至是日用百货商品，也不断地被英印市场所霸占。从辛亥革命到西藏和平解放这一段时间，除了西藏最东部地区因与四川和云南相邻，靠近中国内地而促进了部分商品市场的发展之外，英印的商品市场独占了西藏市场的绝大部分，这在西藏的中西部表现得最为明显。在辛亥革命以后，大多数从中国内地输入西藏的货物，都要经过天津港走海路转运到印度，然后进入西藏市场，这样使得西藏市场更加依赖于西藏地方与印度方面传统的贸易通道。这样，西藏实际上成为英印资本主义国家的商品倾销市场，并且将本地的大部分商品货物出口到印度，成为了英印等资本主义国家的原料供应地。

---

① 转引自成崇德、张世明：《清代开发西藏研究》，138页，北京，燕山出版社，1996。

英印为了实现长久控制西藏的目的，在经济上实施了很多具有掠夺性的措施，并且培植在西藏的代理人，试图全面操纵西藏。由于受到自给自足的自然经济下孕育出的封闭落后的民族文化的影响，在一定程度上西藏仍然在很长时间内保持传统的生产生活方式。但在英印资本主义对西藏的经济侵略下，西藏自给自足的自然经济受到了很大程度的冲击，封闭的经济逐渐被打破，与英印资本主义市场的联系逐渐加深。这样，西藏经济由过去单一的自给自足的封建农奴制经济，转变成了具有二元性质的半殖民地经济，即自给自足的自然经济仍然在西藏社会中扮演最重要的角色，但是却不断地为英印提供原材料，并使英印的工业制成品在西藏的市场得以流通。这对于一个封建农奴制度下依然盛行庄园经济的区域社会，无疑是雪上加霜。

近代西藏与印度的贸易的扩大，对西藏政治的主要影响是西藏上层社会中的亲英派由于与英印的经济利益紧密结合，他们对英印主持策划的所谓“西藏独立”活动给予了大力支持，这对西藏政治方面的影响非常大。

从 19 世纪后期到 20 世纪初期，由于英印把从西藏输入的传统土特产品加工成了工业制成品，由此输入西藏市场的产品不断增多，其势力范围也在不断扩大，吸引了大量的西藏商人参与到西藏与英印贸易扩大的过程中。他们中的一部分人在向西藏推销英印资本家的商品过程中获取到了中间利润，有些人是通过向英印贩卖西藏的麝香、羊毛等土特产品获取利润，成为近代西藏的新买办阶级。由于在经济利益上相互纠缠与捆绑在一起，西藏的新买办阶级与英印的关系因而是紧密相连的。由周伟洲主编的《英国、俄国与中国西藏》一书中介绍并分析了西藏的新买办阶级发家致富的情况：

例如，解放前西藏最有经济实力的大商人之一邦达家族，就是较早开始经营藏印贸易的西藏商人之一。1909 年 5 月至 1910 年 3 月，西藏地方政府将出口印度的西藏羊毛列为专卖商品时，邦达家族即是当时从西藏地方政府购买羊毛专卖权的西藏商人之一。邦达家族在以后几十年中之所以没有衰落，反而更加富有，其中最重要的原因就是该家族较早转向经营藏印贸易，而且以后一直以经营藏印贸易为主。再如，1912 年入赘擦绒家族的达桑占东，在入赘前，擦绒家族正陷入入不敷出、债台高筑的困境；自入赘擦绒家族后，他利用其先后担任藏军总司令、噶伦、扎萨等职务之便，积极参与藏印贸易，很快就还清了擦绒家族的所有债务，到西藏和平解放时，擦绒家族已成为西藏最富有的家族之一。解放前，西藏其余几家最大的商人，如柳霞家族、桑多家族、恩珠家族等，也都是因为主要从事藏印贸易而成为西藏最有经济实力的商人。①

① 周伟洲：《英国、俄国与中国西藏》，464 页，北京，中国藏学出版社，2000。

从以上所引的资料能够看出，西藏的新买办阶级通过经营西藏与印度的贸易与英印的经济利益紧密地联系在一起，形成荣辱共生的利害关系。因此，他们变成了英印资本主义在西藏的政治代表进而演化为亲英派。这些人积极参与并推广英印主持策划的“西藏独立”活动，极不利于中国这个多民族团结统一的国家的稳定。周伟洲主编的《英国、俄国与中国西藏》一书中介绍和分析了这一情况：

……邦达家族成员邦达养壁（简称邦达昌），曾长期担任西藏地方政府负责藏印贸易事务的卓木总管（亚东总管）。在1947年10月至1949年3月期间，他曾以非法的“西藏贸易团”正式成员的身份，到美、英、印等国大肆进行所谓的“西藏独立”活动。柳霞家族成员柳霞·土登塔巴曾长期担任非法的西藏噶厦“外交局”扎萨（局长）之职，是进行所谓的“西藏独立”活动最为卖力的西藏上层官员之一。擦绒·达桑占东在辛亥革命后直至西藏解放，一直在西藏地方政府任职，先后担任过藏军总司令、噶伦、扎萨等职，他一直是西藏上层亲英派集团中最重要的首领人物之一。①

以上所引材料深刻揭示了经营西藏与印度商业贸易的西藏新买办阶级和主持策划“西藏独立”活动的上层分子间的联系，这是进行所谓“西藏独立”阴谋活动的经济基础。从事西藏与印度商业贸易的西藏新买办阶级由于长期与英印资本主义侵略势力来往，了解外国的情况，熟悉国际政治经济的发展和国际关系的变化情况，充分运用国际上的反华势力进行“西藏独立”阴谋活动的推广与宣传，从而扩大了其阴谋活动在国际范围内的影响力和号召力，对多民族国家统一的局面形成产生了极为恶劣的影响。

印度与西藏的贸易，从来都是英印在经济上对西藏的侵略并不断地利用西藏的过程。这种贸易加剧了西藏农牧民的经济负担，使其生活变得更加的贫苦不堪。这种变化主要表现为以下几种方式：

首先，西藏地方政府财政总收入大大减少。西藏地方政府由于财政总收入大大减少，就以种种名义对普通民众加征捐税，加剧了西藏农牧民的经济负担。英印资本主义通过经营西藏与印度的商业贸易，扩大了对西藏的经济侵略的影响，因此，在一定程度上不利于提高西藏地方政府的财政收入。伴随着西藏与印度的贸易的不断发展，英印国家试图通过签订的各个不平等条约所获得的在西藏的权益，拒绝缴纳进口税或大幅度减少进口税，从而大大减少了西藏当地政府的贸易税收。另一方面，由于英印国家在西藏的经济侵略，英印的商品占领了西藏市场的绝大部分，由此导致来自内地的商品百货无法进入西藏，商品

---

① 周伟洲：《英国、俄国与中国西藏》，464～465页，北京，中国藏学出版社，2000。

百货的输藏量出现逐年减少的发展态势，这无疑使得西藏当地政府的财政收入雪上加霜。为了保证西藏各项财政支出的稳定性，西藏地方政府费尽心机地提高捐税的征收。1914 年增加了皮革税和盐税的征收，后来逐渐发展到对羊毛以及百姓固有的地租征收附加税，这使得西藏农牧民的生产生活水平大大下降，更增加了西藏农牧民的经济负担。

其次，给原来经营汉藏贸易的西藏商人等群体的经济利益造成了巨大损失。在英国对西藏进行经济侵略以前，西藏的商人和西藏的上层群体几乎掌握着西藏全部的对外贸易，由此产生的商业利润几乎被从事汉藏贸易的西藏商人和西藏上层群体所占有。但是，在辛亥革命以后，输往西藏的来自内地的茶叶发展却停滞不前了，这是因为印度的茶叶不断地充斥着西藏的市场。如果要把中国内地的茶叶运往西藏，就必须从天津港经海路到达印度转口，由此导致贩运茶叶产生的大部分利润都被拥有免税贸易特权和雄厚资金的英印茶批发商所占据。在英印茶叶商人取得巨大利益的牵动下，运销西藏日用百货及土特产品产生的大部分利润也自然而然地被英印商人所霸占。由于西藏的市场被来自英印国家的商人所占有，而且他们还打击报复经营汉藏贸易的商人，因此经营汉藏贸易的商人等群体也不得不以各种名义剥削和压榨其属下的农牧民，来获得更多的利益，这就导致广大农牧民的生产生活水平不断下降。

最后，汉藏之间的贸易停滞不前。很多西藏人是从事汉藏贸易的，例如代表下层劳动阶层的脚夫、装卸搬运工人等，在西藏与印度的贸易不断扩大并逐渐地取代了汉藏贸易以后，他们失去了原有生计和收入，其生活水平更加困苦不堪，这也加剧了西藏社会下层阶级的贫困。

总而言之，近代的西藏在其发展过程中，除了个别能够保持以物易物平等交流的边民互市贸易这种传统的边境贸易形式以外，西藏与印度等南亚国家的贸易在本质上就是一种被侵略和侵略的不公平的贸易关系。虽然英印资本主义通过与西藏的贸易在一定程度上瓦解了西藏自给自足的封建农奴制经济，还向封闭的西藏引进了资本主义国家先进的电话、电报等通信设备、交通运输业以及金融货币等商业现代化的因素，客观上促进了西藏的对外开放，西藏的经济在不同程度上也受到了资本主义经济发展的影响，但是相应的也付出了沉痛的代价。

但客观上讲，由于西藏与印度的贸易的历史发展悠久，尽管近代的西藏在英印资本主义的侵略下开始了半殖民地的进程，但西藏与印度的贸易发展却逐渐地紧密结合在一起，这就为西藏和平解放后与印度的边境贸易往来奠定了一定的基础。

四、结语

中国和印度是两个相互毗邻的亚洲大国，处在中国西南的西藏与印度的贸易往来源远流长。到了近代，英国殖民主义者通过发动两次侵藏战争打开了西藏的门户。亚东口岸在近代西藏与印度的边境贸易发展过程中更多地扮演着贸易通道的角色。综观近代西藏与印度的贸易的历史状况，可以得到以下启示：

第一，一个国家只有繁荣强盛，才能为民族的崛起提供保障。1840 年第一次鸦片战争以来，由于封建王朝盲目自大实行闭关锁国的对外政策，以英国为首的资本主义国家依靠先进武器装备打败了落后的中国，从而使中国逐渐沦为半殖民地半封建社会。西藏作为统一多民族国家中的一员，也没能摆脱沦为半殖民地的命运。特别是英国对西藏的经济侵略，更加深了西藏半殖民地化的程度，导致近代西藏与印度的边境贸易的畸形发展。但是在 1951 年西藏和平解放后，随着中国的逐渐强大，西藏的边境贸易事业蒸蒸日上，重新走上了健康发展的道路，显示出蓬勃发展的趋势。

第二，西藏是中国西南边境对外开放的门户，西藏边境居民在从事商业贸易的过程中，逐渐形成了对外贸易的交往手段与方法。一方面，西藏与印度进行的贸易，比通过沿海口岸开展的商业贸易更具有市场竞争力，是因为西藏与印度等边境国家和地区的商业贸易具有成本低、运输距离短和范围广的特点。另一方面，临近西藏的四川、青海、甘肃等内陆省份通过西藏可以与毗邻中国西南边疆的国家与地区进行贸易往来；同时，西藏也可以与这些内陆省份进行合作，巩固中国各地区之间的联系。

第三，任何国家在与毗邻国家的对外交流中，对于交界地区的领土等方面都会存在争议。我国和印度等邻国的交流发展也不例外。这并不是一朝一夕形成的，是由于历史、文化等各方面原因而导致的。因此在世界发展的新格局、新形势下，我们必须抓住历史的黄金机遇，遵循和平与发展的时代潮流。我们应该站在更高的位置，向前看，在坚持原则的前提下，暂时搁置争议及局部利益，集中精力推动国家“一带一路”战略下与南亚广阔市场的多种联系，快速地建立起完善的对外经济体系，在市场竞争中赢得主动权，最终达到双赢和多赢。

第四，现代经济的竞争，最根本的是能源和科技的竞争。西藏尤其是在科技方面缺乏优势，从而导致西藏在现代经济竞争中输在了起跑线上。

总而言之，西藏要实现经济社会的稳定和发展，实现长治久安，全面建成小康社会，更好地完成国家“一带一路”战略所给予的神圣使命，就必须重视对外贸易。印度是毗邻西藏的亚洲大国，我们要重视与印度的贸易等，伴随着经济全球化的快速发展和中印两国政治关系的不断改善，西藏与印度的贸易将推动中印两国经济和政治迈向新的发展阶段。

参考资料：

［1］多杰才旦，江村罗布．西藏经济简史．北京：中国藏学出版社，2002.

［2］谭·戈伦夫．现代西藏的诞生．伍昆明，王宝玉，译．北京：中国藏学出版社，

1990.

［3］中国社会科学院民族研究所，中国藏学研究中心社会经济所．西藏的商业和手工业调查研究．1999.

［4］周伟洲．英国、俄国与中国西藏．北京：中国藏学出版社，2000.

［5］杨公素．中国反对外国侵略干涉西藏地方斗争史．北京：中国藏学出版社，1992.

［6］许广智．西藏地方近代史．拉萨：西藏人民出版社，2003.

［7］朱梓荣．帝国主义在西藏的侵略活动．拉萨：西藏人民出版社，1980.

［8］周伟洲．英俄侵略我国西藏史略．西安：陕西人民出版社，1984.

［9］许涤新．政治经济学辞典．上海：上海辞书出版社，1980.

［10］罗莉，拉灿．西藏50年（经济卷）．北京：民族出版社，2001.

［11］狄方耀．西藏经济学导论．拉萨：西藏人民出版社，2010.

［12］陈继东．西藏开拓南亚市场及其特殊性研究．成都：巴蜀书社，2003.

［13］晏世经，陈继东．中国西南对印度贸易问题研究．成都：四川大学出版社，1998.

［14］杨正位．中国对外经济贸易与经济增长．北京：中国人民大学出版社，2006.

［15］孙尚志．西藏自治区经济地理．北京：新华出版社，1994.

［16］李月升，文云朝，胡欣，陈晓辉．中国口岸．上海：立信会计出版社，1997.

［17］李竹青．西藏经济的发展与对策．北京：民族出版社，1990.

［18］王文长，孟延燕．少数民族地区经济发展结构·模式·未来．北京：民族出版社，1990.

［19］孙培钧，刘创源．南亚国家经济发展战略研究．北京：中央民族学院出版社，1990.

［20］黄万纶，李文潮．中国少数民族经济新论．北京：中央民族学院出版社，1990.

［21］王文长．民族贸易概论．北京：民族出版社，1989.

［22］于国政．中国边境贸易地理．北京：中国商务出版社，2005.

［23］肖怀远，卓扎多基．西藏边贸市场建设与个体私营经济发展．拉萨：西藏人民出版社，1989.